卢庆朝　夏平方◎主编

# 体育健康与警体训练教程

TIYU JIANKANG YU JINGTI XUNLIAN JIAOCHENG

**图书在版编目(CIP)数据**

体育健康与警体训练教程 / 卢庆朝，夏平方主编.—武汉 ：湖北科学技术出版社，2020.12（2023.8重印）
ISBN 978-7-5706-1161-4

Ⅰ. ①体…… Ⅱ. ①卢… ②夏… Ⅲ. ①体育—教材 ②健康教育—教材 ③警察—身体训练—教材 Ⅳ. ①G807.4 ②G444 ③D631.15

中国版本图书馆 CIP 数据核字(2020)第 247337 号

策　　划：宋志阳
责任编辑：邓子林　胡晓波　　封面设计：喻　杨

---

出版发行：湖北科学技术出版社　　电话：027-87679468
地　　址：武汉市雄楚大街 268 号　　邮编：430070
（湖北出版文化城 B 座 13-14 层）
网　　址：http://www.hbstp.com.cn

---

印　　刷：武汉中科兴业印务有限公司　　邮编：430071

---

787×1092　1/16　　14.75 印张　1 插页　350 千字
2020 年 12 月第 1 版　　2023 年 8 月第 4 次印刷

---

定价：40.00 元

---

# 编　委　会


**主　编**　卢庆朝　夏平方

**副主编**　彭彩君　孟学涛　田常根　李忠桥
董　利　张　萍　傅铁汉

**参　编**　王振国　马建校　刘叶青　王英杰
李路路　张卫林　徐　敢

# 前　　言

按照国务院办公厅《体育强国建设纲要》(国办发〔2019〕40号)要求,加快推进体育强国建设的决策部署,坚持以人为本、改革创新、依法治体、协同联动,持续提升体育发展的质量和效益,努力将体育建设成为中华民族伟大复兴的标志性事业。学校教育就是要树立健康第一的指导思想,培养德、智、体、美、劳全面发展的社会主义建设者和接班人。

为了贯彻落实党的教育方针,切实增强学生健康体魄和良好的心理素质,提高学生的职业能力和职业素养,实现以教师为中心向以学生为中心的转变,我院开展了以学生为本的"自主选择教师、自主选择项目、自主选择上课时间"的"三自主"教学形式。使学生掌握科学锻炼的基础知识、基本技能和有效方法,学会至少两项终身受益的体育锻炼项目,养成良好锻炼习惯,有效增强体质、增进健康。

作为警察类院校,要求学生必须学会一至两项体育健身手段与方法,而且还要掌握本校普及的特色专业技能,所以警察体育和警察技能占有重要地位,课时量占用比例大,贯穿于三年的教学之中。

本教材由武汉警官职业学院组织编写,分为上、下篇,上篇为体育健康,下篇为警体训练,全书共十一章。本教材的编写人员一直从事一线警体教学任务,本教材根据他们长期教学经验和教学实践,结合学院实际,走访调研了同类院校警体教学情况,编写了此教材。本书针对性强、内容丰富、结构合理、图文并茂,注重信息化,方便教与学,可以为警察类院校或高职院校的师生提供教学指导和参考。

在本教材编写过程中,我们得到了武汉警官职业学院科研处、教务处的大力支持和帮助,得到了武汉体育学院苏建姣、孙健博士、朱磊、王良民教授的指导,同时也参阅借鉴了有关的文献资料,在此一并表示最诚挚的谢意!

由于编写水平有限,书中有疏漏和不妥之处,敬请读者指正,本书中尚未注明所引用的专家学者及其论著,我们深表歉意。

编　者

2020年8月

# 目　录

## 上篇　体育健康

# 下篇 警体训练

# 上篇

# 体育健康

# 第一章　体育健康原理

## 第一节　体育的概念

### 一、体育的发展

体育有着悠久的历史，但“体育”一词出现较晚，世界各地对体育形式和过程的称谓却持有不同的说法。

在古希腊的时期，体育活动都用“体操”来表示。但那时期的体操含义与现在的体操不相同，它主要是指身体操练，如拳击、跳跃、奔跑、投掷和角力等。在我国古代，类似体育的活动用养生、导引、武术等名词。

据史料记载，自 1760 年在法国的一些报刊上开始出现“体操”(education physical)和“肉体教育”(eduction coiporeal)的字样。因此，“体育”一词同时也在世界各国流传开来。从这里我们可以清楚地看到，“体育”一词的最初产生是起源于“教育”一词。

19 世纪，世界上教育发达国家普遍使用了“体育”一词。由单一的体操向多元化发展，随之出现了篮球、足球、田径等。我国当时处于较封闭的状态，直到 1923 年正式把“体操课”改为“体育课”，从此，“体育”一词成了学校身体教育的专门术语。

### 二、近代思想家、教育家对体育的认识

马克思曾经提出：“有可能把教育和体育同体力劳动结合起来，因而有可能把体力劳动同教育和体育结合起来。”蔡元培，我国近代史上的民主革命家、教育家。曾解释说：“所谓健全的人格，内分五育：军国民教育、实利主义教育、公民道德教育、世界观教育、美感教育，这五育是一样重要，不可放松其中任何一项的。”并提出“完全人格，首先体育”的教育主张。毛泽东曾多次提出“体育第一，学习第二”的指示，并发表了著名题词“发展体育运动，增强人民体质”。

当今世界上许多知名学者在体育的“育人机制”上寻求其概念，日本学者前川峰雄认为：“体育是通过可视为手段和媒介的身体活动而进行的教育。”阿布忍认为：“体育是以身体活动作为媒介，并同时以培养健康的身体和良好的社会性格为目标的一种教育。”美国学

者布切尔认为:“体育是完整的教育过程中不可缺少的部分。这个领域的发展目的是以身体活动为媒介去培养在身体、精神、情操等方面与社会相适应的公民。”

### 三、体育的基本概念

体育概念应该明确三条原则,即科学性原则;同国际用语一致原则;考虑民族习惯原则。因此,通过体育概念的演变及名人的定义,可以看出三点共同之处。首先,体育是培养和完善人的一种有意识的活动或过程;其次,体育所借助的手段一般被称为身体活动或运动;最后,体育不仅是通过身体,而且还必须是针对身体所进行的教育。依据以上分析,对“体育”这一概念做如下定义:体育是以身体活动为媒介,以谋求个体身心健康、全面发展为直接目的,并以培养完善的社会公民为终极目标的一种社会文化现象或教育过程。

## 第二节　健康的概念

### 一、什么是健康

健康是人类生存发展的一个基本要素,没有健康将一事无成。居里夫人有一句名言:“科学的基础是健康的身体。”可见健康对于大学生来说是多么的重要。然而,你知道什么是健康吗?习惯上,人们认为没有病就是健康,这种认识是不全面的。世界卫生组织(WHO)在1948年制定的宪章中指出:“健康不仅是免于疾病和衰弱,而且是保持在身体上、精神上和社会适应方面的完美状态。在1978年9月召开的国际初级卫生保健大会上通过的《阿拉木图宣言》中明确提到:“健康不仅仅是没有病和痛苦,而且包括在身体上、心理和社会各方面的完好状态。”这就是人们所常说的身心健康。1989年WHO又进一步深化了健康概念,提出健康应该包括躯体健康、心理健康、社会适应良好以及道德健康四个方面。

(1)躯体健康。一般指人体生理的健康,是指躯体的形态、结构和功能正常,具有生活自理能力。

(2)心理健康。是指能正确认识自己及周围的环境和事物,表现为人格完整、自我感觉良好、情绪稳定、积极向上、有较好的自控能力、能保持心理上的平衡。

(3)社会适应良好。是指一个人的心理活动和行为能适应复杂的环境变化,并为他人理解和接受。

(4)道德健康。是指能明辨是非,能按照社会规范的准则约束自己的言行,能为大众的幸福作出贡献。

### 二、人体健康的10条标准

近年来世界卫生组织提出了衡量人体健康的10条标准:

(1)精力充沛,能从容不迫地应付日常生活和工作。

(2)处事乐观,态度积极,乐于承担任务。

(3)善于休息,睡眠良好。

(4)应变能力强,能适应各种环境的各种变化。

(5)对一般感冒和传染病有一定抵抗力。

(6)体重适当,体型均匀,头、臂、臀比例协调。

(7)眼睛明亮,反应敏锐,眼睑不发炎。

(8)牙齿清洁,无缺损,无病痛,齿龈颜色正常,无出血。

(9)头发光泽,无头屑。

(10)肌肉、皮肤富有弹性,走路轻松。

据有关研究报道,按上述10条健康标准评价,只有15%的人达到了健康的要求,而15%的人身体有病,大部分人是介于健康与疾病之间的一种状态,称为亚健康。所谓亚健康是指无明确疾病(包括躯体和心理的、器质性的),但却表现精神活力的下降和适应能力的减退;这可表现为身体和心理上的不足,如疲乏无力、精神不振、焦虑、头痛、失眠、食欲减退等,但经现代仪器检测或临床医师的诊断均未达到疾病的标准。在这种状态下,人体免疫功能已有所下降,容易患病。

## 三、影响健康的因素

人体的健康受多因素的影响,这些因素互相渗透、互相制约、互相作用。这些因素归纳起来主要有两方面:先天因素和后天因素。

**1. 先天因素**

影响人体健康的先天因素是遗传。遗传是指自然界多种生物通过一定的生殖方式,将遗传物质从上代传给下代的一种生物现象。人类遗传学告诉我们,人体细胞内所含染色体DNA(脱氧核糖核酸)是遗传物质的基础,有遗传意义的DNA称为基因。人体的遗传正是这些遗传基因不断地向后代传递的结果。目前已经发现5 000多种遗传病。随着科学技术的发展,各基因功能的明确,遗传病是可以治愈的。

**2. 后天因素**

影响人体健康的后天因素有很多,但主要是以下五种。

1)生活方式

生活方式是指人们的"衣、食、住、行",以及工作、生活、娱乐、社交等活动方式。生活方式对健康影响很大,并具有潜袭性、累积性和广泛性的特点。良好的生活方式是健康人体与延年益寿的保证;不良的生活方式会导致各种疾病,严重地损害人体的健康与寿命。如经常暴饮暴食、营养不合理,容易造成营养过度导致肥胖,使血液中胆固醇含量过高,诱发心脑血管疾病和糖尿病;若经常饮浓茶、抽烟、酗酒,甚至吸毒,就会严重损害神经系统的正常功能;甚至嫖娼、卖淫,就可能会染上各种性病,并败坏人格和社会精神文明。据世界卫生组织报告,全球人类死因中,不良生活方式所引起的疾病占60%,其中发达国家高达70%~80%,发展中国家也达到50%~60%。世界卫生组织总干事中岛宏严肃地告诫人们,发达国家和发展中国家的死亡原因大致相同,而不良的生活方式所致的疾病将成为世界头号杀手。人们如果想在文明的社会中保障身心健康,首先要解除"自我制造的危险"的威胁,即改变引起疾病的不良行为与生活方式,养成健康的行为和生活方式。

2)环境因素

人类的健康状况离不开环境,自然环境与社会环境对健康产生直接或间接的影响。

自然环境是指天然形成的水、空气、土壤、阳光等生存系统,它们是人体生存的物质基础。良好的自然环境与人体保持着一种平衡关系——生态平衡,对人体健康起促进作用。但由于地理或地质等原因,有些地区的土壤或水中存在过多或缺少某种元素,可使当地居民体内某种微量元素过多或过少,造成地方病。

由于工农业生产的发展或某些人为的因素,也会造成对自然环境的污染(如森林被乱砍滥伐,造成水土流失;城市植被面积大幅度减少;大工厂的烟囱喷吐污浊浓烟;汽车废气及噪声,等等),从而破坏了大自然与人体之间的生态平衡,使人体健康受到威胁,甚至引发疾病和死亡。不过值得庆幸的是,如何处理好环境保护和防止污染的问题已成为当今世界各国政府和人们所关注的重要问题,并已采取了有关措施,如保护臭氧层、重视净化自然环境设施的建设、保护生物维持生态平衡等等。作为大学生更应该加强环保意识,爱护一草一木,注意环境卫生,为营造良好的生态环境作出积极贡献。

社会环境是指由政治、经济、文化、教育、卫生服务等因素构成的社会系统。随着经济的发展和科学技术水平的提高,人们工作和劳动的条件不断改善、完善,使人们的健康水平大大提高。

3)心理因素

人的心理活动对人体健康的影响已越来越引起人们的重视。人的心理活动是客观存在的,是人的大脑对社会客观现实的反映。积极的情绪对健康有良好的促进作用,大脑功能得以改善,增强机体免疫功能,提高了机体防病和治病的能力,使人感到精力充沛。而消极的情绪则与疾病的发生和发展有密切关系。常常处于闷闷不乐、忧虑、紧张压抑的精神状态,会导致躯体生命系统整体功能的失调而引起各种疾病损害健康。

4)营养因素

营养与健康有着密切的关系。一方面合理的营养是正常生长发育的基础,也是增进健康、防治疾病的有效手段之一。另一方面由于营养摄入不足或不全面,会导致各种营养缺乏病,如缺铁性贫血、维生素 A 或维生素 B 缺乏症等。如果营养摄入量过度或失调又会导致"现代文明病",如心血管疾病、糖尿病、肥胖症等。

因此我们必须重视科学而合理的营养,使日常饮食尽量符合营养科学、合理的要求,保证身体健康的需要。

5)运动(体育锻炼)因素

"运动运动,百病难碰""跑跑跑,再过十年不嫌老;跳跳跳,年过花甲也显少"。这些民间的格言谚语是人类在历史发展进程中,对健康追求的真实体验,道出体育运动对强身健体、防病治病、延年益寿的重要作用。人体在适宜的运动过程中,机体将产生一系列适应性的良性变化而达到健身防病的目的。而运动量过大,则可能因身体不适应导致伤害;运动量过小,又达不到刺激体内各组织器官从而提高生理功能的目的。因此,体育锻炼要想获得健康效果,也必须注意科学性。

# 第三节　大学生体育健身的价值与意义

## 一、体育的价值

体育的价值主要从以下三个不同的表现形式和体系来体现。

**1. 体育健身的价值**

体育健身是体育的本质属性。它针对人的身体,从改善人的体质入手,提高身体素质,增强体质,促进健康和增强适应能力,创造和完善人体——体形、体格、体质,追求人的真、善、美。对民族素质、国家的经济发展和社会的文明进步有巨大的促进作用。

**2. 体育教育的价值**

体育教育将体育的方式融入教育体系,成为素质教育的重要组成部分,成为使受教育者在身体、知识、科学及精神等方面全面发展的重要手段,成为培养身心健康的、合格的社会主义事业的建设者与接班人的重要内容。

**3.竞技体育的价值**

竞技体育是人们进行体育活动的一种方式,其特点是主体间以竞争为手段,通过对某种极限的挑战以及对自我的超越而达到精神与体力的满足。

## 二、体育健身对大学生的作用

**1. 体育是社会与自身的发展的需要**

随着社会进步,科学技术的发展,特别是体育科学的发展,体育自身的规律不断被揭示,体育的价值和功能也就进一步被认识、被开发、被利用,并在科学技术的引导下,不断地丰富和拓展。体育运动是增强体质、防治疾病、养生保健、延年益寿的基本途径和有效手段。也是休闲娱乐、调节身心、保持精力、提高生活质量的文化活动,是健康、文明、科学的生活方式的重要组成部分。

因此,就体育的本质属性来说,最基本的功能和价值是强身健体、娱乐身心,表现出人的生物性功能和价值;但体育又与社会政治、经济、教育、军事、科技、文化等因素密切联系,表现出社会性功能与价值。体育在人类与人类社会发展中扮演着十分重要的角色。因此,可以说体育越来越成为人类及社会发展的需要。

**2. 体育有助于我们成为具有高素质、身心健全的社会主义事业建设者**

我国把素质教育作为教育改革的重要内容。人的素质主要包括思想道德素质、科学文化素质和身体素质。而人的身体素质则是思想道德素质和科学文化素质的载体。体力,属于人的体育素质范畴,表现为人的劳动、工作等外表可视性能力;智力,则属于人的精神心理状态,表现为人的不可视和潜在的创造性能力。人类的一切活动离不开智力的指导,体力是构成人的本质特征的基本成分,人的身体素质,可看作是智力与体力的综合,由于人的体力和神经的发展不可避免地是由生产力发展的历史决定的,因此,人的体力与智力都具有历史性与社会性特点,人的体育素质也就受政治、经济、科技、教育等方面的影响与制约。

**3. 体育锻炼有助于良好道德规范的养成**

党中央于2001年10月24日印发了《公民道德建设规范》:爱国守法、明礼诚信、团结友善、勤俭自强、敬业奉献。《公民道德建设实施纲要》第32条要求:“各种类型的体育活动,要精心组织、加强引导,吸引群众参与,以健康向上、团结拼搏的氛围,激发人们的团队精神和爱国热情。”

**4. 体育锻炼有助于我们养成良好的终身体育锻炼的意识和能力**

体育的教育、健身、娱乐、审美等方面的个体与群体的功能及价值,决定了体育健身是大学生综合素质中的重要因素。人类自身及人类社会发展的需要,决定了体育健身的个体与群体价值。而大学生作为我国社会主义事业的接班人与建设者,思想道德是否良好、身心健康与否、科学文化知识掌握的程度,是直接关系我国社会主义现代化事业是否成功的关键因素。因此,我们应该在积极参加体育锻炼中培养自己养成良好的终身体育锻炼意识与能力,以适应现代化社会的需要与发展。

## 三、体育锻炼的乐趣

古希腊埃多拉斯在山岩上镌刻着这样的词句:“你想健康吗?跑步吧!你想聪明吗?跑步吧!你想健美吗?跑步吧!”体育给你带来的就是健康,就是乐趣!因此,每当节假日或课余活动时间,每当精神兴奋或心情不佳的时候,大多数人都会说:打球去!在体育运动和健身锻炼中,我们获得了乐趣,抛弃了烦恼;愉悦了身心,放松了紧张;强健了体魄,提高了运动技能,陶冶了情操,结下了友谊。你看:球场上,你我争夺,龙争虎斗,表现出公平竞争精神、顽强拼搏精神和团结合作的集体主义精神;田径场上,你追我赶,你来我往,表现出人人奋勇争先、个个奋发向上努力追求“更高、更快、更强”的精神;体操运动上下翻腾、龙腾虎跃,集技、艺、力、险、美于一身,给人以美的享受;游泳如蛟龙嬉水、浪里鱼翔;武术刀、枪、剑、棍十八般武艺,拳打脚踢、刀光剑影,无不体现中华传统文化的精髓……

体育运动项目多种多样,我们可以从不同的体育健身活动中获得生理的、心理的、精神的满足与享受,获得无穷的乐趣。正如现代奥林匹克运动的创始者、法国的教育家皮埃尔·德·顾拜旦在他著名的《体育颂》中赞美道:“啊!体育,你就是乐趣!想起你,内心充满欢喜,血液循环加剧,思想更加开阔,条理更加清晰。你可以使忧伤的人散心解闷,你可使人的生活更加甜蜜。”

# 第四节　体育与健康文明生活方式

## 一、健康文明生活方式的概念

健康文明的生活方式是指:人们为满足自身(物质生产和精神生产)需要而如何消费生活资料(物质资料和精神财富)各种形式的综合,以及如何支配闲暇时间的方式。生活方式同时反映一定时期社会消费水平和消费质量,反映一定时期人们精神风貌,是包括个人、家庭、民族和社会生活活动形式的典型和总体特征,是社会整体结构及其运行状态具体而生动的反映形式。也可以这样理解，生活方式是指个人或群体在某种价值观念指导下，进行生存实践的各种生活活动的形式，包括人们的物质生活、精神生活、社会生活、政治生活。因此，人们长期受到一定的社会、文化、经济、教育、民族、风俗、宗教、家庭等影响而形成的生活习惯，行为和生活制度、生活意见决定人们的生活方式。

## 二、健康文明生活方式的内容和结构

健康文明生活方式的内容极其丰富，结构非常复杂，它与人类生活的各个层面有着千丝万缕的联系，因此生活方式是多方位和多领域的，其内容和分类主要以下五点。

(1)按社会主体的生活实践为标准的层面可分为：社会(不同社会制度有不同的生活方式，如资本主义生活方式、社会主义生活方式等)、群体(如民族生活方式、某一阶层的生活方式等)、个人(如内向型与外向型、奋发型与颓废型、自立型与依附型、进步型与守旧型等)的生活方式等。

(2)按生活方式的不同领域可分为：劳动生活方式、消费生活方式、余暇生活方式、交往生活方式、政治生活方式和宗教风俗习惯生活方式等。

(3)按生活社区的不同可分为：城市生活、农村生活、学区生活、游牧生活、林区生活、渔船生活、商业生活等。

(4)按气候环境可分为：热带、寒带、海洋、高原生活方式等。

(5)按经济状况进行可分为：富有阶层、中产阶层、贫困阶层的生活方式。也可按地区经济发展划分，中国可分为东部沿海经济发达地区、中西部经济欠发达地区的生活方式。还可按国家划分，可分为发达国家的、发展中国家的生活方式等。

## 三、健康文明生活方式与体育

**1. 体育健身促进人们健康的生活方式**

人体完美状态或健康状态是通过健康的生活方式来形成和保持的，后者包括有规律的体育锻炼、健身健美和营养适宜、消除不良习惯(如抽烟、酗酒和滥用药物等)以及控制精神压力等。实践证明：体育锻炼是促进健康、文明、科学的生活方式的最积极、最有效的方法。

**2. 体育锻炼成为卫生保健的重要内容**

为了根治由于生活方式造成的社会疾病，人们把体育健身纳入医学卫生与保健养生的重要内容。因为体育运动锻炼是贯穿整个生活方式之中起着调节作用的成分，它调节并改善人们由于饮食、营养、作息等方面长期某些不合理的习惯所造成的生活方式的健康效应，并日益成为保健养生和延年益寿的方式。人们已经日益认识到体育健身比医疗治病花钱更重要。

**3. 体育健康丰富了人们科学健康文明生活方式**

现代社会科学技术的日新月异促进了物质文明的提高，极大地改善了人们的生活质量和丰富了人们的生活方式，使人们的生活在有了物质保障的同时，也使劳动时间相对缩短，休息娱乐时间相对延长，人们有更多的物质条件和时间、精力参加自己所喜欢的文艺、体育等各项有益于身心健康的活动。因此，现代体育可用以增强体质、促进健康、娱乐身心、促进社会文明。根据我国推行的《全民健身计划纲要》，就是促使人们积极投身体育运动、健身健美和养生保健、休闲娱乐之中。毫无疑问,体育健身一旦进入人们的生活,就必然会丰富了科学、健康、文明的生活方式,提高人们的生活质量,充实人们的生活实践和空间,活跃社会市场消费,促进社会主义物质文明与精神文明建设。

## 第五节　常见运动损伤与救护

### 一、运动损伤的概念

健身的目的是为健康,但由于不正确的锻炼方法造成运动损伤是常见的,所以我们必须了解一些运动损伤和预防措施。参加运动锻炼,首先要了解自己是否有不适合运动锻炼的家族病(如心脏疾病、哮喘等),并了解自己的身体检查情况,有心脏病或其他因参加运动会使病情加重的人,应该先治病或参加康复锻炼,之后才能参加锻炼。

在运动锻炼过程中所发生的各种损伤统称为运动损伤,运动损伤与一般的工伤或日常生活中的损伤有所不同,它的发生与运动项目、训练安排、运动环境、运动者的自身条件以及技术动作有密切的关系。运动损伤对运动员所造成的影响是严重的,不仅影响正常的训练、比赛,而且还妨碍运动成绩的提高、减少运动寿命,严重的还可能引起残废、甚至死亡。对体育健身参加者来说,也将影响其健康、学习和工作,同时也会造成不良的心理影响,妨碍体育健身的正常开展。

由此,在体育健身中,我们对运动损伤的预防应有充分的认识,需要很好地掌握运动损伤的发生规律,切实做好预防工作,使之最大限度地减少或避免运动损伤。同时,还应了解和掌握一些体育健身运动中常见的运动损伤产生的原因,以及预防与处理的方法,从而使体育健身安全而富有成效。

### 二、常见运动损伤的原因及处理

**1.肌肉韧带拉伤、关节扭伤**

原因:技术掌握不好,训练水平不够,柔韧性、力量、协调性差,生理结构不佳,准备活动不充分,场地滑,动作速度快、转、跳过多,教练专业水平不够等。

处理:24 小时前为急性期,应停止运动,冷敷,包扎,抬高受伤部位。24 小时后为恢复期,配合按摩、微动、康复或恢复性锻炼。

预防:准备活动充分,循序渐进,选好器材、场地,速度要适当。

**2.运动疲劳、心力交瘁**

表现:人发冷,多汗,脸色白或红,头痛,头晕,体虚,筋疲力尽。

处理:将患者离开热的地方,到阴凉地,慢喝水,注意观察,当天不要多运动。

预防:调整训练计划和时间,控制运动量,注意劳逸结合。

**3.重力休克**

表现:头晕,眼发黑,心难受,脸苍白,手发凉,严重时晕倒。

原因:运动时血液都供应下肢,突然静止,静脉回流不够,脑缺血缺氧,产生脑贫血。

预防:强度运动后不要马上停止运动。

处理:让患者平卧,脚垫高,头低于脚,从小腿顺大腿按摩。

## 三、预防损伤的十个主要方法

(1)暖身运动:走、踏步、分并跳、伸展等。

(2)使用适当和慢的方法,听取教练的建议。

(3)学习防止运动损伤的技术和理论。

(4)适合的运动鞋、护腕、护膝等。

(5)10%增加的原则,1 周内增加频率、强度、持续时间不要超过 10%,应循序渐进。

(6)保持有氧运动和无氧运动的锻炼均衡。同时参加一些力量和柔韧练习,防止受伤。

(7)身体需要时间去恢复。锻炼但不使身体受伤。

(8)不要空腹运动,运动的前中后要饮足够的水。

(9)参加不同的训练活动,如交叉训练锻炼不同的肌肉群。

(10)根据自己的身体及时调整运动,如果某部位在运动时产生酸痛可以考虑减轻运动或停止。

# 第二章　田径运动

田径运动是在人类基本运动形式的基础上产生和发展的。有关田径运动的概念，目前较为准确的表述应根据国际田径协会联合会对田径运动的定义，田径运动是由田赛和径赛、公路赛、竞走和越野赛组成的运动项目。

田径运动是竞技运动的重要项目之一，人们通常把以时间计算成绩的竞走和跑的项目叫“径赛”，把以速度和高度计算成绩的跳跃和投掷项目叫“田赛”。由田赛项目和径赛项目合并一起参加的项目叫全能项目。

田径运动项目较多，一般多为个人运动项目，运动强度大，竞争性强，形式多样、不受人数、年龄、性别、季节、气候、场地等条件的限制，便于广泛开展。

田径运动在发展身体素质方面效果显著，许多竞技体育项目都把它作为发展全面身体素质的重要手段，而且很多客观衡量身体训练水平、检测身体训练效果的考量方法一般都选用田径运动一些项目来制定测验标准并作为常规性测试指标。

田径运动历史悠久，有广泛的群众基础并深受广大人民群众的喜爱，它是增强人民体质的重要手段之一，是各项运动的基础。世界各国都很重视发展田径运动，并把它作为衡量一个国家总体体育运动水平的重要标志。

## 第一节　跑　步

### 一、短跑技术

短跑属于极限强度运动，短跑项目包括 50m、100m、200m、400m，是发展速度素质最有效的手段，是许多田径项目以及其他一些运动项目的基础。短跑全程技术动作的变化可分为起跑、起跑后加速跑、途中跑和终点跑四个部分。

**1.100m 跑的技术**

1)起跑

起跑的任务是使身体迅速摆脱静止状态，为起跑后加速跑创造条件。规则规定，在短跑比赛中运动员必须采用蹲踞式起跑，必须使用起跑器，运动员要按发令员的口令完成起跑动作。起跑过程包括“各就位”“预备”“鸣枪”三个阶段。

(1)“各就位”动作。听到“各就位”动作口令后，运动员可利用短暂时间稍做放松练习，稳定一下自己的情绪，然后走到起跑器前，俯身，两手撑地，两脚依次蹬在前后起跑器的抵足板上，脚尖应触及地面，后腿膝关节跪地。通常将有力腿放在前起跑器上，接着两臂收回到起跑线后支撑地面,两臂伸直,两手间距离与肩同宽,四指并拢或稍分开与拇指成有弹性的“人字”形支撑,身体重心稍前移,肩约与起跑线齐平,头与躯干保持在一条直线上。颈部自然放松,身体重量均匀地落在两手、前腿和后膝之间。注意听“预备”口令。

(2)“预备”动作。听到“预备”口令后,逐渐抬起臀部,臀部要稍高于肩部 6~20cm,同时使身体重心向前上方移动。此时身体重心落在两臂和前腿上,身体投影点在距起跑线 15~20cm 处,两小腿趋于平行,前腿膝角 90°~100°,后腿膝角为 110°~130°,两脚贴紧在前后起跑器抵足板上,注意力集中听枪声。

(3)起跑动作。听到枪声后,两手迅速推离地面,屈肘做有力的前后摆动,同时两腿快速用力蹬起跑器,后腿快速蹬离起跑器后,便迅速屈膝向前上方摆出,摆出时脚不应离地面过高,这有利于摆动腿迅速着地过渡到下一步,前腿有力地蹬伸,后蹬角约为 42°~45°(图 2-1)。

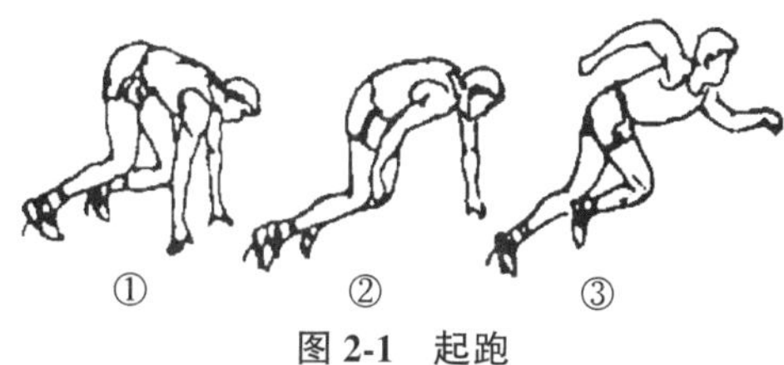


**图 2-1　起跑**

2)起跑后的加速跑

起跑后的加速跑是从蹬离起跑器到途中跑开始的第一个跑段,一般为 30m 左右。它的任务是尽快加速到自己的最高速度。

(1)途中跑。腿蹬离起跑器后,身体处于较大的前倾姿势,为了不使身体向前摔倒,继续加速,要积极加快腿与臂的摆动和蹬地动作,保持身体平衡。第一步的着地应尽量靠近身体重心投影点,脚着地后迅速转入后蹬(图 2-2),身体的前倾随着步长和跑速的增加逐渐缩小,最后接近途中跑的姿势。途中跑的任务是继续发挥和保持最高跑速。起跑后的加速跑结束即进入途中跑。二个途中跑单步由后蹬和前摆、腾空、着地和缓冲几个部分组成。

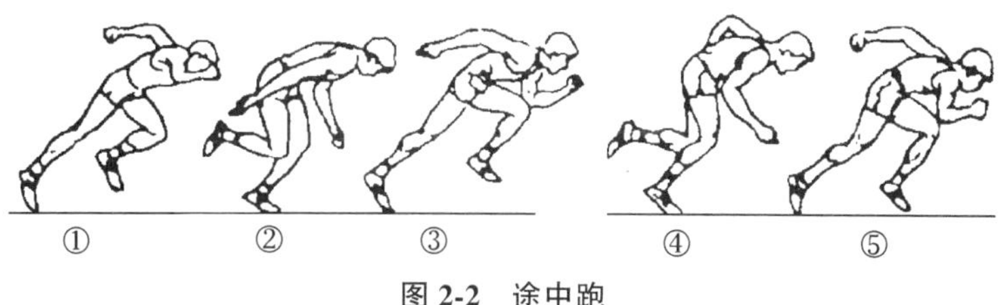


**图 2-2　途中跑**

(2)终点跑。终点跑是全程路的最后一段,应尽力保持途中跑的高速度跑过终点。终点跑的技术,要求运动员在离终点线 15~20m 处时,尽力加快两臂摆动速度和力量,保持上体前倾角度。当运动员离终点线一步距离时,上体急速前倾,双手后摆,用胸部或肩部撞终点线,跑过终点后逐渐减速(图 2-3)。

图 2-3　终点跑

**2.200m 和 400m 跑的技术**

200m 和 400m 跑,有一半以上的距离是在弯道上进行的。为了适应弯道,技术上有相应的变化。

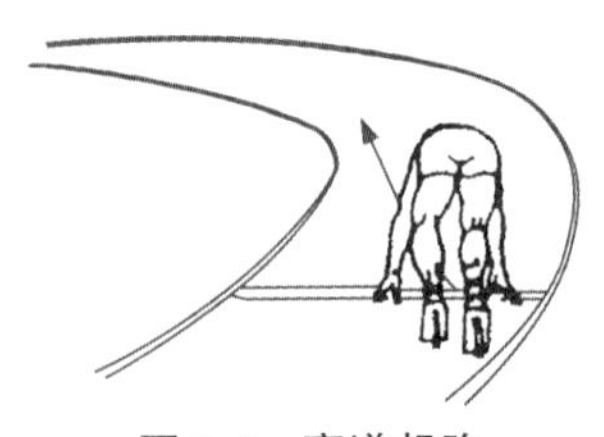

图 2-4　弯道起跑

1)弯道起跑和起跑后的加速跑

为了便于弯道起跑后能有一段直线距离进行加速跑,应将起跑器安装在弯道的右侧,起跑器对着弯道的切线方向(图 2-4),弯道起跑后前几步应沿着内侧分道线的切线跑。加速跑的距离适当缩短,上体抬起较早。在进入弯道时,应尽可能地沿着跑道内侧跑,身体及时向内侧倾斜。

2)弯道跑技术

运动员从直道进入弯道时,身体应有意识地向内倾斜,加大右腿和臂的摆动力量和幅度。弯道跑时身体应向圆心方向倾斜。后蹬时,右腿用前脚掌的内侧,左脚用前脚掌外侧蹬地。从弯道跑进直道时,应在弯道最后几步,身体逐渐减小内倾角度,自然跑几步,然后全力向前跑进。

## 二、中长跑技术

中长跑包括中距离跑和长距离跑,中跑是对速度耐力要求较高的项目,长跑是以耐力为主的项目。中长跑各个项目的完整技术均分为起跑、起跑后的加速跑、途中跑和终点跑等主要技术环节。

**1.起跑和起跑后的加速跑**

中长跑采用站立式起跑。一般中长跑加速跑的距离稍长。无论在直道或弯道上起跑,都应该按切线方向跑,在规则允许的范围内,抢占有利位置,然后进入途中跑。

**2.途中跑**

途中跑是决定中长跑运动成绩的主要环节。途中跑应强调轻松、省力、节奏好。途中跑技术主要包括:①着地缓冲;②后蹬与前摆;③腾空。

**3.终点跑**

终点跑是临近终点的一段冲刺跑,终点跑的距离要根据项目、训练水平、个人特点、战术需要及比赛具体情况而定。一般情况下,800m 可以在最后 300~400m、1 500m 可以在最后 300~400m 或稍长的距离开始向终点冲刺跑。

**4.“极点”**

中长跑时,由于内脏器官机能的惰性,氧气的供应暂时落后于肌肉的需要,跑一段距离后会不同程度地出现胸部发闷、呼吸困难、动作无力的现象，迫使速度降低，甚至有难以坚持跑下去的感觉。这种生理现象叫“极点”，它与准备活动、训练水平和运动强度等有关。跑的强度大，“极点”出现的早；反之则迟，而且感觉轻，适应的时间也短。“极点”是可以克服的，在练习过程中应遵循循序渐进的原则，充分做好准备活动，掌握好途中跑的速度变化。当“极点”出现时，可适当降低跑速，注意加深呼吸，同时要以顽强的意志坚持下去。“极点”的克服，不仅是提高训练水平的过程，也是锻炼意志，培养克服困难精神的过程。

**5.慢跑健身运动**

(1)慢跑亦称健身跑，被列为有益健康，抗病延年的手段。

(2)慢跑是一种随意的、轻松自如的跑步，一般属中等强度。

(3)慢跑比较安全而且省时间，健身效果好，运动量容易控制，男女老少随时随地可以进行，也便于终生坚持锻炼。

(4)慢跑的技术很重要，跑步的技术和中长跑技术一样。

(5)慢跑时要注意掌握好呼吸的节奏，一般采用二步一吸，二步一呼的方法。

## 第二节　跳　跃

### 一、跳高

**1. 背越式跳高技术**

背越式跳高技术是现代最先进的技术，它具有快速的特征，完整技术由助跑、起跳、过杆和落地四个部分组成(图 2-5)。

**图 2-5　背越式跳高技术**

1)助跑

快速助跑是背越式跳高技术的特点之一。大多采用 8~12 步，全程呈抛物线曲线，或者是一条直线接近抛物线曲线。最后 3~5 步在曲率逐渐加大的曲线上跑进，使身体的内倾逐步地加大,至最后第二步摆动腿支撑垂直部位时达到最大内倾。助跑的最后一步,约与横杆成 30°。助跑技术是跳高技术中的重要环节,为此,掌握助跑技术十分重要。

2)起跳

起跳技术决定人体腾起的高度,因此起跳技术是跳高中的重要一个环节。

3)过杆及落地

过杆是最终决定跳跃成败的重要环节。合理的过杆技术应利用人体旋转,以及根据人体与横杆相对位置的改变,控制旋转速度的变化,使身体的各个部位顺利地越过横杆。

**2. 跳高的练习方法**

1)助跑的练习方法

(1)弯道加速跑 20~25m。

(2)沿直径 15m 的圆圈跑。

(3)直线跑 4~5 步后转入曲线跑。注意由直线跑自然过渡到曲线跑,节奏要逐步加快。

(4)按已丈量好的助跑距离做全程助跑。

2)起跳的练习方法

(1)起跳与摆腿的模仿练习:两脚开立,起跳腿在前,摆动腿在后。摆动腿蹬地后屈膝上摆,起跳腿蹬伸提膝。两臂协调配合摆动。

(2)起跳腿放在后,向前迈一步做起跳练习。

(3)走 2~3 步做起跳练习。注意臂的配合和摆动腿膝的内扣。

(4)慢跑 3~4 步起跳练习。注意起跳脚着地动作,摆动腿在前摆时膝向内扣的动作及臂的配合。

(5)全程助跑起跳练习,注意步点的准确,加速均匀,与起跳配合协调。

3)过杆及落地的练习方法

(1)背对肋木,双手反握与肩同高的肋木。双手用力推肋木,双腿用力后蹬挺腹展躯成背弓。

(2)背对海绵垫子站立,提臀、挺胸、两肩后压,保持反弓姿势后倒。接触垫子时,低头收额,肩和背着垫后接着做后滚翻。

(3)立定背越式跳高。

(4)短弧线助跑起跳腾空成背对垫子,压肩、挺胸、小腿放松,身体呈背弓形仰卧在垫子上。

(5)四步弧线助跑过杆。要求步点准确,起跳后身体向上"旋转",过杆时身体呈"桥"状。

## 二、跳远

**1. 跳远技术**

1)助跑

助跑的任务是获得高的水平速度,并为准确、快速有力踏板和起跳创造条件。为了获得高的助跑速度,必须有相应的助跑距离。目前优秀的运动员,男子为 40~50m,女子为 30~50m。助跑的开始姿势有两种:①从静止开始,两腿左右平行站立的"半蹲式"。这种方法第一步的幅度和速度较易稳定,有利于提高助跑的准确性。②行进间走几步或跑几步踏上起点后,开始加速。这种助跑动作比较放松、自然,有利于发挥助跑速度,但对助跑准确性增加了难度。

2)起跳

起跳时,应充分利用助跑所获得的速度,在较短的时间内,创造尽可能的腾起初速度和适宜的腾起角度。起跳技术分为 3 个动作阶段:起跳脚的着地、缓冲和蹬伸。

3)腾空和落地

腾空和落地动作是为了维持身体平衡和落地创造有利条件。正确的落地是为了争取更好的成绩以及防止受伤。

按起跳结束后腾空阶段的姿势不同,可分为:蹲踞式(图 2-6)、挺身式(图 2-7)和走步式(图 2-8)。

**图 2-6　蹲踞式**

**图 2-7　挺身式**

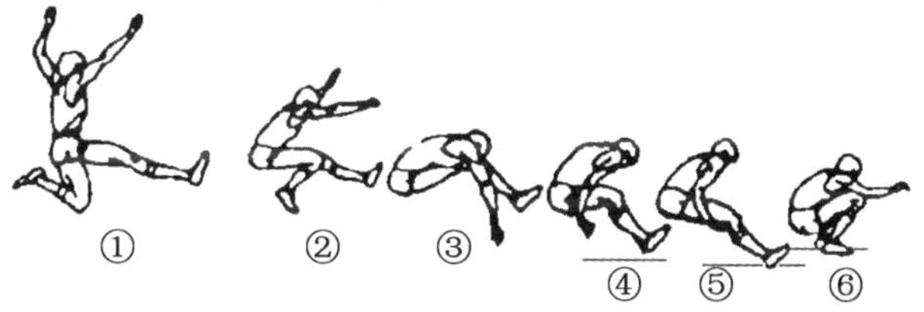


**图 2-8　走步式**

**2. 跳远的练习方法**

1)助跑的练习方法

(1)走步作起跳技术模仿练习。练习时注意起跳腿的蹬伸与摆动腿前摆动作的协调配合及挺胸拔腰抬头动作。

(2)短助跑上板起跳练习时,注意最后两步的节奏与步长变化及助跑与起跳技术的结合。

2)起跳的练习方法

(1)原地模仿起跳练习。

(2)上一步或连续上一步起跳练习。

(3)小步跑接起跳练习。

(4)连续四步助跑起跳练习。

(5)短助跑起跳腾空步练习。

(6)中、全助跑起跳练习。

3)跨踞式练习方法

(1)助跑2~3步做起跳后腾空步,注意起跳后空中跨步姿势。

(2)短程助跑起跳后腾空步,注意起跳技术及空中跨步姿势。

(3)中程助跑起跳做团身动作后落地,注意起跳的最后两步的节奏及起跳技术,起跳腿前提要及时。

## 三、三级跳远

三级跳远是运动员由助跑开始,沿直线连续进行三次水平跳跃的田径项目。根据规则规定,三级跳远的第一跳为单足跳,第二跳为跨步跳,第三跳为跳跃,即前两跳为同一条腿跳跃,最后一跳用另一条腿进行跳跃。

三级跳远技术要求:快速的助跑及合理的助跑节奏,积极加速上板,快速有利的起跳;支撑阶段富有弹;腾空阶段自然平衡的交换腿动作和落地前的积极扒地动作,最后落地时双腿高抬向前远伸的技术动作。

**1.助跑**

助跑的任务是获得最快的助跑速度和准确的踏上起跳板并为第一跳的起跳做好充分准备。

三级跳远的助跑与跳远的助跑大致相同,助跑的距离和助跑的加速方式取决于运动员的加速跑的能力和专项训练水平。助跑距离一般约为35m,优秀运动员约为45m。助跑步数一般为16~24步。

**2.第一跳(单足跳)**

为了保证在第一跳中尽可能减少助跑水平速度的损失,要求运动员在助跑最后一步时,起跳腿用全脚掌积极自然的跑步动作踏向起跳板,大腿下落要快速积极,起跳脚要快速有力的扒地动作。此时上体正直或前倾,起跳脚的着地点尽量靠近身体重心投影点。在触板瞬间腿几乎伸直,与地面成69°角。

起跳脚着地后,迅速屈膝缓冲,使身体快速前移。同时,摆动大小腿折叠积极前摆,两臂协调配合,使整个身体处于蹬伸前的最有力状态,随着身体的快速前移,起跳腿及时进行爆发性的蹬伸动作,快速有力地大幅度向前上方摆动,在起跳结束瞬间起跳腿充分蹬直与地面成62°角。

起跳结束后进入腾空阶段,腾起角14°~17°。起跳的腾起角十分重要,腾起角增大会导致更多地损失水平速度,腾空轨迹较高又会增加第二跳起跳腿的负荷,并对后两跳产生不良影响。在第一跳保持腾空步动作1/3距离后,开始做换腿的动作,即摆动大腿带动小腿自然向下、向后摆动,同时起跳腿屈膝前摆,大小腿尽量折叠,随着摆动腿的继续后摆和起跳腿的前摆高抬,完成了换步动作,此时,注意掌握换步时机,以保证第一跳的远度和为下一跳的起跳做好准备。

由于运动员采用的跳跃方式不同,两臂动作也不相同,大多数运动员为了不影响跑的速度,多采用前后摆臂的形式。

**3.第二跳(跨步跳)**

当完成第一跳的换步动作后,此时起跳腿继续高抬,摆动腿充分后摆,以加大两腿间的夹角。随着身体的下降,前摆的起跳腿开始了积极有力的下压,小腿迅速前伸做有力的扒地动作，几乎是直腿以脚跟着地，着地角约为 68°。要及时地屈膝迅速滚动到前脚掌，以促使身体快速前移，同时摆动腿和两臂快速有力地向前摆动，促使起跳腿做快速有力的蹬伸动作。第二跳的腾空高度相对其他两跳较低，腾起角在 14°左右进入腾空阶段，要尽可能保持长时间的跨步姿势。

**4.第三跳（跳跃）**

在"跨步跳"的腾空阶段，当身体开始下降时，应以大腿积极下压、小腿前伸做有力的向下、向后快速扒地动作，以保证第三跳的起跳能在快速中完成。由于摆动腿的积极下压和快速的扒地动作，使其着地后适当地屈膝、伸踝。积极缓冲，单足支撑缓冲时弯曲不宜过大，这样才能使身体快速前移。随着摆动腿和两臂快速有力地、大幅度地向前上方摆出，及时完成第三跳的起跳动作。起跳结束瞬间，起跳腿髋、膝、踝三关节充分蹬直，并与上体成一直线。第三跳的腾起角为 16°~18°，空中动作与跳远时一样，一般多采用"挺身式"或"蹲踞式"姿势。落地动作与跳远落地技术相同，在触地瞬间采用屈膝缓冲，髋部迅速向前移动，使身体特别是臀部迅速移至落点，坐在落点处或倒向落点一侧。

# 第三节　投　掷

## 一、推铅球

推铅球是速度力量型项目。在体育教学中常采用原地推和侧向滑步推两种技术。目前，在竞技体育比赛中，推铅球的技术主要有两种，即背向滑步推铅球和旋转推铅球，在此仅介绍侧向滑步推铅球技术（以右手为例）。各种方法都是由握持球的方法、站位与预备姿势、滑步、最后用力和维持身体平衡五个技术环节组成。

**1.握持球的方法**

五指自然分开，将球放在食、中、无名指根处，拇指小指扶在球的两侧，手腕背屈，这样可以增加握球的稳定性，防止铅球滑动，充分发挥手腕和手指的力量，使铅球获得更快的初速度。握球后，将球置于肩上锁骨窝处，贴着颈部。手稍外转，掌心向前，右臂弯曲时，大臂与躯干夹角约 45°，用以增加球的附托力，使持球臂放松，加强球的稳定性，便于控制出球的方向。（图 2-9）

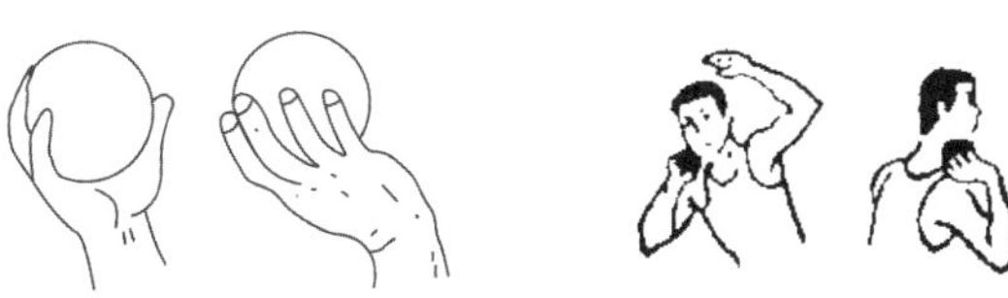

**图 2-9　握持球的方法**

**2.站位与预备姿势**

身体左侧对准推球方向，两脚左右开立约与肩宽。右脚外侧紧靠投掷圈后半圈的内沿，用全脚着地于投掷圈直径线上。左脚用前脚掌内侧着地，上体稍向右倾斜，身体重心落在右腿上，左臂自然上举，目视右前下方（图 2-10）。

图 2-10　站位与预备姿势

**3.滑步**

做好上述预备姿势后，左腿可做 1～2 次预摆。当最后一次预摆结束时，即左腿摆起后回摆时，右腿开始弯曲，使身体成右侧微屈的半蹲姿势。当左腿靠近弯曲的右腿时，紧接着要以左大腿带动小腿向投掷方向摆出，同时右腿用力向侧蹬伸，使身体迅速向投掷方向移去。当右腿充分蹬直后，要迅速收拉小腿，与此同时，左腿积极下压，使收拉右腿下压左腿协调一致地同步进行。右小腿收拉后，左脚落在圆心附近，左腿下压后左脚内侧着地于直径线左侧约 10cm，并距离投掷圈前沿 20cm 左右处。重心落在弯曲的右腿上，上体稍右倾，身体左侧拉紧，形成有利的推铅球前预备姿势(图 2-11)。

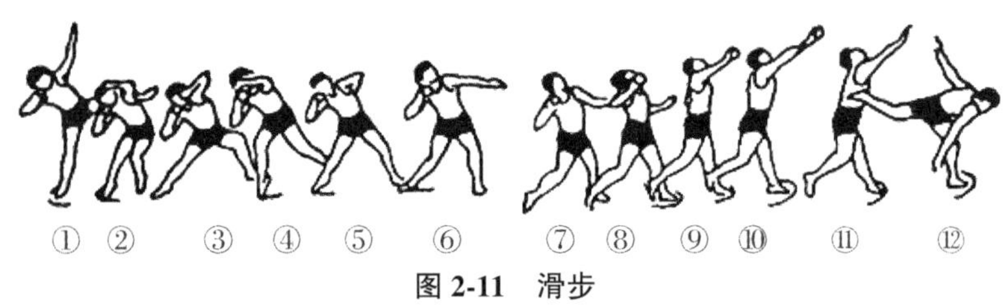


图 2-11　滑步

**4.最后用力**

开始推球时，右腿蹬伸，使右脚向投掷方向转动，上体向投掷方向摆动，与此同时，左腿以压力为主进行蹬伸，当身体左侧移至与地面接近垂直的瞬间，左肩固定支撑，上体和头向投掷方向转动，同时抬头挺胸。此时，右臂积极做推球动作，最后以手指的拨动动作将球向前上方推出。右臂推球的同时左臂摆向体侧制动，当球离手的瞬间两腿要充分蹬直。

**5.维持身体平衡**

球出手后，因身体仍有向前的惯性冲力，为防止超出投掷圈犯规，应迅速交换支撑腿降低重心或移动方向维持平衡。

## 二、掷标枪

标枪的完整技术是一个连续过程。为了便于分析，将投掷标枪技术分为握枪和持枪、助跑、最后用力和维持身体平衡四个部分。以右手投掷标枪为例进行分析。

**1. 握枪和持枪**

1)握枪

常用的标枪握法有两种，现代式握法和普通式握法。

(1)现代式握法(拇指和中指握法):将标枪斜放在右手掌心上,拇指和中指握在缠绳把手末端边沿,食指自然弯曲斜放在枪身上,无名指和小指自然地握在缠绳把手上(图 2-12①)。

(2)普通式握法(拇指和食指握法):用右手拇指、食指握在缠绳把手末端边沿,其余手指顺着食指方向握在缠绳把手上面(图 2-12②)。目前,标枪运动员多数采用现代式握法。其优点是中指长而有力,有利于增加最后用力的工作距离,发挥更大的力量,便于投掷标枪时的鞭打动作和出手瞬间使标枪产生绕纵轴的旋转。

2)持枪

常见的持枪法有肩上持枪和肩下持枪两种。目前多数优秀运动员采用肩上持枪法,因为它动作简单,也有利于控制标枪。这里只介绍肩上持枪。

肩上持枪:运动员在预备姿势和预跑时,右手持枪于右肩上方,持枪手在头侧耳朵附近,枪尖稍低于枪尾或枪身,与地面平行(图 2-13)。

**图 2-12　普通式握法**

**图 2-13　肩上持枪**

**2. 助跑**

助跑的目的是使人体和标枪获得一定的预先速度,在投掷步阶段完成引枪和超越器械动作,为最后用力创造良好的条件。

通常将助跑分为预跑和投掷步两个阶段。

1)预跑阶段

预跑阶段的主要目的是使人体和标枪获得一定的速度,为进入投掷步做好准备。预跑阶段是从第一标志线至第二标志线的距离(图 2-14),开始助跑时,通常说左脚踏在第一标志线上,迈右脚开始助跑,跑至第二标志线预跑结束,进入投掷步。预跑阶段跑的动作属于周期性的动作,预跑的距离一般为 2~20m,通常用 8~14 步完成。

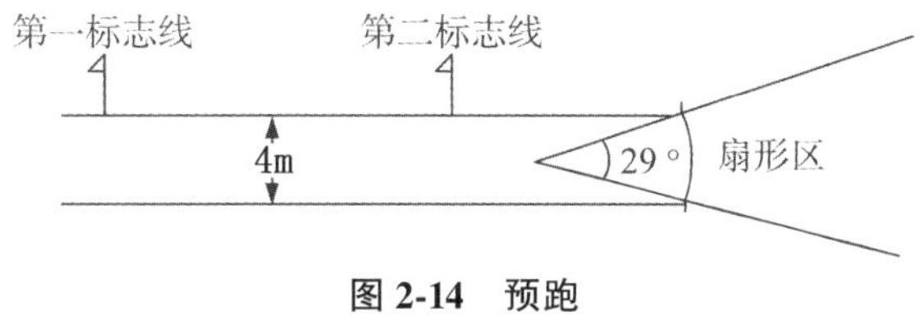


**图 2-14　预跑**

2)投掷步阶段

投掷步的主要任务是尽量保持已获得的速度,加快右腿的蹬摆动作,为最后用力创造良好条件。投掷步阶段通常是从左脚踏上第二标志线迈右脚开始,至最后一步左脚落地时为止。投掷步的步数一般是 4 步或 6 步,也有采用 5 步或 7 步的。当采用偶数时,迈右腿开始投掷步;反之迈左腿开始(图 2-15)。

图 2-15　投掷步技术

下面介绍四步投掷步技术。

第一步，左脚踏上第二标志线后，右腿前摆，同时上体向右转，持枪臂向后引枪，左臂在胸前自然摆动，眼睛注视前方。

第二步，右脚落地后积极蹬地，左腿前摆开始投掷步的第二步。此时上体继续向右转动，形成侧腿投掷方向的姿势，持枪臂继续后引，在左脚落地时右臂伸直完成引枪动作，引枪结束时，右手与右肩同高，枪尖靠近右眉标枪纵轴与髓轴和肩轴平行。在完成前两步动作中，躯干应基本与地面保持垂直，以避免人体过早减速。

第三步（又称交叉步），是从左脚落地后右腿积极前摆开始的。它的任务是在保持人体快速运动的情况下，进一步完成躯干的扭转并形成合理的后倾姿势，创造良好的发力条件及为缩短最后一步形成双支撑的时间创造条件。

第四步，是从助跑过渡到最后用力的衔接步。

**3. 最后用力**

最后用力是为标枪加速的主要阶段。它的任务是充分利用助跑的速度和获得的动量，在尽可能长的距离内将最大的力作用于标枪，使标枪在出手瞬间达到最高速度并沿合理角度掷出。

**4. 标枪出手后的身体平衡**

标枪出手后，保持身体平衡是全过程的结束动作，能够有效地防止人体越过投掷弧而造成犯规。标枪出手后，右腿应及时向前跨出一大步，降低重心，以保持平衡。为了保证运动员最后用力时可以大胆向前做动作而不犯规，最后一步左脚落地点至投掷弧的距离应在 2m 以上。

## 三、掷铁饼

背向旋转掷铁饼技术包括握法、旋转、最后用力和维持身体平衡四个部分。

**1. 握法（以右手投掷为例）**

五指自然分开，拇指和手掌平靠铁饼，其余四指末节扣住铁饼的边缘，手腕微屈，铁饼上缘靠于前臂(图 2-16)。铁饼握好,持饼臂自然放松下垂于体侧,握饼时五指分开的大小和四指末节扣住铁饼边缘的多少,可以根据自身情况适当调整。

**2. 旋转**

1)预备姿势和预摆动作

预摆的目的是为了使投掷者获得最有利的工作状态。投掷者背对投掷方向,两脚左右分开,比肩略宽。站立于投掷圈投掷方向中线的两侧,双膝微屈,两脚平行,左脚尖稍稍离开投掷圈后沿。在预摆过程中要转动躯干,尽量将铁饼向右后方摆动,同时身体重心逐渐移至右腿之上。在预摆结束时形成人体的充分扭紧(图 2-17)。

**图 2-16 握法** **图 2-17 预摆**

2)进入旋转

预摆结束后,右脚稍蹬地,以左前脚掌为旋转轴,左脚尖、左膝和左臂同时向投掷方向转动,投掷臂充分伸展并保持在身后。保持较低身体重心,躯干稍稍前倾,体重由右腿逐渐移向左腿,形成左侧旋转轴(图 2-18)。进入旋转时,身体重心由右腿向左侧旋转轴移动得充分与否,以及人体能否保持良好的超越器械状态,对于后面技术动作的顺利完成尤为重要。

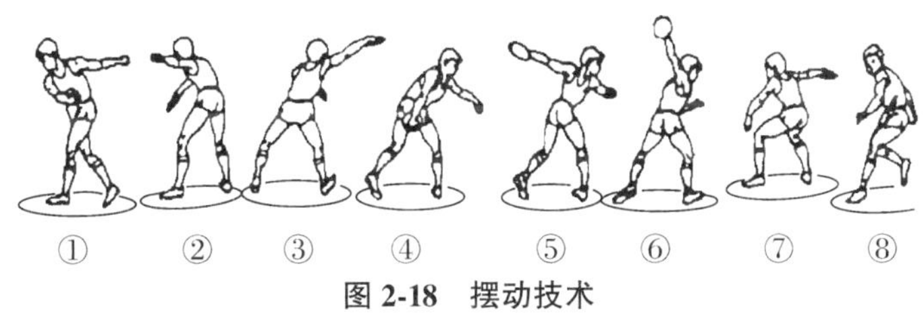


**图 2-18 摆动技术**

3)旋转

旋转的目的是使人体和铁饼在最后用力之前获得一定的预先速度,并形成人体充分扭紧和超越器械,同时为最后用力形成有利的预备姿势。当体重移至左腿过程中,左膝、左肩和视线转向投掷方向,形成身体左侧旋转轴。右腿以大腿带动,右脚贴近地面,沿大半径围绕左侧旋转轴摆动。身体重心通过弯曲的左腿时,左脚稍蹬地推动身体重心向投掷圈的中心移动(图 2-19①)。

左脚蹬离地面进入人体腾空状态。在保持上肢充分伸展的同时,右脚迅速向内转动,缩小下肢转动半径和提高速度,使身体进一步扭紧,超越器械(图 2-19②)。右脚以前脚掌积极着地投掷圈中心附近,并且不停顿地快速转动。

体重压在右脚上,形成以身体右侧为轴的单腿支撑旋转(图 2-19③)。同时左脚迅速外旋,以前脚掌内侧主动落地,形成投掷最后用力预备姿势(图 2-19④)。整个旋转过程中注意投掷臂和铁饼置于身后，躯干跟随骨盆和双腿转，保持较低的身体重心。

①

②

③

④

**图 2-19　旋转技术**

**3. 最后用力**

最后用力是铁饼完整技术中最重要的阶段，它的主要目的是进一步为铁饼加速，并形成铁饼出手的适宜初始状态。在这个阶段中人体用力工作距离越长，作用于铁饼的力量越大、速度越快，则铁饼出手时的初速度就越快，加之合理的出手角度和适宜的飞行状态，投掷就越远。

最后用力动作完成的质量，主要取决于以下三方面的因素。

(1)形成正确的最后用力预备姿势。

(2)旋转与最后用力连贯衔接。

(3)动员全身最大力量，在人体——器械系统预先获得的旋转速度基础上，继续大幅度地为铁饼加速，直至铁饼出手。

在右脚落地之后不停顿的转动过程中，左脚在投掷圈投掷方向中线偏左贴近圈前沿处积极落地。在右脚支撑体重、人体充分扭紧和超越器械的最后用力预备姿势基础上，右髋、右腿迅速向投掷方向转动，有力地带动躯干和投掷臂运动，促使铁饼沿着大弧线向投掷方向加速转动。左侧身体形成有力支撑，使身体右侧和铁饼绕左侧轴转动，当右髋的转动接近投掷方向时，边转动边向前送髋并蹬伸右腿。左肩和左臂也加速向左转动，拉长胸部肌群。这时铁饼已沿大半径运行到右肩后方比肩略低的部位(图 2-20①)。随着右脚继续蹬转用力，身体重心向支撑的左腿移动。与鞭打出手动作相配合，身体保持稳固并积极支撑用力，在此基础上躯干和投掷臂以爆发力迅猛用力完成以胸带臂的鞭打出手动作(图 2-20②)。铁饼出手即刻，身体重心达到较高位置，铁饼与右肩同高。最后以右手食指末节拨饼，使铁饼顺时针转动约 35°角掷出。

①

②

**图 2-20　最后用力**

**4. 维持身体平衡**

铁饼出手后，为了避免犯规，投掷者应降低身体重心，及时交换两腿位置并顺转动惯性转体维持平衡。

# 第三章　篮球运动

## 第一节　篮球运动基本知识

现代篮球运动是加拿大人詹姆斯·奈斯密斯于1891年2月25日在美国马萨诸塞州国际基督教青年会的训练学校发明的。篮球运动于1894年由鲍勃·贝利传到我国天津。

### 一、篮球运动概述

篮球运动是一项综合性体育项目,具有对抗性、集体性、多变性、激烈性与综合性特点;篮球运动又是身心俱佳的全身活动项目,运动时,既能够享受到轻松愉快,又可以体验到竞技的紧张;它不仅能够强身健体,还可以使人的个性、潜力和创造力得到充分展示;同时它能丰富人们的业余文化生活,从而提高劳动、工作和学习的效率。

篮球运动包含有跑、跳、投等各种动作。在竞赛中情况错综复杂,变幻莫测,要求运动员随时做出各种迅速的移动、急起、急停、急转、抢截、奔跑、跳跃等动作,以及具备各种应变能力。通过这些运动可以改善人体中枢神经系统和内脏各器官系统的功能,促进身体健康增进体质;全面发展速度、灵敏、耐力、力量、协调以及弹跳力等身体素质,对培养勇敢、机智、集体主义和组织纪律性等品质都有着很大的益处。

### 二、篮球运动锻炼价值与特点

经常参加篮球运动能使人体运动系统得到协调发展,使人反应灵敏、动作迅速有力,对增强心血管系统、消化系统、呼吸系统器官的功能,促进身体的新陈代谢的能力,都会起到积极作用。篮球运动的特点是具有较强的集体性,同时篮球运动不受年龄、性别限制,是在严格的规则体制下进行的。

### 三、篮球运动基本规则

篮球比赛在规定的场地进行。篮球全场比赛时间由4节组成,每节10分钟,第1节和第2节之间,第3节和第4节之间以及每一决胜期,有2分钟的休息时间,半场间的休息时间为15分钟。如果在第4节比赛时间终了时比分相等,为了打破平局,需要一个5分钟的决胜期或多个这样的5分钟来继续比赛。

篮球比赛采用的比赛制度有淘汰制、循环制和混合制三种。选择何种比赛制度必须根据比赛的目的、任务、时间及参加队数的多少而定。

(1)跳球。各方1名队员站在本队球篮一面的中圈内,拍击由主裁判员垂直上抛,开始下落的球,在球未触及非跳球队员前,跳球队员不可超过两次触球。

(2)中篮得分。活球进入球篮中篮,在3分线外投篮得3分,罚球中篮得1分,其他投中得2分。

(3)进入比赛状态。裁判员进入圆圈执行跳球,到罚球区执行罚球,队员掷界外球。

(4)活球。跳球时队员拍着球,裁判员将球交给罚球队员。

(5)死球。投中、裁判人员鸣哨(或发出信号)均为死球。

(6)侵入犯规。是违反规则含有身体接触的犯则。包括球进入比赛状态,活球或死球接触对方身体的犯规。队员过分的伸臂、撞人、推人、拉人、打人和绊人等身体接触。

## 第二节　篮球运动基本技术

### 一、运球技术

**1.体前变向运球**

动作要点:变向时,用右手拍球的侧后上方,使球弹至左侧前方,同时右腿立即向侧前方跨步,右肩前探,左手接着运球前进(图3-1)。

图3-1　体前变向运球

**2.运球急停急起**

动作要点:慢慢运球接近防守带,停住,防守者也会停住,瞅准这个瞬间,突然加速运球从防守者右侧或左侧突破(图3-2)。

**3.运球转身**

动作要点:当对方靠近自己的右侧时,如果右脚在前,应迅速上左脚,并以左脚为轴做后转的同时,右手将球拉至身体的右侧前方,然后换手运球,加速前进(图3-3)。

图 3-2　运球急停、急起　　　　图 3-3　运球转身

**4.背后运球**

动作要点:背后变向时,用右手将球拉到身体后拍球的外侧,同时右脚向前跨出,将球从身后拍至左脚的侧前方,并立即换左手运球突破防守(图 3-4)。

**5.胯下运球**

动作要点:如右手胯下运球变向时,应是左脚在前,右手按拍球的右侧上方,使球从两腿之间穿过,右脚向左前方跨出,换手运球突破对手(图 3-5)。

图 3-4　背后运球

图 3-5　胯下运球

**6.双手胸前传球**

动作要点:两脚前后开立,双手持球于胸腹之间传球时,手腕快速翻转抖腕,手指快速拨球把球传出(图 3-6)。

**7.双手头上传球**

动作要点:双手举球于头上,传球时前臂前摆,手腕前后外翻,拇指、食指、中指用力拨球将球传出(图 3-7)。

图 3-6　双手胸前传球

图 3-7　双手头上传球

**8.单手肩上传球**

动作要点:右手传球时,左脚向传球方向迈出,同时引球于右肩上方;出球时,下肢发力转腰、转肩,前臂前摆和腕带动食指、中指和无名指用力拨球将球传出(图 3-8)。

**9.体侧传球**

动作要点:双手持球于胸前,出球时,右手引球至身体右侧并向前作弧线摆动,拇指向上,手心向前,手腕前屈,食指、中指用力拨球将球传出(图 3-9)。

图 3-8　单手肩上传球

图 3-9　体侧传球

**10.背后传球**

动作要点:传球时,左脚向传球方向迈出一步,侧对传球方向,同时右手引球于背后,扣腕将球传出(图 3-10)。

**11.双手接球**

动作要点:接球时,手臂要迎球伸出,手指自然分开,两拇指呈"八"字形,两手呈半圆形;当手指触球时屈肘,两臂随球后引持球于胸腹之间(图 3-11)。

图 3-10　背后传球

图 3-11　双手接球

## 二、投篮基本技术

**1.原地跳投**

动作要点:双手持球于胸前,两腿弯曲右脚在前;投篮时,向上摆臂举球跳起,当身体接近最高点时,左手离球,右臂向前上方伸直、手腕前屈,食、中指拨球,通过指端将球投出(图 3-12)。

图 3-12　原地跳投

提示：①持球方法。②持球手和扶球手。③球的出手方法（图3-13）。

**2.行进间单手低手投篮**

动作要点：一跨右脚接球，二迈左脚起跳，挺肘、伸臂、挑腕将球投出（图3-14）。

图3-13　投篮出手方法　　　图3-14　行进间单手低手投篮

**3.运球急停跳起投篮**

动作要点：快速运球中，最后一两步稍减速，利用两步急停跳起投篮动作与原地跳投相同（图3-15）。

图3-15　运球急停跳起投篮

**4.行进间反手投篮**

动作要点：步法与行进间低手投篮相同，跳起后要向球篮方向转头，身体稍成弓状，右手举球，手指拨球碰板入篮（图3-16）。

图3-16　行进间反手投篮

## 三、持球突破基本技术

**1.交叉步突破**

动作要点：两脚左右开立，两膝弯曲，持球于胸前；突破时，右脚前脚掌内侧蹬地并向左前方迈出,上体左转探肩,左手推放球于右腿前侧,快速超越对手(图 3-17)。

图 3-17 交叉步突破

**2.顺步突破**

动作要点:突破时,右脚前脚掌内侧蹬地,右脚迅速向右前方跨出一步,同时上体右转探肩,右手推放球于右腿侧前方,左脚再迅速蹬地上步快速超越对手(图 3-18)。

图 3-18 顺步突破

**3.后转身突破**

动作要点:突破时,左脚为轴转身,右脚向右侧后方跨步,上体右转,脚尖指向侧后方,左手向左脚前方放球,左脚内侧迅速蹬地向球篮方向跨出,运球突破防守(图 3-19)。

图 3-19 后转身突破

## 四、抢篮板球技术

抢篮板球是由判断与抢位置、起跳、抢球动作和得球后的动作组成。球队在比赛中抢篮板球的好坏,对球队的胜败起着重要的作用。

**1.判断**

运动员根据投篮队员的位置、距离,判断球不中时的反弹点、角度和区域,突然抢到对手身前或体侧,利用身体和手臂占据地面和空间面积(图 3-20)。

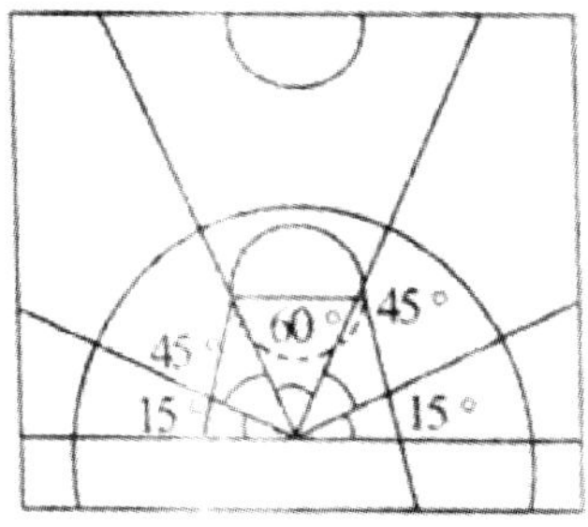


图 3-20 篮板球反射角度

提示:投篮的距离与球的反弹距离成正比:投篮距离远,反弹远;投篮距离近,反弹近。

**2.抢占位置**

抢防守篮板球时要突出一个“挡”字。防守队员的抢位主要是先挡人,利用后转身前转身等动作把对手挡在自己身后,堵住进攻队员向篮下冲抢的路线。

抢进攻篮板球时要突出一个“冲”字。当投篮出手后,就要判断好可能反弹的方向,利用突然的起动插向防守者向前,或借助虚晃变向、转身动作绕过防守者的堵挡,抢占有利位置(图 3-21)。

图 3-21 抢篮板球抢位方法

**3.抢球动作**

双手抢球:当跳到最高点时,指端触球的瞬间双手用力握球,腰腹用力,迅速收臂,将球置于腰腹位或头上(图 3-22)。

图 3-22 双手抢篮板球

单手抢球：当身体跳到空中时，单臂向球反弹的方向伸展，五指张开，用力屈腕、弹指、收臂，抢球置于胸腹前，另一只手立即扶球。

点拨球：当身体跳到空中时，用指端点拨球的侧方、侧下方或下方。

**4.获球后动作**

进攻队员获球进行补篮或传给同伴，防守队员获球后快速传给同伴发动快攻或运球突破。

## 五、防守技术

**1.防守球队员**

主要任务：防守者运用抢、打、盖帽等技术动作对有球的进攻队员传球、运球、突破和投篮进行积极干扰和破坏。

防守位置：选择对手与球篮的位置。掌握对手离球篮近则离对手近，离球篮远则离对手远的原则。

防守动作：防运球和突破时，采用平步防守，即双脚平行站立，两手臂侧伸摆动；防投篮时，采用前后步防守，即两脚前后站立，前脚同侧手臂向前上方伸出。

(1)打球。提示：打球时，出手要快、要准，不要失掉重心和防守位置(图3-23)。

(2)抢球。提示：抢球时，要隐蔽，看准对手持球空隙，快速有力抓住球(图3-24)。

图3-23 打球　　图3-24 抢球

(3)盖帽。提示：盖帽时，要判断准确，快速起跳，手臂充分伸展，前臂不要下压避免犯规(图3-25)。

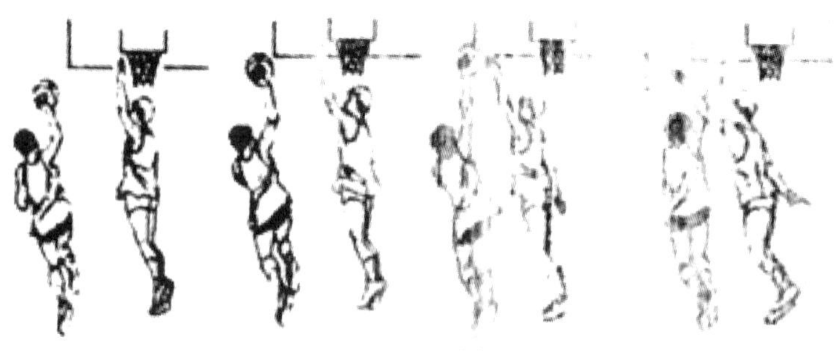

图3-25 盖帽

(4)防突破、防运球。提示：防突破和防运球时，身体重心低，保持一臂防守距离，脚步移动要快(图3-26、图3-27)。

图 3-26　防突破　　图 3-27　防运球

(5)防死球。提示:当运球者停球成为死球时,防守者马上举起右手,用攻击步很强的小碎步接近进攻者(注意不要扑在进攻者身上造成犯规),用双手封堵其专球路线(图 3-28)。

**2.防无球队员**

1)强侧防守

防守任务:堵截对手摆脱移动接球,封锁传球路线,干扰对手接球。

防守站位:当进攻方无球队员在有球队员的同侧(强侧)时,防守者站在对手上侧,采用面向对手侧向球的斜前站位姿势(错位防守)。

2)弱侧防守

防守任务:防止无球队的空切,协助强侧防守(协防),不让对手在攻击区和习惯位置接球,并随时抢断球。

防守站位:当进攻方无球队员处在球的异侧(弱侧)时,防守者选择侧面或侧下面的位置,采用面向球、侧向对手的站立姿势。提示:遵守"球—我—他"的防守原则,做到"内紧外松,近球紧,远球松,松紧结合"(图 3-29)。

图 3-28　防死球

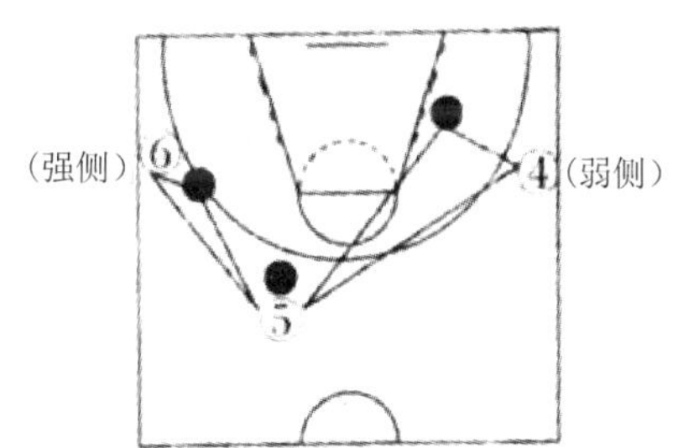

图 3-29　防无球队员站位方法

# 第三节　篮球运动基本战术

## 一、进攻战术

**1.快攻**

快攻是以获得球权开始,在对方立足未稳、还没有形成严密的防守阵势之前,以最快的速度,争取在人数上造成以多打少的优势或人数相等进行反击的一种战术组织形式(图 3-30、图 3-31)。

发动快攻时机:抢到防守篮板球后、掷界外界、防守中抢断球、跳球。

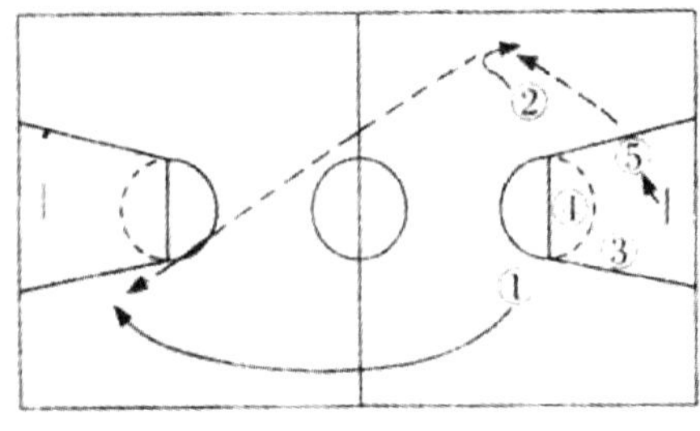

图 3-30　长传快攻

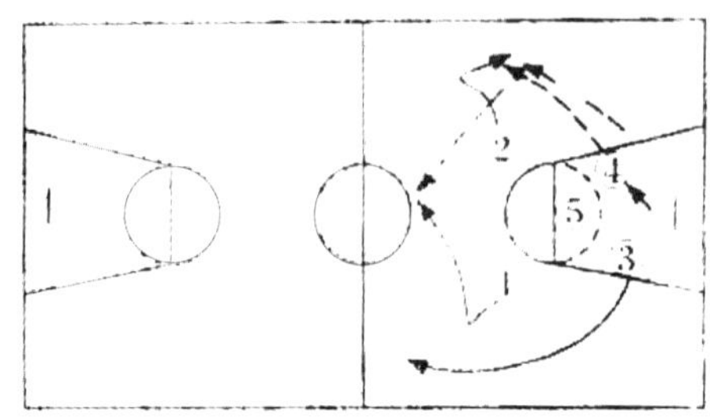

图 3-31　以多打少快攻

**2.传切配合**

传切配合是进攻队员之间利用传球和切人技术所组成的基础配合(图 3-32)。

提示:切人队员要利用假动作摆脱防守队员,切人要快速,传球要及时到位。

**3.突破分球**

突破分球是进攻队员利用突破吸引其他防守队员,或在突破时遇到对方队员补防时,及时地把球传给处在有利位置的同伴获得投篮机会的基础配合(图 3-33)。

提示:突破时,要观察攻守队员的行动和位置,突破要快,传球要到位。

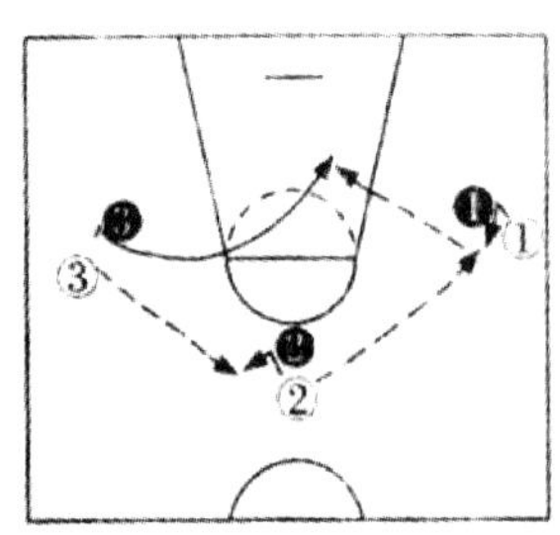

图 3-32　传切配合

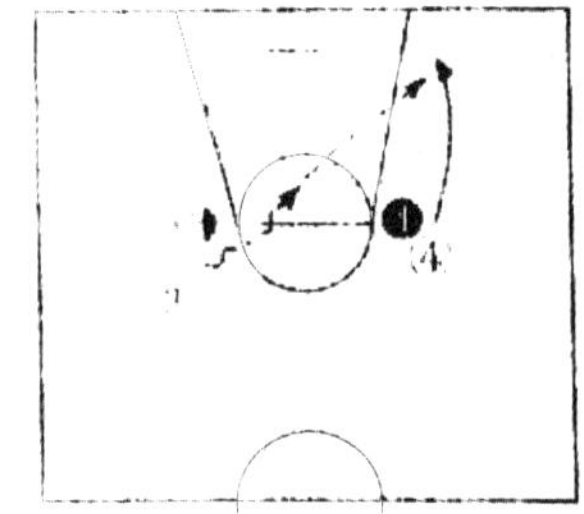

图 3-33　突破配合

**4.掩护配合**

掩护配合是采用合理的行动用自己的身体挡住同伴防守的一种配合方法。掩护配合有前掩护、侧掩护和后掩护 3 种形式。(图 3-34)

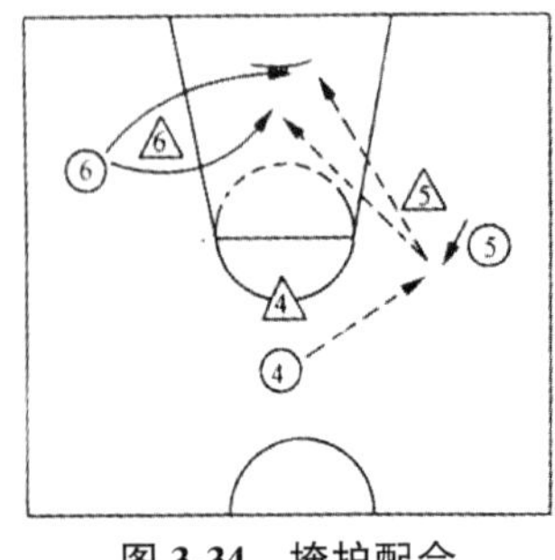

图 3-34　掩护配合

## 二、防守战术

**1.“关门”配合**

它是防守战术基础配合方法之一。“关门”是邻近的两个防守队员协同防守突破队员的配合方法。

**2.半场人盯人防守**

全队退至后场盯住自己的对手。常见的有半场缩小(松动)人盯人防守和半场扩大(紧逼)人盯人防守。

半场人盯人防守应遵循“以人为主,人球兼顾”和“有球则紧,无球则松”的原则。合理运用防守基本配合,进行强有力的抢、堵、封、断,控制和破坏对手的进攻配合行动。当对方外围中投不太准而篮下攻击力量较强时,采用半场缩小人盯人防守;当对方外围攻击力强(中、远距离投篮较准)而内线攻击力较弱时,则采用半场扩大人盯人防守。

**3.半场区域联防**

(1)“2—1—2”阵型。队员在防区内的分布比较均衡,外线可防投篮、突破,内线可防中锋进攻,有利于队形的及时调整。

(2)“3—2”阵型。如对方远距离投篮较准,为了控制外围进攻,防范对方中、远距离投篮,可采取此阵式。

(3)“2—3”阵型。如对方在底线两角投篮较准,且拦截又具威胁时,为了加强底线防区,可采取此阵式。

# 第四章　足球运动

足球运动是以脚支配球为主,两个队相互对抗、攻守,富有战斗性一项体育运动项目,它是世界体育运动中开展最广泛、影响最大的运动项目,被誉为“世界第一运动”。其特点是:场地大,技术复杂,对抗激烈。每四年一届的足球世界杯赛事,是足球迷们的盛典,有着巨大的影响力。足球比赛以其特有的魅力吸引了成千上万的现场观众和数以亿计的电视观众,更吸引了成千上万的青少年,深受世界各国人民喜爱。

## 第一节　足球运动基本知识

### 一、足球运动概述

我国是古代足球运动的发源地。据有关史料记载,公元前475—221年的战国时代,我国就有了古代足球运动的记载,比其他国家要早1 000多年,古代足球运动在我国被称为“蹴鞠”。

现代足球运动起源于英国。1848年足球运动第一个以文字形式的规则——《剑桥规则》。1857年英国成立了世界上第一个足球俱乐部。1863年10月26日在英国伦敦成立了世界上第一个足球协会——英格兰足球协会,制定了统一的足球运动规则,英格兰足球协会的成立,标志着世界足球运动进入了一个崭新的历史阶段。

根据足球运动发展需要,1904年5月21日,由法国、比利时、西班牙、荷兰、丹麦、瑞典、瑞士7个国家足球协会在巴黎成立了足球运动的国际性组织——国际足球联合会,英文缩写为“FIFA”。经过100多年的发展,国际足联已经成为最具影响力的国际单项体育组织。

### 二、足球运动锻炼价值与特点

经常参加足球运动,能有效提高人体各器官系统功能,全面发展和提高人体的各项身体素质,就有助于培养学生顽强拼博的竞争意识,机智果断、思维清晰、反应敏锐的逻辑想象力,以及团队合作、团结协作的集体主义优良品质和荣誉感。它的特点是参加比赛人数多、场地大、时间长、强度大、技术复杂、战术多样。

### 三、足球运动的基本知识

**1.足球场地构成**

球场面积必须符合规则所规定,在任何情况下必须为长方形且平坦,硬度合适,以不伤害运动员及不影响球的正常运动为原则。国际足联曾规定世界杯决赛阶段比赛场地长105m、宽68m。

在划场地各条线时须与地面平齐,线宽不得超过12cm,边线与球门线均属于该区域内面积。

(1)边线与球门线划定的区域是比赛时队员活动的基本区域,当球的整体从地面或空中越过边线或者球门线时,即为出界。判定球是否进门也是如此。

(2)中线:是把球场分为两个相等的半场,开球时双方队员在球未向对方半场踢动之前都必须站在本方半场内。开球的另一方不得进入到中圈内。

(3)球门区:从球门柱内侧分别沿着球门线向两侧丈量5. 50m,再向场内丈量垂直于球门线5. 50m,然后将两条垂直的线相连所构成的区域。

(4)罚球区:在球门内住沿球门线向两侧丈量16. 50m,再向场内丈量垂直于球门线16. 50m,然后将两条垂直线相连接所构成的区域。守门员可以在本方罚球区内用手触球。踢球门球或在本方罚球区内踢任意球时,对方队员应退出罚球区,踢球方必须将球直接踢出罚球区,比赛才算重新恢复;罚点球时,除主罚队员与对方守门员外,其他队员均须退出罚球区及罚球弧以外,当球被踢向前移动,比赛即为恢复。

(5)角球区:以边线与球门线交界处外侧点为圆心,以1m为半径将边线与球门线连接所构成的区域。踢角球时,球必须放定在角球区内。

(6)罚球点:在球门内球门线外侧并且取球门7.32m宽中点向场内垂直丈量11m处画一圆点。罚点球时,球必须定在罚球点上。任何情况下不得将踢点球时的球移离开此点而执行罚球点球。

(7)中圈与中点:中圈开球时,守方队员须站在中圈外的本方半场内,相同于踢任意球时,守方须退至离球9.15m以外;中点开球时,球必须放定在该点上。

**2.主要竞赛规则**

足球比赛每参赛队上场队员不得多于11名,其中必须有1名守门员。基层比赛中,无论是9人或者7人以及5人制小场地比赛也必须有1名守门员。

(1)裁判员不能同意某一队愿意在没有守门员的情况下进行比赛的要求。比赛中守门员可以与场上其他队员互换位置,但必须事先报告裁判员并在比赛或死球时调换。

(2)在国际及国内正式比赛中,每场比赛每队最多可以替换队员3名(含守门员):在基层比赛中替补最多不能超过7名,并须在竞赛规程中明确。

(3)裁判员有权在比赛开始前将违反规则相应规定的队员罚令出场,并只允许从提名替补队员中选一人进行替补。该队员不计算在可使用的替补队员数额内。当比赛开始后或中场休息及每半场决胜期开始前,罚令队员出局不得替换。

(4)中场休息时,各队调换守门员或替补队员,必须在比赛开始前报告裁判员履行替补程序。中场休息最多不能超过15分钟,队员有中场休息的权利。

(5)在决胜期比赛时,如某队尚未换足替补数额,仍可进行替补。

(6)凡队员未经裁判员允许,擅自进场或重新进场加入比赛,裁判员应停止比赛,警告该队员,并在比赛暂停时球所在地点由对方罚间接任意球。

(7)上场队员比赛时,同队队员的服装颜色必须一致,并与对方队员有明显区别;守门员的服装颜色又必须与双方其他队员的及裁判员的服装颜色有明显区别。

(8)越位。队员具备下列条件下为越位位置:在对方半场内。较球更接近于对方球门线。对方队员不足两人(含守门员)。

处在越位位置队员同时有下列行为时应判罚球越位犯规:在同队队员踢或触及球的一瞬间,裁判员认为其就下列情况而言参与了现实的比赛中时才判为越位犯规。干扰了比赛或干扰对方队员以及利用越位位置获得利益。现实的比赛不是一个区域范围的量化要领,而是指处于越位位置队员的行为效果而言的。位置是前提,触球瞬间是判断时机,行为和效果是构成越位犯规的依据。

越位不是犯规是指下列情况:①处于越位位置和队员直接接得同队队员踢出的球门球、界外球和角球时。②队员处在越位位置,但同队队员踢或触出球的瞬间没有干扰比赛,又未干扰对方,也没有获得利益。

(9)犯规与不正当行为。裁判员认为,队员草率、鲁莽地使用过分的力量违反下列六种犯规之一者,将判给对方踢直接任意球:①踢或企图踢对方队员;②绊摔或企图绊摔对方队员;③跳向对方队员;④冲撞对方队员;⑤打或企图打对方队员;⑥推对方队员。队员有下列犯规之一者,也判给对方踢直接任意球:①为了得到对球的控制而抢截对方队员;②于触球前触及对方队员;③拉扯对方队员;④向对方队员吐唾沫、故意手球。比赛中如果队员在本方罚球区内违反了上述十种犯规之一者,应被判罚球点球。

守门员在本方罚球区内违反下列五种犯规之一时,将判给对方踢间接任意球:①当手控制球时,在发出球之前行走 4 步以上;②在发出球之后未经其他队员触及,再次用手触球;③用手触及同队队员故意踢给他的球;④用手触及同队队员直接掷入的界外球;⑤拖延时间。队员有下列情况时,也将判给对方踢间接任意球:①动作具有危险性;②阻挡对方队员;③故意阻挡对方守门员从其手中发球;④违反规则的其他犯规而停止比赛被警告或罚令出场。

队员违反下列七种犯规之一者,将被警告并被出示黄牌:①犯有非体育道德行为;②以语言或行动表示异议;③持续违反规则;④延误比赛重新开始;⑤当以角球或任意球重新开始比赛时,不退出规定的距离;⑥未得到裁判员许可进入或重新进入比赛场地;⑦未得到裁判员许可故意离开比赛场地。

队员违反下列七种犯规之一者,将被罚令出场并被出示红牌:①严重犯规;②暴力行为;③向对方或任何人吐唾沫;④用故意手球破坏对方的进球或明显的进球机会;⑤用可判为任意球或点球的犯规破坏对方向本方球门移动且具有明显进球得分机会;⑥使用无礼的、侮辱的或辱骂性的语言;⑦在同一场比赛中得到第二次警告。

## 第二节　足球运动基本技术

常用的足球技术包括踢球、停球、运球、头顶球、抢截球、掷界外球和守门技术等。

### 一、踢球

踢球是指运动员有目的地运用脚的不同部位将球击向预定的目标。踢球是足球技术中最基本的技术动作之一,主要运用于传球和射门。脚的各个部位如图 4-1 所示。

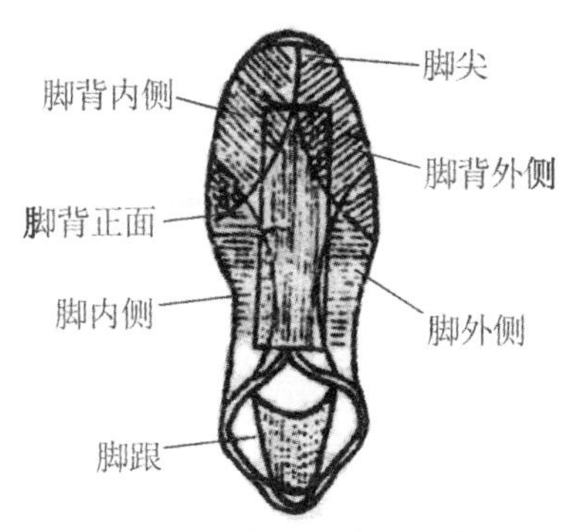


图 4-1　脚法部位示意图

1.脚内侧踢球

脚内侧踢球方法主要运用于短传，其特点是脚与球的接触面积大，出球比较平稳、准确，但出球力量小，因此多用于短距离传球、射门和罚点球等。

动作要领：直线助跑，最后一步稍大，支撑脚站在球的侧方 15cm 左右处，膝关节微屈，两臂自然张开，踢球腿在前摆过程中，屈膝外展，腿加速前摆，脚的内侧正对出球方向，脚尖稍翘起，脚掌与地面平行，用脚内侧部位击球的后中部；踢球后，腿随球前摆，但不宜过大，如图 4-2 所示。

图 4-2　脚内侧踢球动作分解

2.脚背内侧踢球

这种踢球方法适用于长传、罚角球、射门、踢任意球和发球门球。

动作要领：踢定位球时，斜线助跑，助跑方向与出球方向约成 45°角；支撑脚踏在球的内侧后方 12~15cm 处，支撑脚脚尖指向出球方向；膝弯曲，身体稍向支撑脚一侧倾斜；在支撑脚着地的同时，踢球腿以髋关节为轴，大腿带动小腿迅速前摆；当膝关节摆至接近球的内侧垂直上方时，加速摆小腿；击球刹那脚背绷直，脚趾扣紧，脚尖指向斜下方，以脚背内侧击球的后中部（踢过顶球时，击球的后中下部）；踢球后，踢球腿及身体继续随球向前，如图 4-3 所示。

图 4-3　脚背内侧踢球动作分解

### 3.脚背正面踢球

这种踢球方法适用于长传和射门。动作要领：踢定位球时，直线助跑，最后一步稍大并要积极着地，支撑脚踏在球的侧方 10~12cm 处，脚尖对正出球方向，膝关节微屈，维持身体平衡；同时踢球腿后摆，小腿尽力后屈；在支撑脚着地的同时，以髋关节为轴，大腿带动小腿前摆；当膝盖摆至接近球的垂直上方的刹那，小腿做爆发式前摆，脚背绷直，脚趾扣紧，以脚背正面击球的后中部；踢球后，踢球腿及身体继续随球前移（图 4-4）。

图 4-4　脚背正面踢球动作分解

### 4.脚背外侧踢球

这种踢球方法适用于远、近距离传球和射门。动作要领：球定位、助跑、支撑脚的位置和踢球腿的摆动基本上与脚背正面踢球相同，只是用脚背外侧接触球。在踢球的膝盖摆到接近球的垂直上方的一刹那，小腿加速前摆，膝盖和脚尖内收，脚背绷直，脚趾紧扣，以脚背外侧踢球的后中部（图 4-5）。踢球后，踢球腿及身体继续随球前移（图 4-6）。

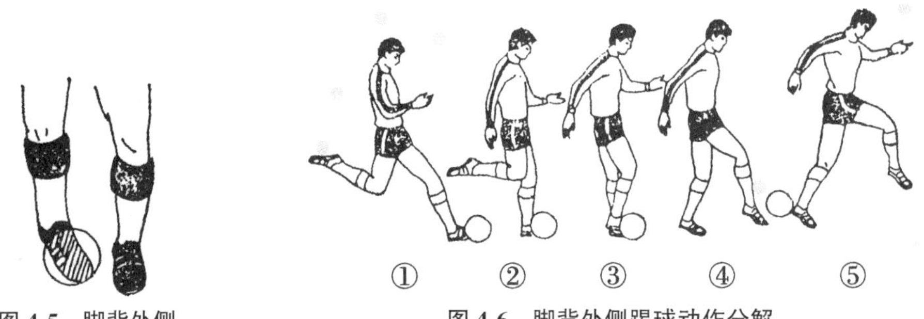


图 4-5　脚背外侧

图 4-6　脚背外侧踢球动作分解

## 二、停球

停球是指运动员有目的地运用身体的合理部位，把运行中的球停挡在所需要的控制范围内。比赛中，可用除手和手臂以外的任何部位接球，通常以脚为主，尤以脚弓和脚外侧使用最多。停球时，运用推压、撤引等动作方法，将来球调整到有利于进行下一步动作如传球、射门或运的位置上。

停球技术动作方法很多，但每一种动作过程都由移动、支撑脚站位、接球动作和随移动作 4 个环节组成。接球的主要方法有脚底停球、脚内侧球、脚背正面停球、脚背外侧停球、腹部和大腿停球及胸部停球等。

### 1.脚内侧停球

这种停球方法脚接触球的面积大，易停稳，可以用来停地滚球、反弹球和空中球。

(1)脚内侧停地滚球。支撑脚正对来球,膝关节微屈,停球腿屈膝外转并前迎;脚尖翘起,当脚与球接触前的刹那开始后撤,在后撤过程中用脚内侧接触球,把球控制在所需要的位置上(图 4-7)。

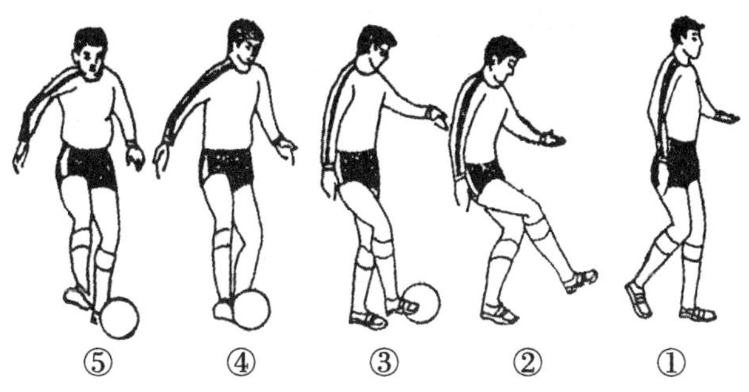


**图 4-7　脚内侧停球**

(2)脚内侧停反弹球。支撑脚踏在球的落点的侧方,膝关节弯曲,上体稍前倾并向停球方向微转,同时停球脚提起,踝关节放松,用脚内侧对准球的反弹方向;当球落地反弹刚离地面时,用脚内侧压球的后中上部。如果要把球停向左侧,支撑脚应踏在球落点的左侧方,脚尖指向左侧,同时上体也向左侧前倾(图 4-8)。

**图 4-8　脚内侧停反弹球**

**2.脚底停球**

这种停球方法脚底接触球面积大,易将球停稳,常用于停地滚球的反弹球。

(1)脚底停地滚球。支撑脚站在球的侧后方,膝关节微屈,脚尖正对来球,同时停球脚提起,膝关节自然弯曲,脚尖翘起高于脚跟,脚跟离地面稍低于球,踝关节放松,用脚前掌触球的后中上部,触球刹那脚踝轻轻下压(图 4-9)。

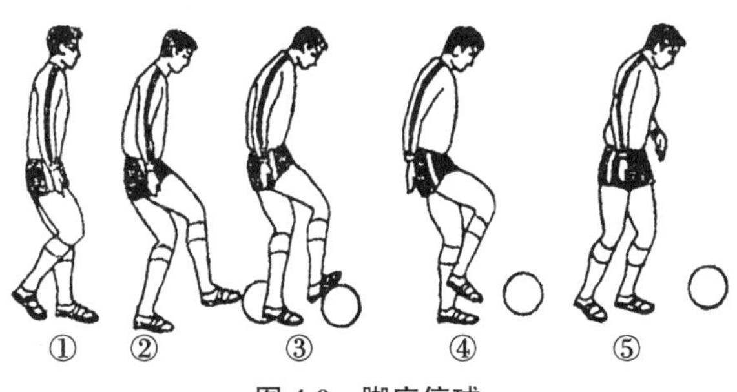


**图 4-9　脚底停球**

（2）脚底停反弹球。身体对正来球，支撑脚踏在球的落点的侧后方，停球脚的前掌对准球的反弹方向，触球的后中上部，当球刚刚反弹的一刹那，脚踝轻轻下压（图 4-10）。

图 4-10 脚底停反弹球

## 三、运球

### 1.运球

运球是运动员在跑动中用脚向跑动前方推击球，使球始终处在身体的控制范围之内，是完成个人突破与战术配合必不可少的技术。运球方法有脚背正面运球、脚背外侧运球、脚背内侧运球、脚内侧运球等。

（1）脚背正面运球。脚背正面运球多在越过对手之后，前方纵深距离较长，仍需快速前进的情况下使用。

动作要领：跑动时，身体自然放松，上体稍前倾，两臂自然摆动，步幅不要过大。运球脚提起时，膝关节弯曲，脚跟提起，脚尖下指，在迈步前伸着地前，用脚背正面推拨球前进。（图 4-11）

图 4-11 脚背正面运球

（2）脚背外侧运球。脚背外侧运球，多在快速奔跑和向外改变方向时使用。

动作要领：跑动时，身体自然放松，上体稍前倾，两臂自然摆动，步幅要小些。运球脚提起时，膝关节弯曲，脚跟提起，脚尖内扣。在迈步前伸着地前，用脚背外侧推拨球（图 4-12）。

（3）脚背内侧运球。脚背内侧运球，多在改变方向并需要用身体掩护球的情况下运用。

动作要领：跑动时，身体自然放松，步幅要小些，上体前倾并稍稍向运球方向转动。运球脚提起时，膝关节稍弯曲，脚跟提起，脚尖稍外转，在迈步前伸着地前，用脚背内侧推拨球。

(4)脚内侧运球。脚内侧运球,是运球技术中速度最慢的一种运球方法。但是当运球接近对手需要用身体掩护时,多采用脚内侧运球。

动作要领:运球时支撑脚稍向前跨,踏在球的前侧方,膝关节稍弯曲,上体前倾向里转。随着身体向前移动,运球脚提起,用脚内侧推球的后中部(图4-13)。

图4-12　脚背外侧运球

图4-13　脚内侧运球

2.运球过人

运球过人突破的不仅仅是摆脱对方盯防你的人,在没有摆脱掉盯防你的人时,也能带来意想不到的成果。在当前足球比赛中,有一半进球数中来自于定位球。运球过人是赢得定位球的重要手段。当队员被绊倒时可获得任意球或点球,球被踢破坏出界时,可获得角球或界外掷球。

(1)紧密控球:接球队员若能在第一次触球时,就能将运动中的球接控于脚下,而且又能为下一个动作做好准备。接球队员既能获得行动的空间,也能为自己在接下来运动过人时选择最佳手段赢得时间。

(2)诱骗和破坏对手的身体平衡:有时凭借速度过人也是可能的。然而,这种方式过人要在防守人身后有大量空间时才有可能。比赛中大多数时间是在密集情况下接控球或者防守人有保护队员,那么,只有第一时间控制住球后通过控球者采取各种主动的方式破坏对手身体平衡或者诱骗对手在判断上的错误来完成过人突破。

(3)变向:对运球者而言,由于防守者通常情况下,注意力是看球并对球的活动作出反应。所以,队员掌握运用改变方向的过人技术是十分重要的。

(4)变速:诱骗对手失去重心后,最重要的环节是突然加速突破防守者,运球过人应当把握在防守者还未重新恢复身体平衡之前的瞬间摆脱。运球过人应明确,缺乏敏捷的变速和突然加速摆脱对手的能力是很难完成过人突破的。

有时,可以凭借变速突破对手。如果运球过人时不能变速,那么过人突破的效果、打破对手身体平衡的效果将大大降低。缺乏变速的主要原因大多是犹豫不决和攻击性不强。

(5)运球过人的重要环节:第一,敢于运球逼近对手;第二,主动诱骗对手失去身体平衡;第三,突破对手。运球过人是否成功,不单需要掌握上述三个环节的技术,还需要主动积极、攻击性强的态度。

(6)运球过人的两种方法。①左晃右突过人:用右脚内侧拨球至你身体的左侧,身体重心向左倾斜,沉下左肩,佯装左边突破;迅速将右脚移至球后,以便右脚外侧推拨球;用右脚外侧向左侧前方推拨球并超越对手,随着推球,加速摆脱(图 4-14)。②跨步式过人:拨球于身体右前侧,而后佯装用右脚推球,实际上从球上方跨过;用左脚外侧向前推拨球并超越对手,伴随这一动作加速摆脱(图 4-15)。

**图 4-14　左晃右突过人**

**图 4-15　跨步式过人**

## 四、头顶球

头顶球是争取时间和空间的优势和主动,需不待球落地即将球传出,常用于抢截、传球或射门。头顶球可以做原地顶球、跑动中顶球、跳起顶球。

### 1.正面顶球

动作要领:身体正对来球,两膝前后开立,膝关节微屈,上体稍后倾,重心放在后脚,两臂自然张开,眼睛注视来球;当球运行到身体垂直部位前的刹那,后脚用力蹬地,身体重心由后脚移向前脚的同时,迅速向前摆体,颈部紧张,快速甩头,用前额正面顶球的后中部,触球后上体随球继续前摆。

### 2.跳起顶球

动作要领:原地双脚起跳时,两腿先屈膝,重心下降,然后两脚用力蹬地跳起,同时两臂屈肘上摆,向上跳起,在跳起上升过程中,挺胸展腹,两臂自然张开,眼睛注视来球。在跳到接近最高点准备顶球时,身体成背弓。当球来到身体的垂直部位前的一刹那,快速收腹,折体前屈并甩头,用前额正而将球顶出。顶球后,两腿同时自然屈膝、屈踝落地,如图 4-16 所示。

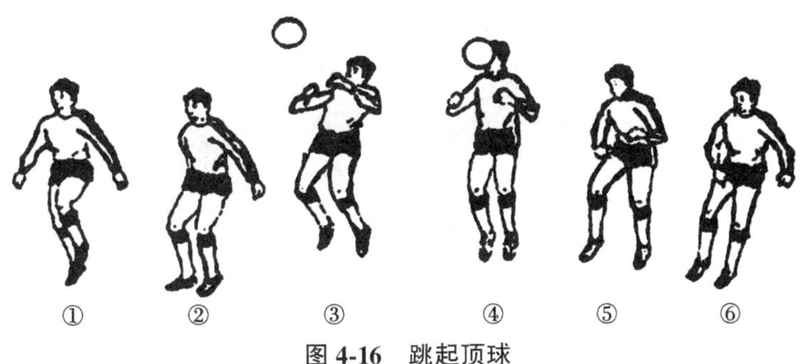

图 4-16　跳起顶球

## 五、抢截球

抢截球是将对方控制或传出的球占为已有，或破坏对方对球的控制的一类技术，也是比赛中由守转攻的主要手段。抢截球包括抢球和截球两个内容。抢截球技术一般由判断：选位、抢截、合理冲撞、衔接动作等环节组成。抢球的主要方法有正面跨步抢球、侧面合理冲撞抢球和其他抢球方法。抢球时应不怕冲撞，要求动作凶猛果断。正确地判断和时机选择是抢截球成功与否的关键。

### 1.正面跨步抢球

两脚前后开立，两膝微屈，身体重心下降并放在两脚间，面向对手；在对手运球脚触球后即将着地或刚着地时，支撑脚立即用力后蹬，抢球脚以脚内侧对着球跨出，膝关节弯曲，上体前倾，身体重心移至抢球脚上，另一脚立即前跨。如果双方的脚同时触球，则要顺势向上提拉，使球从对方脚背滚过；同时身体重心要迅速跟上，把球控制好。如果离球稍远抢不到球，则可用脚尖捅抢，如图 4-17 所示。

图 4-17　正面跨步抢球

### 2.侧面合理冲撞抢球

当与对手并肩跑动时，身体重心稍下降，与对手接触一侧的手臂要紧贴身体。当对手靠近自己一侧的脚离地时，用肘关节以上部位，撞其相同部位，使其失去平衡而离开球，乘机将球抢过来，如图 4-18 所示。

①　　　　　②

图 4-18　侧面合理冲撞抢球

## 六、掷界外球

掷界外球是在场外把球远、准、快地掷向同伴，给本队创造良好的进攻机会。掷界外球时要充分发挥蹬地、腰腹和手腕的力量，整个动作过程要连贯。原地掷界外球时，面对出球方向，两脚前后或左右开立，膝关节弯曲，上体后仰成背弓，重心移到后脚上（左右开立时，重心放在两脚间），两手自然张开，拇指相对，持球的侧后部，屈肘将球置于头后；掷球时，后脚用力蹬地，两腿迅速伸直，快速摆体，身体重心由后脚移到前脚，同时两臂急速前摆；当球摆到头上时，用力甩腕将球掷入场内。掷球时，后脚可沿地面向前滑动，两脚均不得离地或踏入场内；但允许踏在线上，如图 4-19 所示。

①　　　②　　　③

图 4-19　掷界外球

## 七、守门技术

守门技术高低、反应敏捷程度、竞争意识强弱，直接影响到比赛结果，是全队最后一道防线。

**1.接地滚球**

接地滚球分直立接球和单膝跪立接球两种。直立接球时，两脚要自然并拢不留空隙，脚尖对准来球，上体前屈，两臂自然下垂近地，手指自然张开，手心向前，两手接球底部。接球后，两臂同时弯曲、并互相靠拢，将球提前紧抱。单膝跪立接球时两腿向侧前方开立，前腿弯曲，后腿跪立，膝关节触地面，并靠近前脚跟，不留中空，上体前倾，两臂下垂，掌心对准来球方向，两手接球底部，并将球抱至胸前。

**2.接高球**

手指自然张开，拇指相对，食指与拇指成“桃形”，当手触球时，手腕和手指适当用力将球接住，同时屈肘，回缩并下引，顺势翻掌将球抱于胸前。要求判断球路与落点要准，跑动、起跳要准，控制高度要快。

**3.接平球**

接球前，两臂屈肘置于胸前两侧，在球接触胸前的一瞬间，两臂夹紧，收缩两手，抱住球的侧上部，迅速置于胸前。

## 第三节　足球运动基本战术

足球战术分为进攻战术和防守战术。进攻和防守战术都包含着个人和集体战术。个人战术和 2 ~3 人的协同配合是集体战术的基础战术。

### 一、比赛阵形

比赛阵形是指在比赛中对人员的布局、位置排列、攻守力量搭配、职责分工的形式。比赛阵形的确定不是凭空想象而来，更不要随意模仿，必须根据本队打法特点、队员的能力和比赛对方的相应情况等，有选择地采用。比赛阵形，要有利于发挥己方之长，达到克敌制胜之目的。

目前，世界上普遍采用的“4—3—3”“4—4—2”“4—1—2—3”“3—5—2”等阵形。在以上阵形中，除“4—4—2”阵形是以防守为主、反击为辅外，其他阵形均以进攻为主，尤以“3—5—2”阵形更为突出。

比赛阵形在比赛中也不是一成不变的，针对具体情况或需要，比赛阵形也可以灵活机动地进行变换。例如，防守时采用“5—3—2”阵形，由守转攻又可以变成“3—5—2”阵形。

### 二、进攻战术

**1.“二过一”战术配合**

进攻战术中的“二过一”，就是比赛中两个进攻队员战胜一个防守队员的局部战术配合。“二过一”是足球比赛中运用最普遍、最简单、最基本的进攻战术。具体配合的形式和方法是很多的，下面介绍几种比赛中常用的“二过一”配合。

(1)斜传直插“二过一”。由进攻队员⑩与⑦拿球做向前运球，吸引防守者的注意力，然后突破斜传球。由队员 11 与⑧快速直插接球，突破防守(图 4-20)。

(2)直传斜插“二过一”。由进攻队员⑩与⑦作直接传球，同队的队员⑪与⑧都是斜线插上接球(图 4-21)。

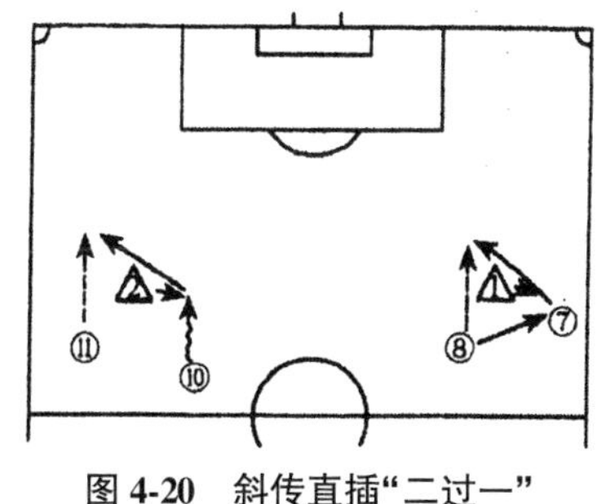


**图 4-20　斜传直插“二过一”**

**图 4-21　直传斜插“二过一”**

(3)踢墙式“二过一”。这种方法常用于中路突破。它是由队员⑧快速向前运球,在接近防守队员时,及时向队员⑨脚下传球,队员⑨像墙一样,一次出球将球反弹至防守者背后,队员⑧快速插上接球(图 4-22)。

(4)回传反切“二过一”。这种方法是由队员 11 回传队员⑩,拉出防守队员身后的空当,队员突然转身反切,给身反切,队员⑩将球铲向防守者的身后(图 4-23)。

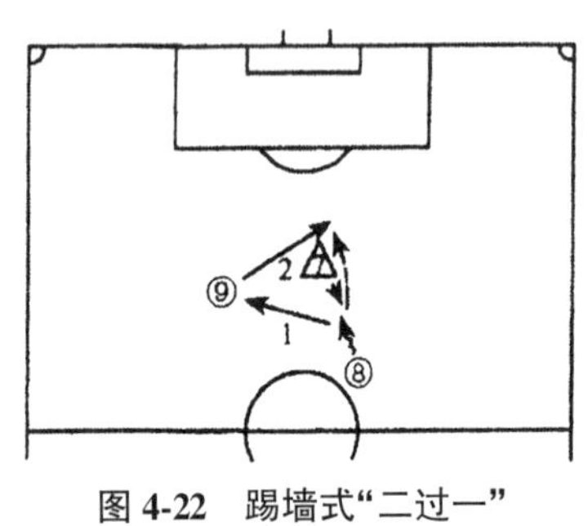


图 4-22 踢墙式“二过一”

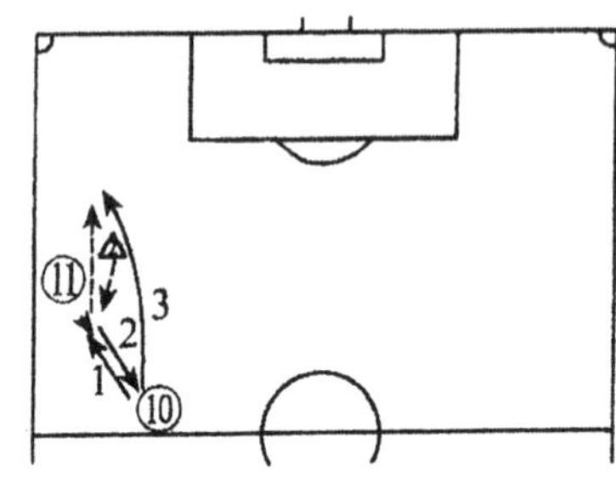


图 4-23 回传反切“二过一”

**2.“三过二”战术配合**

“三过二”是在比赛中局部地区 3 个进攻队员通过连续配合突破两个防守者的防守。由于这种配合有两个同队队员可以同时接应传球,因此使持球人传球路线更多,且进攻面扩大,要求也较高,防守的难度也较大。下面介绍几种三打二”的进攻战术配合方法。

(1)第二空当。所谓第二空当,是指当一名进攻队员跑向一个有利的空当(第一空当)并牵制一名防守队员时,使原区域出现了空当(第二空当),第二个进攻队员迅速插向第二空当,利用传接配合,突破防守。

打第二空当配合对 3 名进攻队员的基本要求:①扯动要逼真,能将防守者从原防守的位置上吸引开来,以形成空当。接应者应及时摆脱,迅速插向空当。传球者要掌握好传球的时机与传球的落点,使拉扯、切入、传球做到一气呵成,恰到好处。②根据比赛场上的实际情况要善于变化,打第一空当与打第二空当或第三空当相结合,使防守方防不胜防,就能起到更佳的效果。

(2)连续“二过一”。连续“二过一”至少由两组“二过一”配合组成。在三人配合时应做到:①3 名进攻队员的位置基本上呈三角形。两名无球队员不能一起跑向同一个点造成位置重叠。②控球者在传球前应注意观察,选择最有威胁的进攻配合。

## 三、防守战术

防守战术也包括个人的基础战术和全队的整体战术,其中选位、盯人、补位是最基本的防守战术。

(1)选位。防守队员选择的站位,原则上应站在对手与本方球门中心所构成的一条直线上,根据球的位置作相应的前后、左右移动,使球和人都能处于自己的视野之内。

(2)盯人。针对对方进攻队员,有目的地积极主动贴近对手,使其在跑位、传接球时不能充分发挥技术特长。

(3)补位。邻近位置防守队员站位要有层次,不能平行线站位,相互间要有保护、补漏、交换位置。

# 第五章　羽毛球运动

## 第一节　羽毛球运动基本知识

### 一、羽毛球运动概述

现代羽毛球运动起源于印度,形成于英国。19 世纪 60 年代,一批退役的英国军官把印度的“普那”——一种近似于后来的羽毛球运动的游戏,带回英国,并加以改进,逐渐成为现代的羽毛球运动。1870 年,英国出现了用羽毛球、软木做成的球和穿弦的球拍。1873 年,英国公爵鲍弗特在格拉斯哥郡的伯明顿庄园进行了一次羽毛球游戏,这是世界上第一次羽毛球比赛。“伯明顿”(Badminton)也就此作为羽毛球的英文名称。至今已成为全世界盛行的体育项目。我国的羽毛球运动水平一直处于世界领先水平。

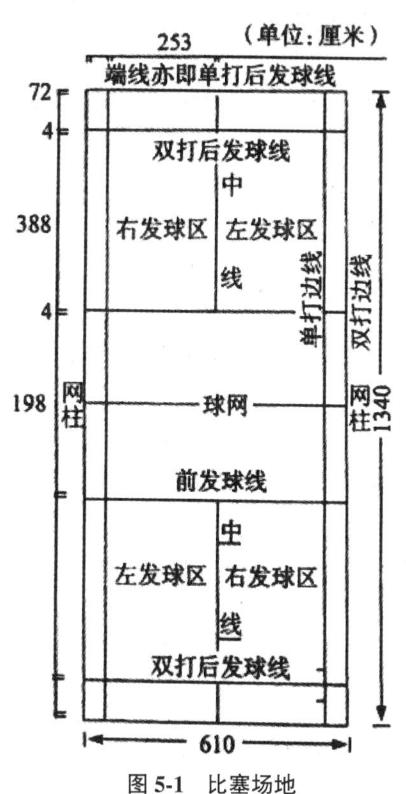

图 5-1　比塞场地

### 二、羽毛球运动锻炼价值与特点

羽毛球运动的基本技术易学,有很好的娱乐与健身价值,适合于男女老少在户外户内开展运动;其设备简单、携带方便、容易组合,对于长期从事伏案工作的人和大学生来讲是一种很有益的身体活动。

羽毛球运动是一项有很高锻炼价值的运动项目,通过锻炼可以提高人的力量、耐力、协调、灵敏等素质,对改善人体各系统功能有良好的作用。

羽毛球动动特点:不同性别、年龄和不同身体条件的人都可参加活动,所需场地不大,设备简单,携带方便。容易被广大群众所接受。

### 三、羽毛球最基本规则

**1.比赛场地**

在课外活动进行羽毛球比赛应具备以下条件。

(1)羽毛球单打或双打场(图 5-1)。

(2)球网和球柱。球网中央顶端离地面高 1.524m,网柱高 1.55m。

(3)裁判员 1 人以上。

**2.常用的比赛规则**

(1)对界外球判定(球托落在线上为界内球)。

(2)选择发球权和一局比赛后的交换场区(由领先的一方继续发球,不需重新选择发球权)。

(3)发球击球点不得超过发球人的腰部,整个球拍头要明显低于整个握拍手部(图 5-2、图 5-3)。

图 5-2　发球

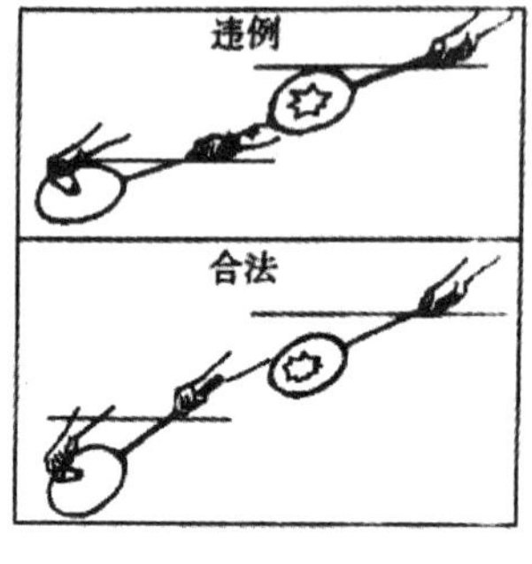


图 5-3　发球击球点

(4)发球必须从本方右区发向对方右区,得分后换至左区;发球必须要使球的落点超过前发球线(限制线),若在双打发球时,还有后发球线(限制线)(图 5-1)。

**3.计分方法**

(1)有发球权才能得分。在第 3 局比赛或只进行一局的比赛中,男子比赛领先 8 分时(女子 6 分时)即交换场区,由原发球方继续发球比赛:

(2)采用每局男子 15 分(女子 11 分)制,也可采用最新规则每局 7 分制。

注意:男子 15 分(女子 11 分)制在 14 分平时(女子在 10 分平时)可加 3 分;7 分制时,在 6 分平时加 2 分再赛,由最先到达 14 分一方(10 分或 6 分)队员提出继续比赛(不加分)或要求加分再赛的请求。

**4.常用的赛制**

可采用 3 局 2 胜制和 5 局 3 胜制。3 场制至少每队 2 人参加比赛,两场单打,一场双打。5 场制由 445 人参加比赛,每 1、2、5 场是单打,第 3、4 场是双打;或采用第 1、3、5 是单打,第 2、4 场是双打。谁先取得 2 场(3 场)比赛胜利为胜方(运动员可兼报单打和双打);也可以采用赛满 3 场(5 场)后,以获胜场数多者为胜方的方法。根据组织比赛的所需时间、场地、参赛队队数等实际情况决定采用赛制。

## 第二节　基本技术与练习方法

### 一、正确的握拍方法

正确的握拍关系到练习者今后技术发展和水平的提高。羽毛球运动与网球运动的最大差别在于其手腕的灵活性(图 5-4)。

注意:大拇指和食指的作用和关系。握拍要有利于手腕与手指力量的。

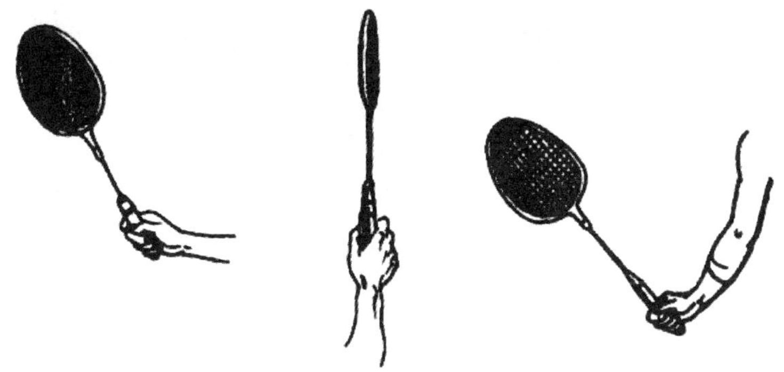

图 5-4　握拍方法

## 二、发球法

发球技术在羽毛球比赛中是进攻的开始,因此,掌握好发球技术尤为重要,它可以分为五种技术。

**1.正手发高远球**

技术要点:两脚前后开立,侧面向对方(重心在后脚);球拍从后向下前上方挥动(转体送臂向前);大臂带动小臂最后手腕发力(重心在前脚)球点在膝关节前上方(闪腕发力);击球后球拍面应在上方(图 5-5)。

图 5-5　正手发高远球

**2.正手发平高球**

技术要点:与正手发高远球相同,但需减少手腕向上发力,增加向前送击动作。

**3.正手发网前球**

技术要点:小臂和手腕柔和发力,注意拍网面与球接触角度,由后向前送击球(图 5-6)。

图 5-6 正手发网前球

4.反手发网前球

技术要点:反手握拍,固定拍面和球位置,手腕柔和发力推送击球(图 5-7)。

图 5-7 反手发网前球

5.反手发平高球

技术要点:手腕闪发力向前上击球。注意拍网面与球的接触角度(图 5-7)。

发球质量好坏关键在于:①是否合理掌握球拍面的击球点。②能否确运用手腕、手指的爆发力。在练习中可能会出现的问题和纠正方法如表 5-1 所示。

表 5-1 反手发平高球练习中可能会出现的问题和纠正方法

| 现 象 | 问 题 | 纠 正 |
| --- | --- | --- |
| 发球不远不高 | 前臂抽拉向上所致,击球点太靠近身体 | 击球点在膝上方前约 40cm 位置 |
| 发球用不上力 | 手臂用力大于手腕用力,手臂用力快于手腕用力 | 击球时要转肩,手腕加速发力向上鞭打 |

## 三、击球法

羽毛球技术可分为:高远球(图 5-8a)、平高球(图 5-8b)、吊球(图 5-8c)、挑球(图 5-8d、扣杀球(图 5-8e)、搓球(图 5-8f)、推球、扑球、勾球等。

1.击高远球

击高远球分正手击高远球(图 5-9)和反手击高远球(图 5-10)两种。

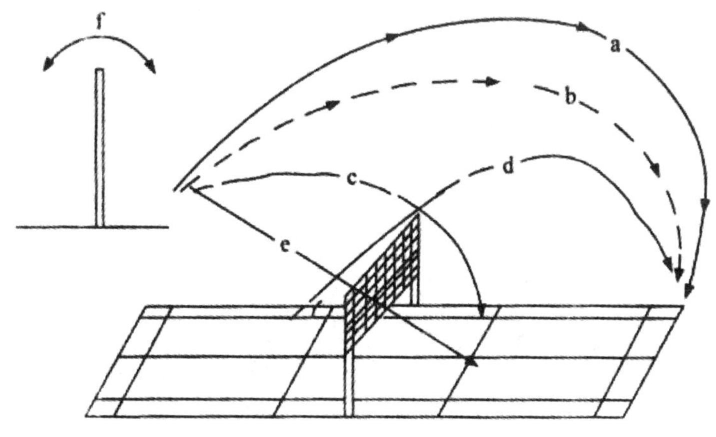


图 5-8　击高远球

a.高远球;b.平高球;c.吊球;d.挑球;e.扣杀球;f.搓球

图 5-9　正手击高远球

图 5-10　反手击高远球

特点:对方不能拦截,球的最高点在对方场区后方。以球的落点在对方端线或左右端线角为最佳。

技术要点:侧身对准球落点(一般头顶上方),抬头挺胸引拍做准备向上、向前蹬转,挥拍手腕鞭打。

注意:击球点要高,挥拍时前臂带动手腕鞭打,防止大臂发力击球。

**2.击平高球**

特点:击球方法与击高远球相同,但球的飞行弧度平快,以对方不能拦载为前提,旨在加快球的落点速度。

3. 吊球与挑球

这两种技术是一对练习，吊球是将球从后场击至对方前场，挑球是将球在本方前场击至对方后场。

(1)吊球。技术要点：引拍准备对准来球，蹬转击球在额前上方，小臂带动手腕斜压球侧，手腕主动快抹击球(图5-11)。

图5-11　吊球

(2)挑球。技术要点：对准来球引拍准备，小臂带动手腕向上前挑击，击球点在同侧脚膝前方，手腕发力快于手臂用力(图5-12)。

图5-12　挑球

4. 扣杀球

扣杀球是一项攻击性很强的技术，按技术可分为大力扣杀、轻杀、劈杀和点杀。准备动作与击高远球相同，击球点在眼前上方偏向持拍肩一方，但由于力量和手腕、手指的变化而产生不同的效果。

技术要点：蹬转收腹发力击球于眼前上方，击球时应充分发挥腰腹、肩臂、手腕和手指的力量，击球后重心落在前脚上并尽快还原动作(图5-13)。

图5-13　扣杀球

在练习中可能出现问题和纠正方法如表 5-2 所示。

**表 5-2　扣杀球练习中可能会出现的问题和纠正方法**

| 现　象 | 问　题 | 纠　正 |
|---|---|---|
| 扣杀球无力 | 击球点偏后，手臂发力 | 击球前移、加强手腕力量 |
| 扣杀球落点飘远 | 手腕未能用力扣压 | 主动用手腕向前、下快速甩压 |

**5.网前球**

网前球技术是由搓、推、勾、扑等技术组成，变化较多。网前球技术的好坏取决于手腕、手指对球感的熟练程度，同时也是变化最多、表现细腻悦目的技术。

技术要点：要很好地处理球与拍面的角度、手腕和手指的用力问题，可用切、推、拉、挑等技术搓击球之底部或侧底部击球过网。

注意：击球点应尽快在球网上沿位置，网下的击球点是被动的击球。

**6.练一练**

(1)吊球与挑球练习。方法：两人一组，一人在半场前场，另一人在半场后场，做连续一吊一挑练习。要点：结合上网步法。

(2)扣杀球练习。方法：找一高墙，距 4m 左右，右手(为例)握拍，左手将球高高抛起于自己前额前上方，然后对准击球于墙上。

(3)网前球练习。方法：两人一组，隔网进行(无网也可以)；也可以用一人供球、一人做练习的方法进行搓、挑、切等方法的练习。要求：初学者首先保证球能过网，随着水平的提高可考虑球的高低和滚动或斜线的变化。

## 四、步法

**1.上网步法**

业网步法是指从中心位置向网前移动的步法。上网步法又有正手上网、反手上网以及蹬跳上网扑球步法。

(1)正手上网步法：左右脚稍前后开立，做好准备姿势。距来球较近时采用一步上网，以左脚向后蹬，右脚向前跨一大步，如图 5-14(a)所示；距来球稍远时，采用两步上网，以左脚向来球方向迈出一小步，接着左脚稍向后蹬，右脚向前跨一大步，如图 5-14(b)所示；采用三步上网时，右脚向右前方迈一小步，接着左脚后交叉越过右脚向右前方迈出一步，然后右脚冲着来球方向跨出一大步，如图 5-14(c)所示。

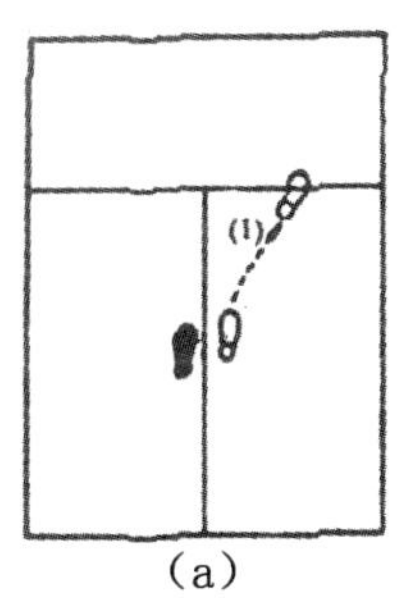

(a)

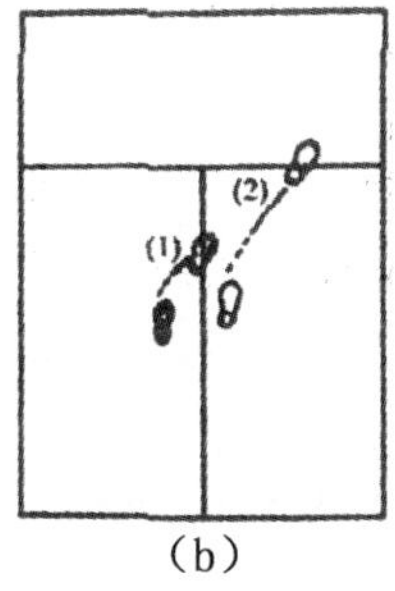

(b)

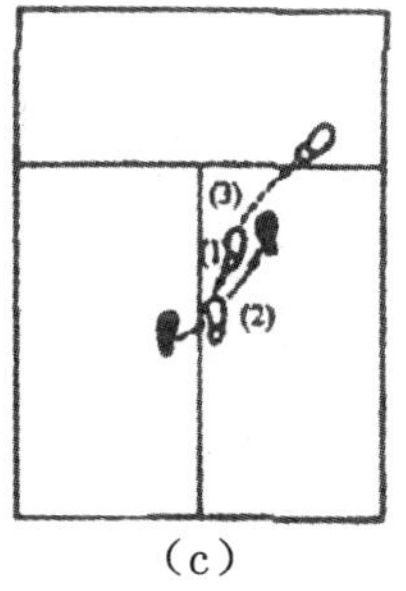

(c)

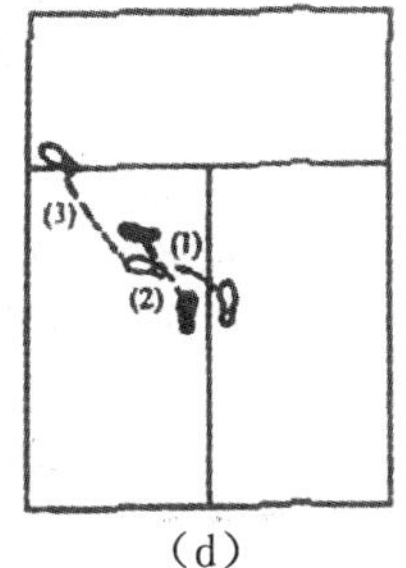

(d)

**图 5-14　正、反手上网步法示意图**

(2)反手上网步法:脚步移动方法同正手上网步法,只是方向朝左前方移动,用反手握拍法击球;起动后,右侧髋部转向左前方,脊部半侧向网,如图 15-14(d)所示;右脚在前,击球时姿势成弓箭步,右脚着地是缓冲和回动的关键。

(3)蹬跳步上网扑球步法:这是一种特殊的上网步法。当对方发球或回击网前球、球距网顶略高时,为了争取时机,省略了上网步法中的移动过程,从起动开始,身体前倾,双脚蹬地,右脚前跨;身体在空中扑球,扑球后,腾空的身体下降,双脚落地,往往右脚先落地;然后调整身体重心,恢复正常姿势回位。

**2.后退步法**

后退步法是指从中心位置后退到底线的步法。后退步法又有正手后退、反手后退步法。

(1)正手后退步法:与上网步法一样,只是根据来球远近用步后退。一步后退是指右脚尖向后蹬离地面的同时右髋部转向右后场,右脚向右后跨一大步,如图 5-15(a)所示;二步后退是指左脚向右后退一小步,右脚再向右后迈一大步,如图 5-15(b)所示;三步后退是指右脚蹬转后,向右后迈出一步(这时侧身向网),左脚立即向右脚并拢(或左脚后交叉一步),然后右脚再向右后迈一大步,如图 5-15(c)所示。

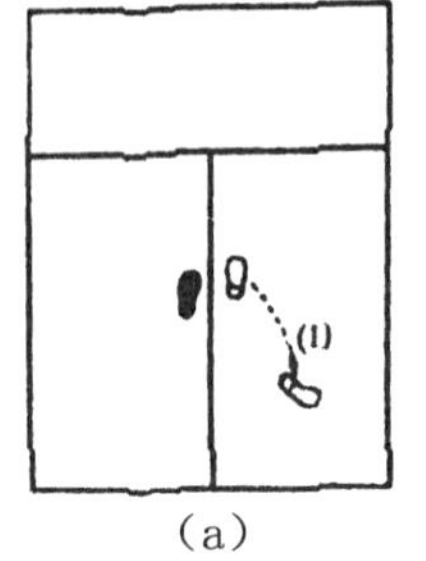

(a)

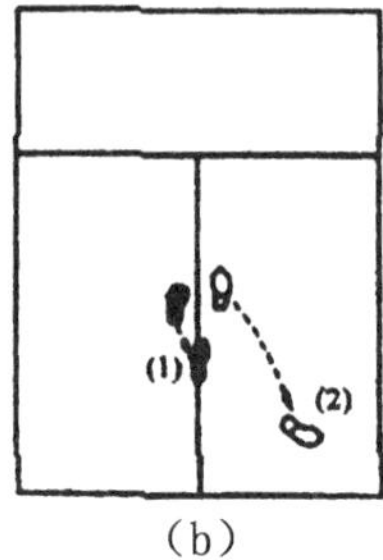

(b)

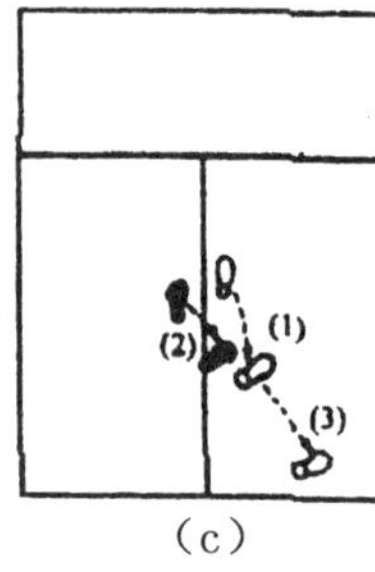

(c)

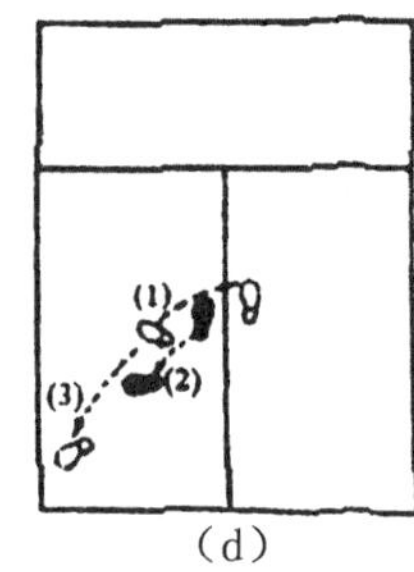

(d)

**图 5-15　正、反手后退步法示意图**

(2)反手后退步法:脚步移动方法如同正手后退步法,只是方向朝左后方移动,用反手握拍法击球;起动后,右侧髋部转向左后方,背部向网,如图 5-15(d)所示。

**3.两侧移动步法**

(1)向右侧移动步法:若来球不是很靠边线,以左脚内侧蹬地,上体倾向右侧,右脚向右侧跨步,脚尖朝外;若来球靠边线,可以左脚向右脚靠拢垫一步,然后左脚蹬地,右脚向右侧跨步。

(2)向左侧移动步法:若来球不很靠边线时,可用右脚内侧蹬地,左脚向左侧跨出一步,若来球靠边线,以左脚向左侧迈一小步,右侧髋部转向左侧,右脚前交叉向左侧跨一步,背向网。

**4.练习方法**

(1)进行垫步、并步、蹬步、交叉步、跨步等单个步法的反复练习。

(2)上网步法练习。中心位置—上右网前—回中心位置—上左网前—回中心位置。

(3)正手后退右后场步练习。从起动开始,右脚向后侧移动,髋部带动身体转向右后场,以并步或交叉步向后移动到接近底线的位置;然后起跳(单、双脚均可)击球;完成击球后回中心位置再多次重复练习。

(4)后退左后场区正手绕头顶击球步练习。从起动开始,右脚向左后方移动,髋部带动身体转向左后方，以并步或交叉步移动到位；右脚起跳，随即左侧髋部迅速转向左后方，带动左腿后摆到身后落地，缓冲并支撑身体重心；当右脚落地时，身体前倾，重心移向右脚，左脚开始回动；回中心位置后再多次重复练习。

## 第三节　羽毛球战术

羽毛球主要有单打战术和双打战术，熟练地掌握和适用羽毛球战术是获得比赛胜利的关键。

### 一、单打战术

（1）发球战术。①发后场高运球战术。②发平高球和平快球战术。③发网前球。

（2）逼反手战术。

（3）平高球压底线战术。

### 二、双打战术

（1）双打发球战术。

（2）双打接发球战术。

（3）双打攻中线战术。

以上羽毛球战术，运动员应根据自己和对手的技术特点，设计好比赛战术，并在比赛中加以灵活的变化与运用，争取比赛的胜利。

# 第六章　健美操与形体训练

健美操是以人体为对象，以健美为目标，以身体为内容，以艺术创造为手段，融体操、舞蹈、音乐为一体的一项新兴体育项目。运动者在欢快的节奏中进行全身各关节、各部位的节律运动，浸入节奏的美境，融化在物我两忘的艺术审美境界，陶醉于音乐的旋律之中，使人心旷神怡，在欢乐中健身、美体、减肥。

## 第一节　健美操概述

### 一、健美操的起源与发展

现代健美操起源于20世纪60年代末的美国，最早由著名的医学博士库伯尔设计了一些动作并加上音乐伴奏和服装，形成了具有独特体系的运动。健美操作为一项独立的体育运动项目兴起的时间是20世纪70年代末，其明显的标志就是《简·方达健美操》的出现，作为现代健美操运动的发起人之一，好莱坞影星简·方达根据自己的体会和实践编写了《简·方达健美操》一书及录像带，自1981年首次在美国出版以来，一直畅销不衰，并被译成20多种文字，在世界30多个国家出售，对健美操运动在世界范围内的流行与发展起了巨大的推动作用。

健美操传到我国是在20世纪80年代初，一开始便受到了青年学生的喜爱，许多高校将健美操列入教学大纲为健美操的普及打下了良好的基础。除此之外，健美操新颖的锻炼方式，良好的健身效果很快被人们所接受，吸引了大批的健身爱好者。随后，越来越多的以健美操为主要形式的健身中心在社会上相继开业，在不断的发展过程中，健美操已逐渐形成了一套科学的健身训练和竞赛体系。

### 二、健美操运动的概念

健美操是在音乐的伴奏下，以身体练习为基本手段、以有氧运动为基础，达到增进健康、塑造体形和娱乐目的的一项体育运动。

健美操起源于传统的有氧健身运动，是有氧运动的一种。它通常采用徒手或轻器械进行练习，是在有氧供应充足的情况下，以人体有氧系统提供能量的一种运动形式，其运动特征是持续一定时间的，中低强度的全身性运动，主要锻炼练习者的心肺功能，是有氧耐力素质的基础。健美操运动从影响人体健康的角度来说，具有良好的作用，尤其对于控制体重、减肥和改善体形体态，提高协调性，增强韵律感具有良好的效果。在长期的实践过程中，健美操已从一项单纯的健身运动逐步发展成为一项独立的体育竞赛项目,在运动形式、动作技术特征以及竞赛组织方法等方面有其自身特点。健美操不仅突出动作“健”和“力”的特点,而且更加强调“美”,将人体语言艺术和体育美学融为一体,使健美操成为一个极具观赏性的体育项目。随着现代物质文明的提高,健美操运动在我国已成为人们现代文明生活不可缺少的组成部分。

## 三、健美操的分类与特点

### 1.健美操的分类

根据健美操的特点、发展状况和发展趋势,按不同的目的和任务来划分,健美操运动可分为健身性健美操和竞技性健美操两大类(表 6-1)。

**表 6-1　健美操运动的分类**

| 健身性健美操 | | | 竞技性健美操 |
|---|---|---|---|
| 徒手健美操 | 轻器械健美操 | 特殊场地健美操 | |
| 一般健美操 | 踏板操 | 水中健美操 | 男子单人 |
| 拳击健美操 | 哑铃操 | 固定器械健美操 | 女子单人 |
| 搏击操 | 杠铃操 | 功率自行车 | 混合双人 |
| 瑜伽健身操 | 橡皮筋操 | | 三人 |
| 拉丁健美操 | 健身球操 | | 混合六人 |
| 街舞 | | | |

1)健身性健美操

健身性健美操也称大众健美操,主要目的是“锻炼身体,保持健康”,健身性健美操动作简单,实用性强,音乐速度较慢,为了保证一定的运动负荷和锻炼的全面性,动作多有重复,并均以对称的形式出现,适应不同年龄结构的人参与锻炼。

健身性健美操按练习形式可分为徒手健美操、轻器械健美操和特殊场地健美操。

2)竞技性健美操

竞技性健美操主要目的是“竞赛”,依据竞赛规则和规程的要求,编制的成套动作具有较高的艺术性,通过比赛,取得优异成绩,在参赛人数、比赛场地、成套动作的时间等方面都必须严格按照规则进行,这对运动员的体能、技术水平和表现力均提出了更高的要求。

除了健身性健美操和竞技性健美操,在我国还有一种表演性健美操,表演性健美操的主要练习目的是“表演”,它是事先排好的,专为表演而设计的成套健美操,它比健身性健美操动作复杂,音乐速度可快可慢,动作较少重复,参与人数不限,并可在成套中加入队形变化;表演者还可以利用花环、旗子等烘托气氛,感染观众,增强表演效果。

### 2.健美操的特点

1)高度的艺术性

健美操是融体操、舞蹈、音乐于一体的追求人体健与美的运动项目。因此,健美操属于健美体育的范畴,具有高度的艺术性。健美操的艺术性主要体现在其“健康、力量、美丽”的项目特性上。“健康、力量、美丽”是人类有史以来所追求的身体状况的最高境界，而健美操运动中，无论是健身性健美操、还是竞技性健美操，无不处处表现出“健、力、美”的特征。

2)强烈的节奏性

健美操动作具有强烈的节奏性特点，并通过音乐充分地表现出来，因此音乐是健美操运动不可缺少的组成部分。健美操音乐的特点是节奏强劲有力、旋律优美，具有烘托气氛、激发人们情绪的效应。健美操运动除练习本身的功效性、动作的时代感外，很重要的因素之一是现代音乐给健美操带来的活力。健美操运动与音乐的强烈的节奏性使健美操练习更具有感染力，健美操比赛和表演更具有观赏性。

3)广泛的适应性

健美操练习形式多样，运动量可大可小、容易控制，对场地器材的要求也不高，因此，对各个年龄层次、不同性别、不同身体素质、不同技术水平的人都适宜。各种人群都能从健美操练习中找到适合自己的方式，从中得到乐趣。

4)健身的安全性

人们在平坦的地面上，在欢快的音乐声中，跟随快慢有序的音乐节奏进行运动，十分安全。

## 四、健美操的功能

### 1.增进健康美功能

随着经济的发展和社会的进步，现代健康已不仅仅是生理意义上的“健康”，还必须兼备健康的心理和行为。“健康美”是一种积极的健康观念和现代意识，具有“健康美”的人身体素质是良好的心肺耐力、肌肉力量、平衡性、灵敏性、柔韧性和协调性。健美操作为一项有氧运动，其健身功效已达成共识，有研究认为有氧运动最能发展人体的心肺功能，而健美操不仅具有有氧运动的功效，且兼备发展身体柔韧性和灵敏性的作用。可以说健美操是目前发展身体全面素质的较为理想的运动。

### 2.塑造形体美功能

“形体”分为姿态和体型。通过长期的健美操练习可改善不良的身体状态，形成优美的体态，在日常生活中表现出一种良好的气质与修养，给人以朝气蓬勃、健康向上的感觉。健美操练习还可以消除体内和体表多余的脂肪，维持人体吸收与消耗的平衡，降低体重，保持健美的体型。

### 3.娱乐身心功能

随着时代的发展和社会的进步，人们在享受科学技术带来的舒适生活及各种便利的同时，也受到了来自各方面的精神压力，健美操作为一项体育运动，以其动作优美、协调，全面锻炼身体，同时有节奏强烈的音乐伴奏而著称，是缓解精神压力的一剂良方；另外，健美操锻炼增强了人们的社会交往。因此，健美操锻炼不仅能强身健体，同时还具有娱乐功能，可使人在锻炼中得到一种精神享受，满足人们的心理需要。

### 4.医疗保健功能

健美操作为一项有氧运动，运动量可大可小，容易控制，因此除了对人具有良好的健身效果外，对一些病人、残疾人和老年人也是一种医疗保健的理想手段。

# 第二节　健美操基本动作

## 一、健美操术语

术语是指专门学科的专门用语。健美操术语即描述健美操动作的专门用语。

**1.动作方法术语**

立：两腿站立的姿势。有并腿立、分腿立、提踵立、点地立、单腿立等。

蹲：两腿屈膝站立的姿势。半蹲：屈膝大于90°；全蹲：屈膝小于90°。

弓步：一腿屈膝，另一腿伸直，身体重心在两腿之间的站立姿势。常用弓步和侧弓步。

点地：一腿伸直或屈膝站立，另一腿脚尖或脚跟触地的姿势，身体重心在主力腿。有向前、侧、后点地。

踢腿：一腿站立，另一腿做加速有力的摆动动作。有向前、侧、后踢腿。

吸腿：一腿站立，另一腿屈膝向上抬起的动作，有向前、侧吸腿。

平衡：一腿站立，另一腿抬起并保持一定时间的动作。

举：臂或腿抬起固定在某一方位的姿势。有前举、侧举、斜下举等。

屈：使关节角度缩小的动作。

伸：使关节角度扩大的动作。

摆动：臂或腿在某一平面内，自然地由某一部位匀速运动到另一部位的动作。手臂摆动以肩关节为轴；腿的摆动以髋关节为轴。有前后摆动、左右摆动、上下摆动等。

振：臂或上体做大幅度的加速摆动作。

绕：身体某一部位摆至180°以上360°以内的动作。

绕环：身体某一部位摆至360°或360°以上的动作。

跳跃：双脚离地，身体腾空并保持一定的姿势，如开合跳。

**2.基本概念术语**

有氧练习：以人体有氧系统供能的，任何运用在肌肉群的、持续的和有节奏的练习。如：有氧操、游泳、骑自行车等。

冲击力：人体运动时对地面产生一定的作用力，而地面同时也给予人体相应的反作用力，既“冲击力”。这种冲击力随着每一个动作自下而上通过人体向上传递并逐渐消失。

无冲击力动作：两只脚都接触地面的动作。如：双腿半蹲、弓步等。

低冲击力动作：总有一只脚接触地面的动作。如：踏步、走步等。

高冲击力动作：两只脚都离开地面、有腾空的动作。如：开合跳、并步跳等。

## 二、健美操基本动作

**1.基本步伐体系**

当我们分析基本动作时，发现所有步伐可按冲击力分为三种：无冲击力动作、低冲击力动作和高冲击力动作，许多低冲击力动作同时也可做成高冲击力动作。而根据动作完成形式的不同，我们又可将基本步伐分为五类(表6-2)。

(1)交替类:两脚始终做依次交替落地的动作。

(2)迈步类:一条腿先迈出一步,重心移到这条腿上,另一腿用脚跟、腿尖点地或吸腿、屈腿、踢腿等,然后向另一个方面迈步的动作。

(3)点地类:一腿屈膝站立,另一腿伸出,用脚尖或脚跟点地后还原至并腿位置的动作。

(4)抬腿类:一腿站立,另一腿抬起的动作。

(5)双腿类:双腿站立、身体重心在两腿之间的动作。

**表 6-2　健美操常用动作体系**

| 类别 | 原始动作形式 | 低冲击力形式 | 高冲击力形式 | 无冲击力形式 |
| --- | --- | --- | --- | --- |
| 交替类 | 踏步 | 踏步、走步、一字步<br>"V"字步、漫步 | 跑步 | |
| 迈步类 | 侧并步 | 并步、迈步点地<br>迈步吸腿<br>迈步后屈腿<br>侧交叉步 | 并步跳、小马跳<br>迈步吸腿跳<br>迈步后屈腿跳<br>侧交叉步跳 | |
| 点地类 | 点地 | 脚尖点地<br>脚跟点地 | | |
| 抬腿类 | 抬腿 | 吸腿<br>踢腿 | 吸腿跳<br>踢腿跳<br>弹踢腿跳<br>后屈腿跳 | |
| 双腿类 | | | 并腿跳<br>分腿跳<br>开合跳 | 半蹲<br>弓步 |

**2.基本步伐**

1)踏步(图 6-1)

动作描述:两腿原地依次抬起,依次落地。

技术要点:在下落时,踝、膝、髋关节依次有弹性地缓冲。

2)走步(图 6-2)

动作描述:向前走四步或向后退四步,然后反之。向前走时,脚跟先落地,过渡到全脚掌;向后走时则相反。

**图 6-1　踏步**

**图 6-2　走步**

扫描二维码查看示范

技术要点：在落地时，膝、踝关节有弹性地缓冲。

动作变化：向前走步、斜前 45°走步

3）一字步（图 6-3）

扫描二维码
查看示范

**图 6-3　一字步**

动作描述：一脚向前一步，另一脚并于前脚，然后再依次还原。

技术要点：向前迈步时，先脚跟着地，过渡到全脚掌；前后均要有并腿过程；两腿始终有弹性地缓冲。

动作变化：向前、向后一字步、斜前 45°的一字步。

4）“V”字步（图 6-4）

扫描二维码
查看示范

**图 6-4　“V”字步**

动作描述：一脚向斜前方迈一步，另一脚随之向另一斜前方迈一步，成两脚开立，屈膝，然后再依次退回原位。

技术要点：两脚之间的距离略比肩宽、屈膝，身体重心在两腿之间。

动作变化：X 步——向前完成一个“V”字步，再向后完成一个“V”字步，形成 X 形。

5）漫步（图 6-5）

扫描二维码
查看示范

**图 6-5　漫步**

动作描述：一脚向前迈出、屈膝，重心随之前移，另一脚稍抬起，然后原地落下；或者向后撤一步,重心后移,另一脚稍抬起,然后原地落下。

技术要点:身体重心随动作灵活地前后移动、动作有弹性。

动作变化:向前的漫步、转体的漫步。

6)并步(图 6-6)

扫描二维码
查看示范

**图 6-6　并步**

动作描述:一脚向侧迈一步移重心,另一脚随之并拢屈膝点地。

技术要点:两膝自然屈伸,有一定的弹性,身体重心随之移动。

动作变化:向侧的并步、转体的并步。

7)交叉步(图 6-7)

扫描二维码
查看示范

**图 6-7　交叉步**

动作描述:一脚向侧迈一步,另一脚在其后交叉,随之再向侧迈一步,另一脚并拢,屈膝点地。

技术要点:第一步脚跟先着地,身体重心快速随着脚步移动,保持膝、踝关节的弹性。

动作变化:交叉步屈腿、交叉步吸腿。

8)迈步点地(图 6-8)

扫描二维码
查看示范

**图 6-8　迈步点地**

动作描述:一脚向侧迈一步,屈膝,另一腿再向前、侧或后用脚尖或脚跟点地。

技术要点:两膝同时有弹性地屈伸,重心移动轨迹呈弧形;上体不要扭转。

9)迈步吸腿(图 6-9)

扫描二维码
查看示范

图 6-9　迈步吸腿

动作描述:一脚迈出一步,另一腿屈膝抬起。

技术要点:经过屈膝半蹲,抬膝时支撑腿稍屈膝。

动作变化:吸腿两次、吸腿四次。

10)迈步后屈腿(图 6-10)

扫描二维码
查看示范

图 6-10　迈步后屈腿

动作描述:一脚迈出一步,另一腿后屈。

技术要点:经过屈膝半蹲,支撑腿稍屈膝,后屈腿的脚跟靠近臀部。

动作变化:转体后屈腿。

11)脚尖点地(图 6-11)

动作描述:一腿稍屈膝站立,另一腿伸出,脚尖点地,然后还原到并腿姿势。

技术要点:支撑腿始终保持屈膝站立,并且随动作有弹性地屈伸。

12)脚跟点地(图 6-12)

动作描述:一腿稍屈膝站立,另一腿伸出,脚跟点地,然后还原到并腿姿势。

技术要点:支撑腿始终保持屈膝站立,并且随动作有弹性地屈伸。

动作变化:向前的脚跟点地、向侧的脚跟点地。

图 6-11　脚尖点地

图 6-12　腿跟点地

13)吸腿(图 6-13)

动作描述:一腿屈膝上抬,另一腿屈膝站立。

技术要点:支撑腿保持屈膝弹动,大腿上抬超过水平,上体保持正直。

14)踢腿(图 6-14)

动作描述:一腿稍屈膝站立,另一腿抬起。

技术要点:主力腿屈膝缓冲,脚后跟紧贴地面,摆动腿直膝上摆,背部挺直。

动作变化:向前踢腿、向侧踢腿。

图 6-13 吸腿

图 6-14 踢腿

15)弹踢腿(跳)(图 6-15)

动作描述:一腿站立(跳起),另一腿先向后屈,然后向前下方弹踢,还原。通常以高冲击力形式出现。

技术要点:腿弹出时要有控制,保持上体正直。

16)后屈腿跳(图 6-16)

动作描述:一腿站立(跳起),另一腿向后屈膝,放下腿还原。通常以高冲击力的形式出现。

技术要点:支撑腿保持弹性。

图 6-15 弹踢腿(跳)

图 6-16 后屈腿跳

17)开合跳(图 6-17)

图 6-17 开合跳

动作描述：由并腿跳起，分腿落地；然后，再由分腿跳起，并腿落地。

技术要点：分腿时，两脚尖外开，膝关节沿脚尖方向弯曲，并腿时，屈膝缓冲。

动作变化：原地开合跳，转体开合跳。

**3.常用上肢动作**

在完成基本动作时加入不同的手臂动作就会使动作变得丰富多彩，或改变动作的强度和难度。如手臂在肩以上的动作强度就大于手臂在肩以下的动作强度；手臂动作变化多的一组动作就难于手臂动作变化少的动作组合。另外，健美操的手臂动作除了自然摆动和一些舞蹈动作外，主要是模仿上肢力量练习的一些动作。这样做既美观，又使练习更有效。下面介绍几种常用的手型和手臂动作（图 6-18）。

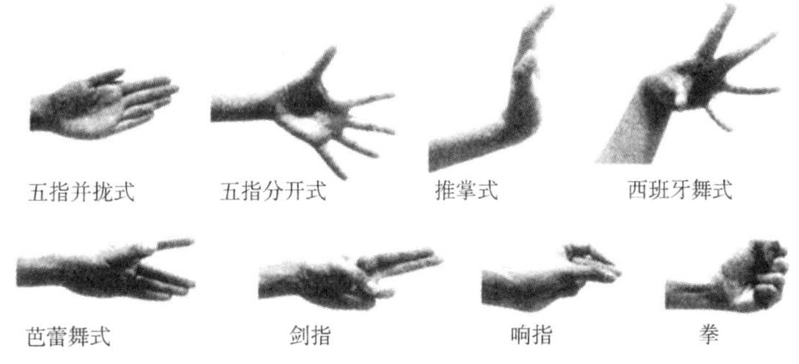


**图 6-18 常用上肢动作分解**

1）常用手型

（1）五指并拢式：五指伸直并拢。

（2）五指分开式：五指用力伸直并张开。

（3）推掌式：手掌用力上屈，五指稍弯曲（五指指关节屈就成鹰爪式）。

（4）西班牙舞式：五指分开，小指内旋，拇指稍内收。

（5）芭蕾舞式：小指、无名指、中指靠拢，食指稍分开，拇指与无名指内扣。

（6）剑指：拇指与无名指、小指相叠，中指与食指并拢伸直。

（7）响指：拇指与中指摩擦，与食指打响，无名指、小指屈指。

（8）拳：握拳，拇指第一关节扣住中指的第二关节处。

2）上肢动作

（1）自然摆动。

动作描述：屈肘前后摆动（图 6-19）。

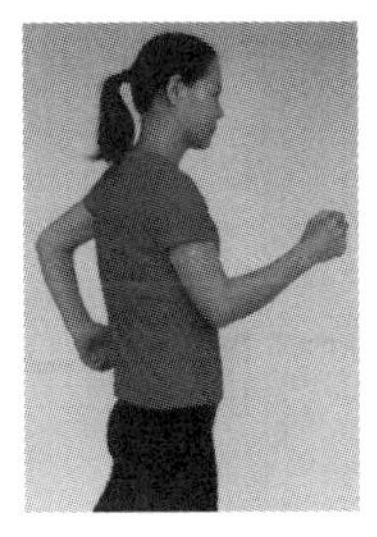

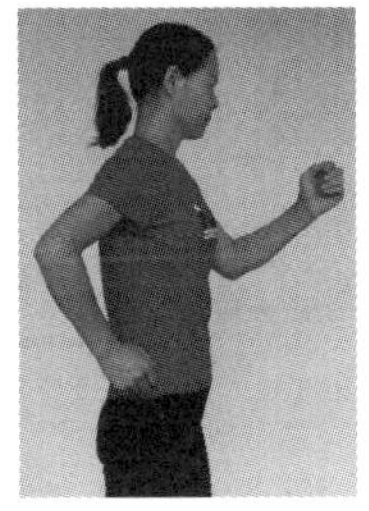

**图 6-19 自然摆动**

(2)臂屈伸。

动作描述:上臂固定,肘屈伸(图 6-19)。

(3)屈臂提拉。

动作描述:臂由下提至胸前平屈(图 6-20)。

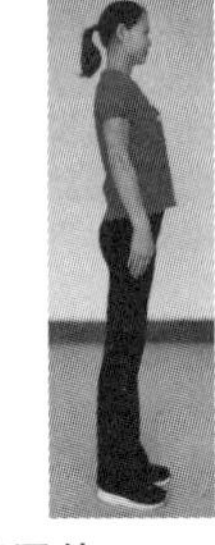

**图 6-20　臂屈伸**

**图 6-21　屈臂提拉**

(4)直臂提拉。

动作描述:臂由下提至前平举或侧平举(图 6-22)。

(5)胸推。

动作描述:屈臂由胸部向前、侧推成直臂(图 6-23)。

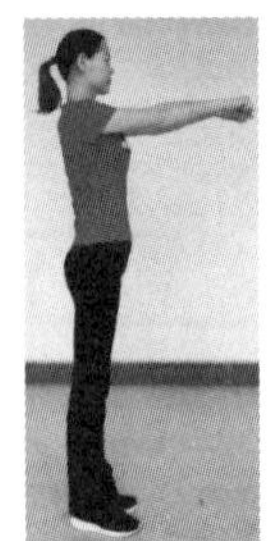

**图 6-22　直臂提拉**

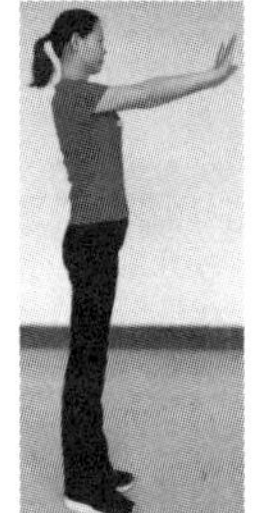
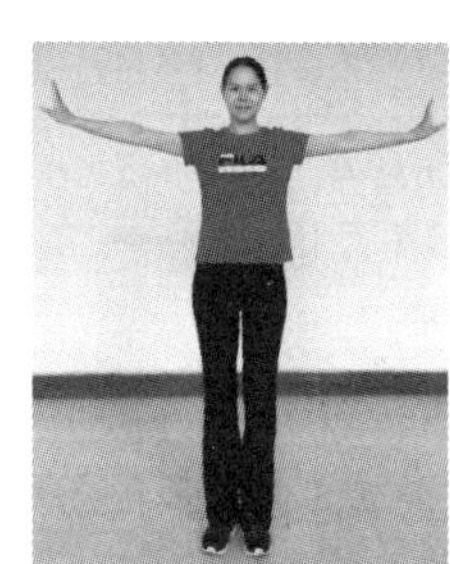

**图 6-23　胸推**

(6)肩上推。

动作描述:屈臂由肩侧向上推成直臂(图 6-24)。

(7)冲拳。

动作描述:屈臂握拳由腰间向前或向上用力伸臂(图 6-25)。

**图 6-24　肩上推**

**图 6-25　冲拳**

## 三、健美操基本技术

健美操的基本技术主要有落地技术、弹动技术、半蹲技术和身体控制技术。掌握这些技术不仅可以使动作更美观，而且还可以预防运动损伤的发生。

**1.落地技术**

落地缓冲的主要目的是使身体尽可能的保持稳定，同时减少地面对关节、肌肉的冲击力，以免造成运动损伤。

健美操的落地技术：落地时，由脚跟过渡到全脚掌或由前脚掌过渡到全脚掌，然后迅速屈膝——屈髋缓冲。从而使冲击力减小。

**2.弹动技术**

健美操的弹动技术是健美操最重要的基本技术之一，是体现健美操的最基本特征，用以区别其他运动项目的重要因素之一。

弹动技术主要是依靠踝关节、膝关节、髋关节由下至上的缓冲产生的，所以要完成这个技术就要掌握缓冲。一方面，可以通过提踵练习来提高踝关节的屈伸能力，即：双脚并拢，反复上提和下落脚后跟，这样可以提高踝关节的缓冲能力；另一方面，可以通过半蹲练习提高膝关节和髋关节的屈伸能力，即：双脚分开半蹲、髋关节稍屈。

在关节的缓冲能力得到提高的同时，还应加强相应肌肉的协调用力能力，这样才能使整个弹动技术流畅。

**3.半蹲技术**

无论是落地技术还是弹动技术，都要求膝关节弯曲缓冲，从这个角度上可以说它们都与半蹲技术有着紧密的联系。

半蹲技术要求上体挺直，身体重心在两腿之间，臀部向后弯曲 45°，膝关节弯曲的角度不超过 90°，两脚外开，膝盖与脚尖同方向，并且膝盖的垂线不能超过脚尖。

**4.身体控制技术**

1）身体姿态的控制

健美操的身体姿态是根据现代人的人体与行为美的标准而建立的，正确的身体姿态是头正直，向上顶，两眼平视，下颌略回收，两肩下沉，挺胸，收腹，立腰，提气。

正确的身体姿态是最基本的动力定型，是建立准确的本位感觉的第一步，是表现健美操“美”的关键。

2）操化动作的控制

操化动作的控制是指操化动作的肌肉发力与控制。在健美操的操化动作中要求肢体迅速运动到准确的位置，并且肌肉用力将肢体瞬间控制在一定的位置上。

操化动作的控制应使动作有力而不僵硬，松弛而不松懈。操化动作的控制是表现健美操“力”的关键。

# 第三节　大众健美操锻炼标准测试套路

大众健美操锻炼标准测试套路动作组合见表 6-3~表 6-6。

## 一、组合一

表 6-3　组合一

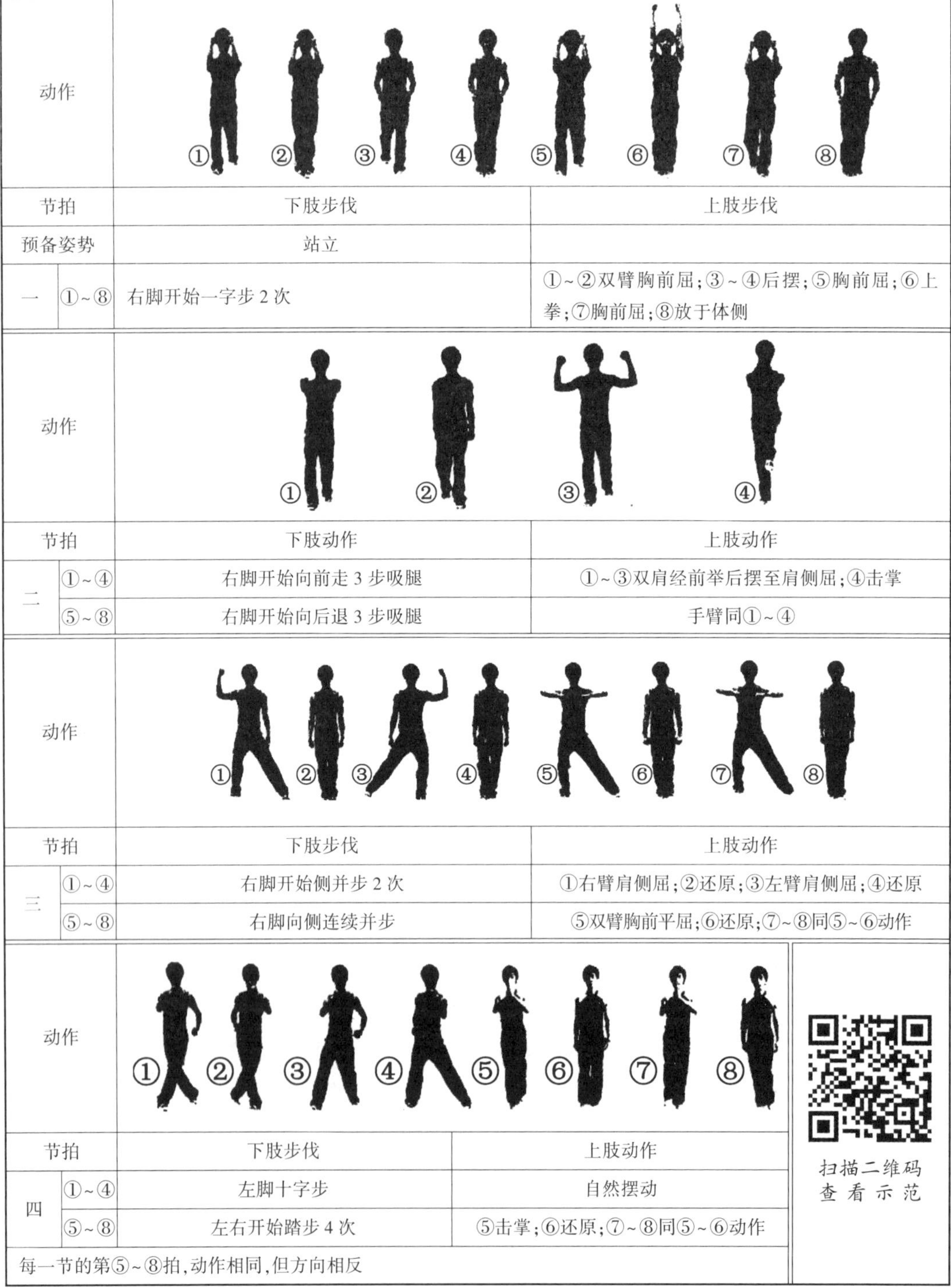

| 节拍 | | 下肢步伐 | 上肢步伐 |
|---|---|---|---|
| 预备姿势 | | 站立 | |
| 一 | ①~⑧ | 右脚开始一字步 2 次 | ①~②双臂胸前屈；③~④后摆；⑤胸前屈；⑥上拳；⑦胸前屈；⑧放于体侧 |
| 节拍 | | 下肢动作 | 上肢动作 |
| 二 | ①~④ | 右脚开始向前走 3 步吸腿 | ①~③双肩经前举后摆至肩侧屈；④击掌 |
| | ⑤~⑧ | 右脚开始向后退 3 步吸腿 | 手臂同①~④ |
| 节拍 | | 下肢步伐 | 上肢动作 |
| 三 | ①~④ | 右脚开始侧并步 2 次 | ①右臂肩侧屈；②还原；③左臂肩侧屈；④还原 |
| | ⑤~⑧ | 右脚向侧连续并步 | ⑤双臂胸前平屈；⑥还原；⑦~⑧同⑤~⑥动作 |
| 节拍 | | 下肢步伐 | 上肢动作 |
| 四 | ①~④ | 左脚十字步 | 自然摆动 |
| | ⑤~⑧ | 左右开始踏步 4 次 | ⑤击掌；⑥还原；⑦~⑧同⑤~⑥动作 |
| 每一节的第⑤~⑧拍，动作相同，但方向相反 | | | |

扫描二维码查看示范

## 二、组合二

表 6-4　组合二

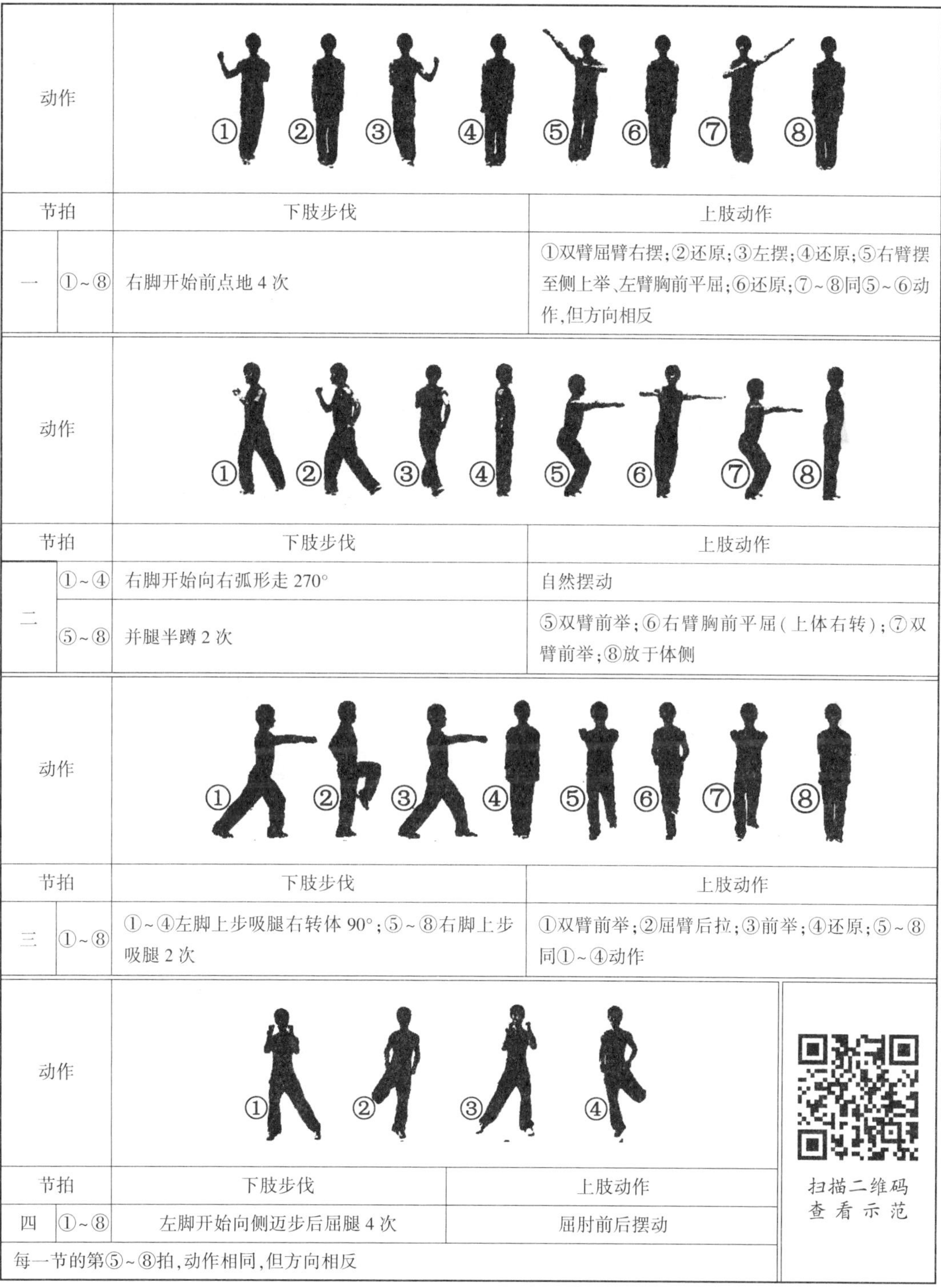

| 节拍 | | 下肢步伐 | 上肢动作 |
|---|---|---|---|
| 动作 | | | |
| 一 | ①~⑧ | 右脚开始前点地 4 次 | ①双臂屈臂右摆；②还原；③左摆；④还原；⑤右臂摆至侧上举、左臂胸前平屈；⑥还原；⑦~⑧同⑤~⑥动作，但方向相反 |
| 动作 | | | |
| 二 | ①~④ | 右脚开始向右弧形走 270° | 自然摆动 |
| | ⑤~⑧ | 并腿半蹲 2 次 | ⑤双臂前举；⑥右臂胸前平屈（上体右转）；⑦双臂前举；⑧放于体侧 |
| 动作 | | | |
| 三 | ①~⑧ | ①~④左脚上步吸腿右转体 90°；⑤~⑧右脚上步吸腿 2 次 | ①双臂前举；②屈臂后拉；③前举；④还原；⑤~⑧同①~④动作 |
| 动作 | | | |
| 四 | ①~⑧ | 左脚开始向侧迈步后屈腿 4 次 | 屈肘前后摆动 |
| 每一节的第⑤~⑧拍，动作相同，但方向相反 | | | |

扫描二维码
查看示范

## 三、组合三

表 6-5　组合三

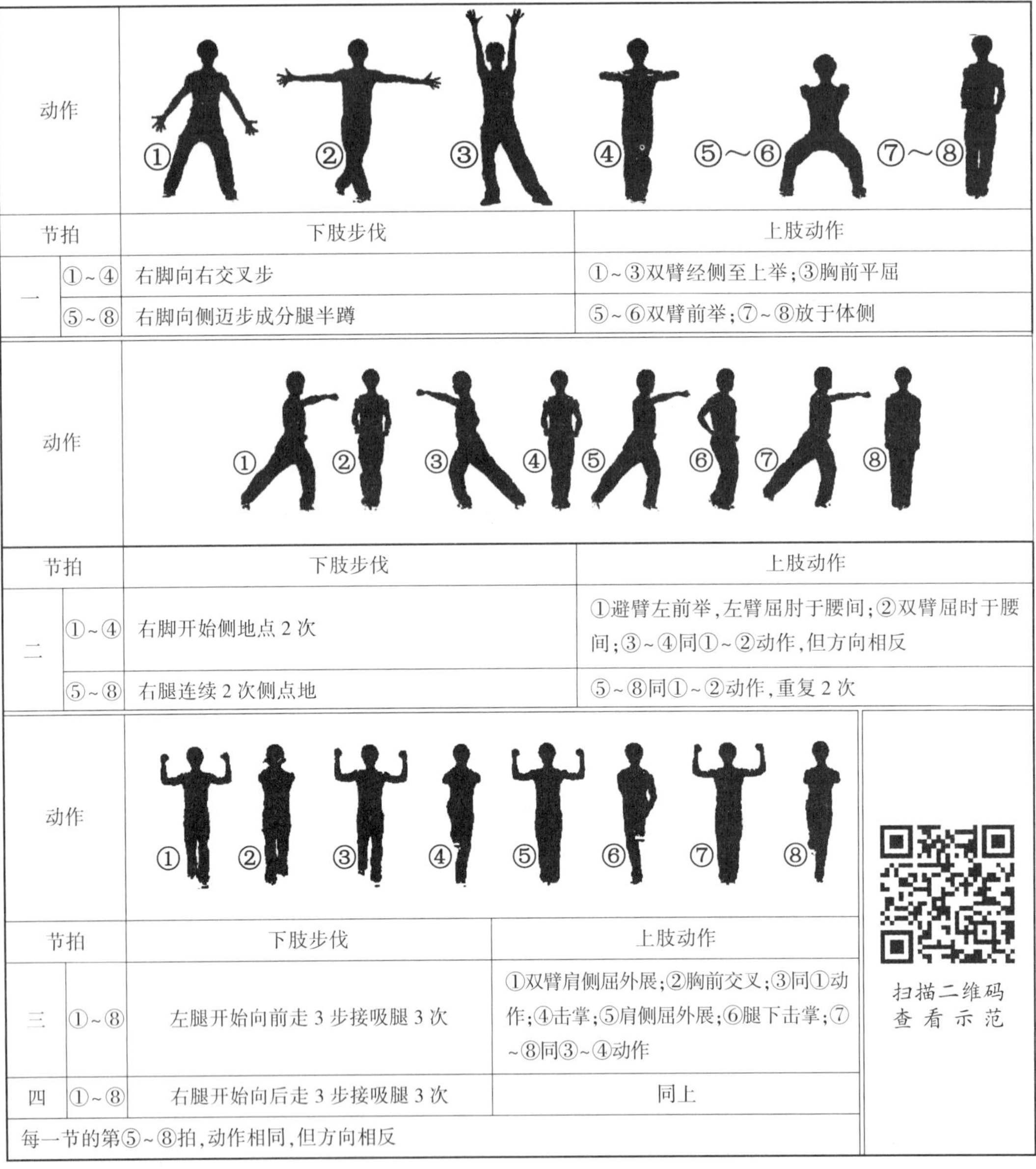

| 动作 | | 下肢步伐 | 上肢动作 |
|---|---|---|---|
| 节拍 | | 下肢步伐 | 上肢动作 |
| 一 | ①~④ | 右脚向右交叉步 | ①~③双臂经侧至上举;③胸前平屈 |
| | ⑤~⑧ | 右脚向侧迈步成分腿半蹲 | ⑤~⑥双臂前举;⑦~⑧放于体侧 |

| 动作 | | | |
|---|---|---|---|
| 节拍 | | 下肢步伐 | 上肢动作 |
| 二 | ①~④ | 右脚开始侧地点 2 次 | ①避臂左前举,左臂屈肘于腰间;②双臂屈时于腰间;③~④同①~②动作,但方向相反 |
| | ⑤~⑧ | 右腿连续 2 次侧点地 | ⑤~⑧同①~②动作,重复 2 次 |

| 动作 | | | |
|---|---|---|---|
| 节拍 | | 下肢步伐 | 上肢动作 |
| 三 | ①~⑧ | 左腿开始向前走 3 步接吸腿 3 次 | ①双臂肩侧屈外展;②胸前交叉;③同①动作;④击掌;⑤肩侧屈外展;⑥腿下击掌;⑦~⑧同③~④动作 |
| 四 | ①~⑧ | 右腿开始向后走 3 步接吸腿 3 次 | 同上 |
| 每一节的第⑤~⑧拍,动作相同,但方向相反 | | | |

扫描二维码
查看示范

## 四、组合四

表 6-6　组合四

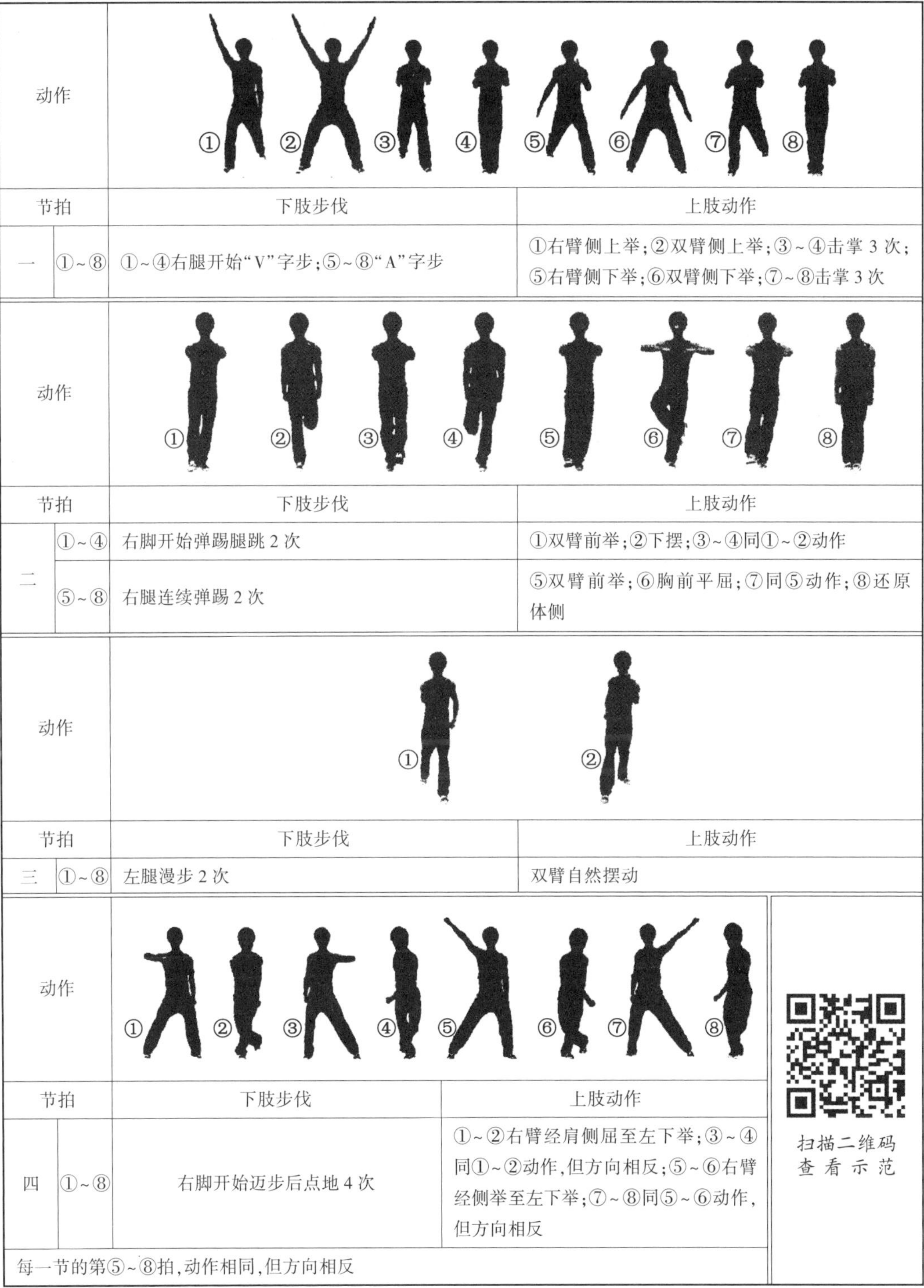

| 节 | 节拍 | 下肢步伐 | 上肢动作 |
|---|---|---|---|
| 一 | ①~⑧ | ①~④右腿开始“V”字步；⑤~⑧“A”字步 | ①右臂侧上举；②双臂侧上举；③~④击掌 3 次；⑤右臂侧下举；⑥双臂侧下举；⑦~⑧击掌 3 次 |
| 二 | ①~④ | 右脚开始弹踢腿跳 2 次 | ①双臂前举；②下摆；③~④同①~②动作 |
|  | ⑤~⑧ | 右腿连续弹踢 2 次 | ⑤双臂前举；⑥胸前平屈；⑦同⑤动作；⑧还原体侧 |
| 三 | ①~⑧ | 左腿漫步 2 次 | 双臂自然摆动 |
| 四 | ①~⑧ | 右脚开始迈步后点地 4 次 | ①~②右臂经肩侧屈至左下举；③~④同①~②动作，但方向相反；⑤~⑥右臂经侧举至左下举；⑦~⑧同⑤~⑥动作，但方向相反 |
| 每一节的第⑤~⑧拍，动作相同，但方向相反 |  |  |  |

扫描二维码查看示范

## 第四节 形体训练概述

形体训练是以姿态练习,协调练习,健美练习为主要手段,对同学们进行美育教育,塑造优美身体姿态,培养高雅气质的有目的、有计划、有组织的身体培育过程。以人体科学原理、美学原理为指导,以身体练习为基本手段,以发展形体专项素质为基础,以塑造健美形体为核心,以提高形体的控制力和表现力为重点,将培养学生良好个性与气质贯穿于教学活动的全过程,这是形体训练的主要特征。

形体训练是获得形体美的主要途径。通过形体训练可以培养我们热爱生活,塑造最佳的自我形象,增强自信心,为今后步入社会参与竞争、显露才华创造条件。同时,还能使同学们从美化自己,完善自我开始,进而去美化生活,美化社会。

### 一、形体运动的特点

**1.以自然性动作为基础的节奏运动**

自然性动作指按照人体自然状态下的运动规律和人体运动的自然法则所进行的动作。形体训练是以人体活动为主要形式的练习。各种形体动作按照音乐的速度,幅度的对比和变化,形成节奏完美统一,并充分表现出形体训练以自然性动作为基础的协调的节奏运动这一特点。

**2.全面性和针对性**

形体训练内容丰富,动作变化多样,各类动作的编排都是严格地按照人体的解剖部位,有目的地达到身体匀称、均衡、协调、健美的发展而进行的。合理的选择内容,科学的进行锻炼,能全面增强人体运动系统、内脏系统和神经系统的功能,促进人体的正常发育和身体素质的全面发展。形体训练的针对性强,选择特定动作或专门针对某项身体素质的练习,能进一步提高身体的全面发展水平。

**3.优美性和艺术性**

形体训练的动作内容符合人体的生理和心理特点,各类动作不仅体现出优美性和艺术性,而且充分展现协调、韵律、优美等健美气质。形体训练是追求人的身心美的艺术运动,它不仅能提高练习者的兴趣,而且能发展练习者的想象力和表现力,培养动作的节奏感,促进身心的全面发展,同时还能使练习者在训练中达到忘我的境界。练习者根据不同的音乐节奏和音乐风格,创编出不同风格和形式的形体动作,使形体训练更富有感染力,并得以构成完美的艺术整体。

**4.内容丰富,易于普及**

形体运动动作简单易学、练习形式简便,可根据不同的要求、身体条件和训练水平,选择不同的练习内容和方法,有目的、有针对性地进行练习,以达到增强体质、促进健康、塑造美的形体的目的,因而深受人们的喜爱,也易于普及和推广。

## 二、形体训练的作用

**1.增进健康**

通过形体训练进行锻炼,能改善神经系统功能,提高心血管系统功能,促进青少年生长发育,矫正骨骼形态,有利于形成正确的姿态和健美的体态。

形体训练的动作具有连续、协调、速度等特点,训练注重在规定时间内完成动作的数量和质量,运动加速能使血循环加快,单位时间内脑细胞得到的氧气和养料更多,脑细胞新陈代谢加快,能提高人脑的理解能力,思维能力和记忆能力,使大脑更聪明。

形体训练的练习能使肌纤维变粗,肌肉丰满结实,使骨骼、关节强韧,有弹性,能有效地提高骨骼、关节的灵活性。

**2.塑造健美形体**

形体美的表现是人体外形匀称、和谐,由身高、体重和人体各部分的长度、围度及比例所决定的。现代社会,人们越来越关注美的事物,越来越渴望拥有美的东西。形体美则被各类人群所崇尚。为了拥有美的形体,人们采用各种健美形体的手段,并用体重来衡量形体的外在表象。目前国际上常用的衡量人体形态的标准采用体重指数(BMI)值,它是一个中立而可靠的指标。

$$体重指数=\frac{体重(kg)}{身高^2(m)}$$

体重指数在 18.3~24.9 为正常,低于 18.3 为消瘦,25~28 为偏重,超过 28 为肥胖。

体重指数只是相对正常情况而言反映形体状况的指标,针对不同人群体重指数的范畴略有不同。长期锻炼的人,肌肉所占的体重比例较重,BMI 值会偏高,并不是超重或肥胖,所以另一个反映身体形态的指标是体脂,体脂率(BFR)计算值能清楚的表明人体体型状态。

$$体脂率=\frac{人体脂肪重量}{体重}\times100\%$$

最简单的体脂自测方法:

体脂率=1.2×BMI+0.23×年龄-5.4-10.08×性别(性别:男为 1,女为 0)

女性:体脂率在 22%以内是女运动员身材,25%左右为标准身材,30%~35%为丰满型体型,40%以上就显臃肿了。

男性:体脂率为 7%是运动员型身材,8%~12%为最受女性欢迎的男子汉体型,15%左右为标准体型,20%体型已发福,30%以上为肥胖型。

**3.美育教育**

形体训练由于它本身的特点,兼具了美育教育这一特殊作用,形体训练以它美的气质将美育寓于体育之中,使美育与体育得到完美的结合。通过形体训练,不仅有意识地美化形体,使其发育匀称,养成对姿态美、动作美、形体美等正确审美观念,而且通过对音乐的理解和运用,陶冶情操,激发对美的追求,从而进一步提高对美的鉴赏能力。

## 三、形体训练的内容

形体训练的内容丰富、形式多样、简单易学。归纳起来,可分为体型美、动作美、姿态美,因此,形体训练应选择多种内容,运用多种方法。

体型美是指人体的外观形态,采用身体素质的练习可以得到改善和提高。通过科学的训练,发展身体的力量,柔韧,协调等身体素质,打造肌肉,塑造健美人体。男子多采用健身健美器械进行锻炼,提高力量素质;女子采用30分钟以上的有氧练习,提高多种身体素质。

动作美是形体美的一种表现形式,通过各种体育运动项目,特别是形体训练内容练习,可以培养和提高动作的协调性、柔韧性和灵敏性,使之优美、舒展,从而表现出动作美。

姿态美是指人的坐、立、行的身体形态。要使形体姿态美,脊柱是关键。因此,要保持身体躯干正直,除了在日常生活中注意养成正确姿势外,通过站姿、坐姿、走姿等形体训练,形成正确和优美的姿态。

## 第五节　形体姿态训练

形体美是一个由多种要素有机结合而成的整体性的动态系统。优雅的体态和身姿离不开对身体各部位形态的基本训练,在现实生活中只有进一步改变身体形态的原始状态,提高形体动作的灵活性才有可能增强站立姿态(站姿)、行走姿态(走姿)、坐立姿态(坐姿),蹲立姿态(蹲姿)的规范,从而获得健康、自然、匀称、美丽的身材,以及结实而富有弹性的肌肉和充满动感的曲线。

### 一、站立姿态

站立姿态的训练重点是提高练习者在各种情况下保持良好的身体站立形态的能力。站姿训练是一个综合练习,是身体各部位感知觉练习效果的综合体现,练习者从中可体会到正确的站立感觉,从而显示出人体的曲线美和高雅的气质。

**1.规范站姿**

规范站姿是男女通用的站姿,其要领是:身体直立,眼视前方,两腿并拢直立,两脚掌分开呈"V"字形,脚跟靠拢,双臂放松,自然下垂于体侧,虎口向前,手指自然弯曲(图6-26)。

**2.前合手站姿**

规范站姿,两手握指交叉于腹前,肘关节自然下垂,女生常用丁字步站立(图6-27)。

**图6-26　规范站姿**

**图6-27　前合手站姿**

**3.后背式站姿**

规范站姿,两手相握后背腰处,男士常用于开立步法(图6-28)。

**4.单臂式站姿**

规范站姿,一臂自然下垂,一臂在腹前,女士常采用丁字步站立(图6-29)。

**图6-28　后背式站姿**

**图6-29　单臂式站姿**

站立太累时,可变换为调节式站姿,即身体重心偏移到左脚或右脚上,另一脚微向前屈,脚步放松,无论转变成何种站姿,都要注意做到"万变不离其宗",不能离开站姿的动作要领。

几种不良站姿:

(1)站立时左顾右盼、东张西望,身体抖动或晃动(给人以漫不经心,没有教养的感觉);

(2)站立时过于僵硬,胸过挺或腹过挺(紧张,无措);

(3)站立时双手插于衣袋或裤袋内(图6-30)(拘谨小气);

(4)站立时双臂交叉抱于胸前(图6-31)(这会有消极、防御、抗争之嫌);

(5)站立时双手或单手叉腰(图6-32)(往往含有进犯之意);

(6)站立时两腿交叉站立(图6-33)(不严肃)。

图6-30　不良站姿(一)

图6-31　不良站姿(二)

图6-32　不良站姿(三)

图6-33　不良站姿(四)

站姿训练:

(1)靠墙立:规范站姿,双腿夹紧,收腹,挺胸,立腰,紧臀,双肩后张下沉,下颌回收,头向上顶，脚跟、腿、臀、肩胛骨和头紧靠墙（图 6-34）。

（2）分腿立：规范站姿，两脚开立，与肩同宽，双手叉腰，收腹，挺胸，立腰，立背，双肩后张下沉（图 6-35）。

（3）单腿立：规范站姿，一腿支撑，一腿屈膝上台绷脚尖，贴于支撑腿，双手叉腰（图 6-36）。

（4）点地练习：规范站姿，双手叉腰，直膝，一腿支撑，另一腿向前、侧、后，分别绷脚尖擦出点地，控制重心，反复换脚练习（图 6-37）。

图 6-34　靠墙立　　图 6-35　分脚立　　图 6-36　单脚立　　图 6-37　点地练习

（5）移重心练习：随节奏前、后、左、右移重心练习（图 6-38）。

图 6-38　称重心练习

## 二、行走姿态

行走是以文雅、端庄的站姿为基础,是人的基本动作之一,是人体最自然、最频繁的一种周期性位移动作,具有节奏感和流动感。行走姿态直接反映一个人的健康状况、气质、文化修养和审美层次。通过专门的训练,可以改进原始的自然行走状态,使行走的姿态更规范、更优美、更有风度。

正确的走姿:抬头挺胸,目视前方,双肩放松,提臀收腹,步幅自然、稳健,重心稍向前倾,双臂自然摆动。

男士走姿规范:身形挺拔,步幅与身高相应,行走时不要晃动上体,脚掌朝前。

女士走姿规范:身体平直,步幅不超过腿长的 1/3,行走时走直线,两腿膝内侧贴近,迈步时脚尖向前,脚跟先着地,身体摆动幅度不要过大(图 6-39)。

**图 6-39　走姿**

几种不良走姿:

(1)肚子腆起,身体后仰。

(2)迈大步,身体晃动过大。

(3)内、外八字脚走路。

(4)行走时,手臂横摆,或只摆小臂。

(5)脚步蹭地,拖泥带水,或不分场合脚步声过重。

(6)女士叉开腿走。

(7)在正式场合手插口袋,抱臂,倒背双手。

走姿训练:

(1)站立提踵或负重提踵练习:站立或负重站立,直膝,最大限度的提脚跟踮起脚尖,回落,反复练习。

(2)足尖走练习:用足尖行走,反复练习。

(3)定线行走练习:在地上标明直线,练习者沿着直线行走。

(4)控制行走练习:头顶上放一本书,练习者控制身体不让书掉下来,进行行走练习。

(5)保持节奏练习:固定节奏,练习者按照节奏练习。

## 三、坐姿训练

坐姿美是个性、气质、风度、修养和健康的一种表征。端庄、大方的坐姿能增添魅力，良好的坐姿对保持健美的形体大有好处。

规范坐姿：入座后，上体自然挺直，颈部梗直前倾，肩部放松，两臂自然下垂放于腿上，腰背部挺直，臀部坐椅子中后部，两膝自然弯曲，大腿保持水平，两脚掌均匀撑地。

男士就座时上身挺直，稍向前倾，双脚分开，与肩同宽，就座后，双腿平稳放好，双手自然放于桌上或沙发扶手上。女士就坐时双腿不宜分开，就坐后，两手自然交叠于身前(图 6-40)。

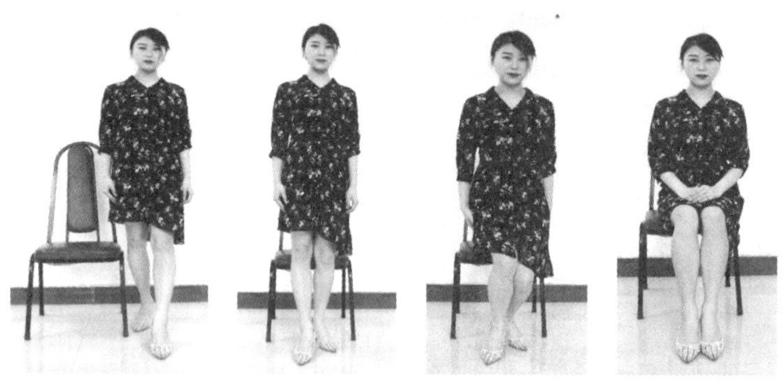

**图 6-40　坐姿**

女士坐姿：

(1)标准式：规范坐姿，两手交叠于两腿中部，靠近小腹，两膝并拢，小腿垂直于地面，两脚保持小丁字步。

(2)前伸式：标准坐姿，两小腿向前伸出一脚的距离，脚尖不要翘起。

(3)前交叉式：同前伸式坐姿，右脚后缩，与左脚交叉，两踝关节重叠，两脚尖着地。

(4)后点式：标准坐姿，两小腿后屈，脚尖着地，双膝并拢。

(5)侧点式：标准坐姿，两小腿向左斜出，两膝并拢，右脚跟靠拢左脚内侧，右脚掌和左脚尖着地，头和上体微向左倾斜，小腿充分伸展，尽量显示小腿长度(图 6-41)。

(6)侧挂式：同侧点地坐姿，左小腿后屈，脚绷直，脚掌内侧着地，右脚提起，用脚面贴住左脚踝，膝和小腿并拢，上体右转(图 6-42)。

(7)曲直式：标准坐姿，左脚前伸，右小腿屈回，大腿靠紧，两脚前掌着地，并在一条线上(图 6-43)。

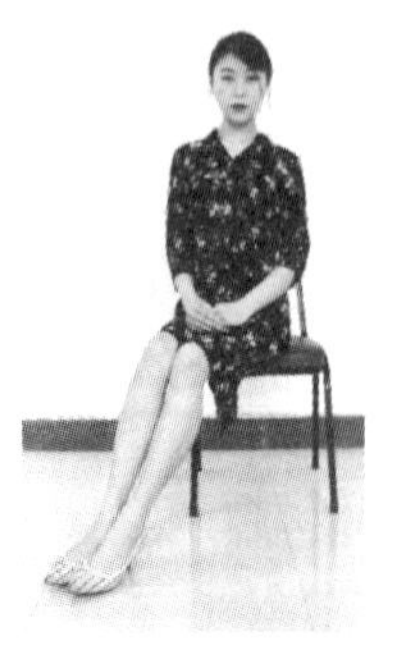

**图 6-41　侧点式**

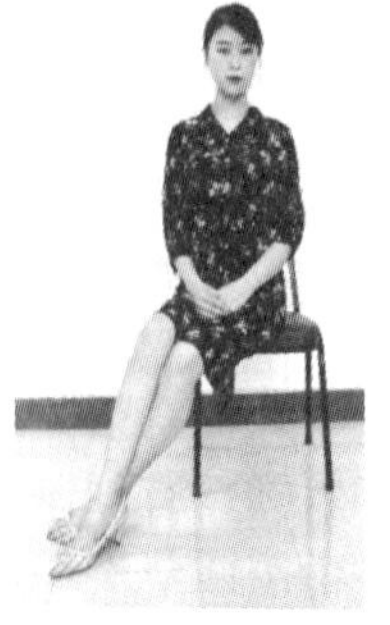

**图 6-42　侧挂式**

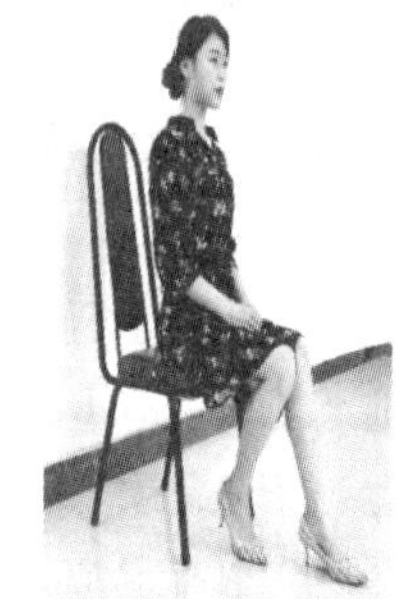

**图 6-43　曲直式**

（8）重叠式：标准坐姿，两腿向前，一条腿提起，轻柔的将脚窝落在另一条腿上，两条腿相贴，两脚尖朝同一方向。重叠式有正、侧之分（图6-44、图6-45）。

图6-44　正重叠式

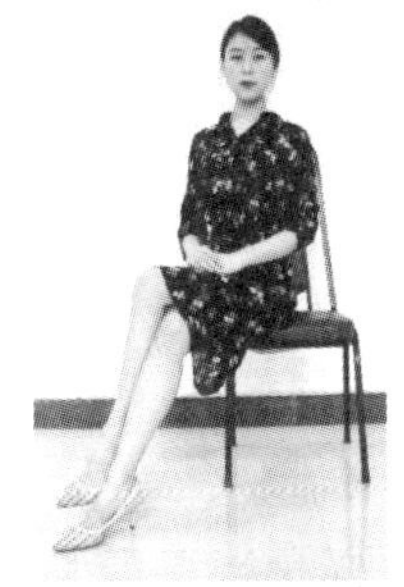
图6-45　侧重叠式

男士坐姿：

（1）标准式：规范坐姿，两小腿垂直于地面，两手放于大腿上。

（2）前伸式：标准坐姿，两小腿前伸一脚的长度，脚尖不要翘起。

（3）前交叉式：标准坐姿，小腿前伸，两脚踝部交叉。

（4）曲直式：标准坐姿，左小腿屈回，前脚掌着地，右脚前伸。

（5）斜身交叉式：标准坐姿，两小腿交叉向左斜出上体，向右转左肘放在扶手上，右手扶把手。

（6）重叠式：标准坐姿，右腿叠在左膝上部，右小腿内收，贴向左腿，脚尖自然下垂。

几种不雅坐姿：

（1）手放的方式不对，如双手放桌下、夹两腿间，双肘支撑桌上，前臂叠放并且双手抱上臂等（图6-46）。

（2）双手抱腿或上身趴伏（图6-47）。

图6-46　不雅坐姿（一）

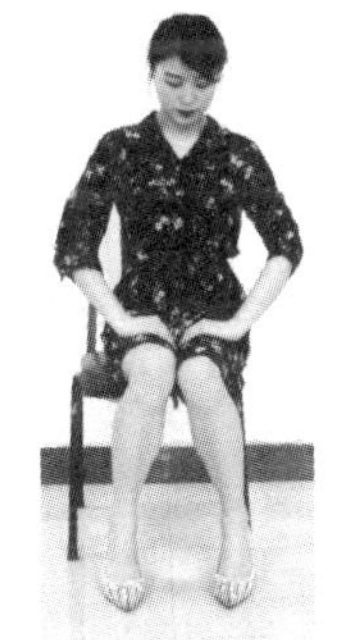
图6-47　不雅坐姿（二）

（3）两腿分开过大。

（4）两腿直伸出去太远，影响他人。

（5）架腿方式不对。

（6）脚尖翘起或指向他人。

（7）抖腿。

（8）脚踩他物。

(9)将腿放桌上。

(10)用脚自脱鞋袜,或手触摸脚部。

坐姿训练:

(1)盘腿坐:重心落在臀部上,挺胸收腹,立腰提气,头颈向上伸,两腿弯曲,两脚脚心相对盘于腹前,手肘放松,手腕搭于膝上。

(2)侧坐:同盘腿坐,上体微向侧转,两臂自然放松,扶于腿处,两腿弯曲并拢,双膝稍移向一边,靠外侧的脚略放在前面。

## 四、蹲立姿态和捡物

蹲姿是由站姿或走姿变化而来的相对处于静态的体位。蹲姿有高低式、交叉式、半蹲式、半跪式四种蹲姿,一般常用高低式蹲姿。

蹲姿:下蹲时,左脚在前,右脚稍后,左脚完全着地,小腿垂直于地面。右脚掌着地,脚跟提起,右膝低于左膝,形成左膝高右膝低的姿态。女士蹲姿时,右膝内侧靠紧左小腿内侧(图 6-48)。

捡物:当捡拾掉落的东西或取放底处的物品时,走近物品,采用蹲姿捡拾,才能轻松达到目的,又能展示优美的体态(图 6-49)。

**图 6-48　蹲姿**

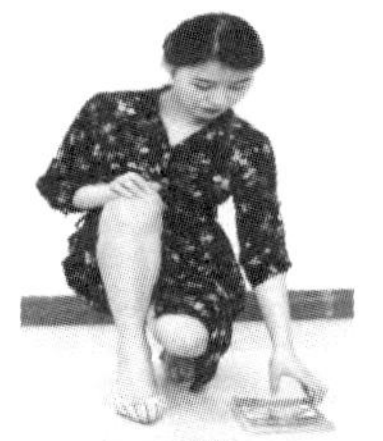

**图 6-49　捡物**

应避免的蹲姿:

(1)不要突然下蹲。

(2)不要离人太近。

(3)注意蹲下的方位。

(4)不要毫无遮掩。

(5)不要蹲在桌子或椅子上。

# 第六节　形体基础训练

## 一、身体素质训练

身体基本素质练习是形体训练重要的内容之一。通过科学、严格、长期的形体素质练习,能改善练习者的形态,提高机体的能力,促进身体正常发育,增强体质,使身体得到全面发展。身体基本素质包括力量、柔韧性、协调性、稳定性、灵敏性、耐力和控制能力,其中最重要的是力量和柔韧性,它直接影响到形体的控制力和表现力。发展身体各部位的力量和柔韧性，提高身体的基本素质，能更好地培养练习者优美的体态。

**1.手臂、肩部力量和柔韧形练习**

(1)肩绕环练习：盘腿坐，双手放于膝盖上，背挺直坐好(见图6-50)。以肩为轴，或屈肘或直臂绕环

(2)双手外推练习：盘腿坐，双手指交叉于胸前，掌心外翻，向前或向上推出，到直臂后回胸前(见图6-51、图6-52)。

(3)手臂侧伸展练习：盘腿坐，弯曲右侧手臂，尽量放在头部后侧，左手拉紧右手向左下侧用力拉，然后换手练习(图6-53)。

**图6-50　盘腿坐**

**图6-51　双手外推(前推)**

**图6-52　双手外推(上推)**

**图6-53　手臂侧伸展**

**2.腰、腹、背部力量和柔韧性练习**

(1)交叉打腿练习：平躺，双手置于体侧，双腿并拢，绷脚压脚腕。

双腿伸直同时抬起，离地30°~40°，双腿相互交叉打腿练习(图6-54)。

(2)双腿起落练习：身体半起肘撑地，双腿并拢，绷脚压脚腕。

双腿伸直同时抬起，离地30°~40°，控制几秒，再慢慢放下(图6-55)。

(3)双手双腿同起练习：平躺，双手臂伸直置于头部上侧贴于地面，双腿并拢，绷脚压脚腕。

双腿伸直与上身同时抬起，双臂向前平举，尽量触脚面，然后慢慢回原位(图6-56)。

**图6-54　交叉打腿**

**图6-55　双腿起落**

**图6-56　双手双腿同起**

(4)双腿交替蹬踏练习：平躺，双手枕于后颈处，双腿并拢，绷脚压脚腕。弯曲双腿，使

小腿于地面平行，先蹬出右腿，然后再蹬出左腿，交替进行（图 6-57）。

**图 6-57　双腿交替蹬踏**

（5）下前腰抱腿练习：开立，双臂上举。

体前屈下前腰，双臂体前下压，双手抱小腿，双膝伸直，上身尽量与腿相贴（图 6-58）。

（6）双人腰背练习：一人俯卧，双臂双手置于腰背上，双腿伸直，辅助者跪坐姿态，帮压腿。

上体尽量向上直起，然后回俯卧练习。

（7）单臂抬练习：俯卧，身体抬起，双手置于体前。

右手左腿同时抬起（图 6-59），然后慢慢放下，再左手右腿练习。

（8）俯撑后仰练习：俯卧，身体抬起，双手支撑地面。

慢慢将头部向后仰（图 6-60）。

**图 6-58　下前腰抱腿**

**图 6-59　单臂抬**

**图 6-60　俯撑后仰**

（9）仰卧举腿练习：仰卧，双腿屈膝，脚掌撑地，双手置于体侧贴于地面。

身体后翻，双腿曲膝并拢，膝盖尽量靠于头顶，在半空中形成控制动作（图 6-61）。

（10）跪撑抬腿练习：跪撑，目视前方。左腿伸直上抬，慢慢放下，换右腿练习（图 6-62）。

**图 6-61　仰卧举腿**

**图 6-62　跪撑抬腿**

（11）左右摆胯练习：开立，身体挺直，双手叉腰。

右腿屈膝内扣，重心移至左腿，胯向左顶出（图 6-63）。

（12）前后提胯练习：开立，双膝微曲，上体挺立，双手叉腰。

臀部肌肉收紧向前顶，胯的下部前摆上提，髋口朝后（图 6-64），然后胯的下部后摆上提，髋口朝前，塌腰（图 6-65）。

图 6-63　左右摆胯

图 6-64　前提胯

图 6-65　后提胯

**3.下肢力量和柔韧练习**

（1）地面踢前腿练习：仰卧双臂侧平举，掌心贴于地面，双腿伸直并拢，绷脚压脚腕。

右腿绷脚，右腿向上踢腿，向头部踢，左腿不动，然后慢慢放下，换左腿练习（图 6-66）。

（2）地面后踢腿练习：跪撑，绷脚面贴地，目视前方。

右腿跪立，左腿向后伸直，向后上方踢出，然后还原，换右腿练习（图 6-67）。

（3）双脚交换下压练习：坐撑，身体挺立，收腹，立腰，双腿伸直并拢，绷脚压脚腕。

右脚尖尽量向上勾起，至酸累，然后换左脚练习（图 6-68）

（4）压脚背练习：半蹲，双手体前撑。

双手撑地，双膝抬起，双腿贴胸，脚趾不动，脚面绷直离地，使脚趾根至脚尖完全贴靠在地面上（图 6-69）。

图 6-66　地面踢前腿

图 6-67　地面后踢腿

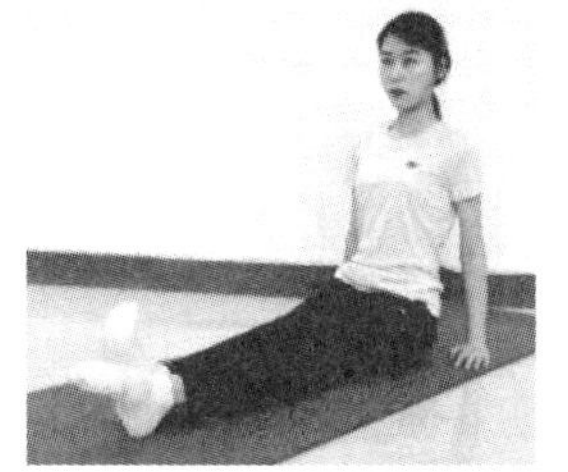
图 6-68　双脚交换下压

图 6-69　压脚背

(5)下叉:坐立。

一腿在前伸直,绷脚,大腿尽量外旋,右脚尖与两肩成垂直线,与鼻尖对齐,左脚绷脚向体后伸直,后腿、膝与脚面向外展,两脚平贴于地面成一条线,然后身体前俯,用小腹和下巴贴前腿,双手抱前腿伸拉前韧带。

(6)地面旁压腿:坐立。

右腿向右侧伸直绷脚,脚面与膝盖向正上方,脚尖与右耳对齐,左腿曲腿贴于地面,左腿置于体前,贴近身体,左右腿尽量开胯,双手放于体前(图 6-70)。上体向右侧下旁腰,用右肩、右耳够右腿,左手在头上方也用力够右腿(图 6-71),控制数秒,然后直身。

**图 6-70　地面旁压腿**

**图 6-71　地面旁压腿**

## 二、芭蕾舞基础训练

芭蕾给人优雅、庄重的美感,将芭蕾的形体艺术和健身训练结合起来,既有芭蕾的优雅,又简单易学,这就是我们提高姿态训练的形体芭蕾。形体芭蕾借助芭蕾的基本元素,将芭蕾的一些特征有机地融入形体训练中,达到健身和塑造体形、培养气质的目的。

**1.芭蕾基础**

基本手型:五指并拢,自然伸直,拇指和中指稍向里合。当手臂伸展时手指和手腕随之伸展,在手背处呈反弓形。当手臂呈弧形时,肩放松,肘、腕自然微屈,使整个手臂从肩至手指尖成一柔和的弧线。

(1)基本手位:采用芭蕾舞 7 个手的基本位置(图 6-72)。

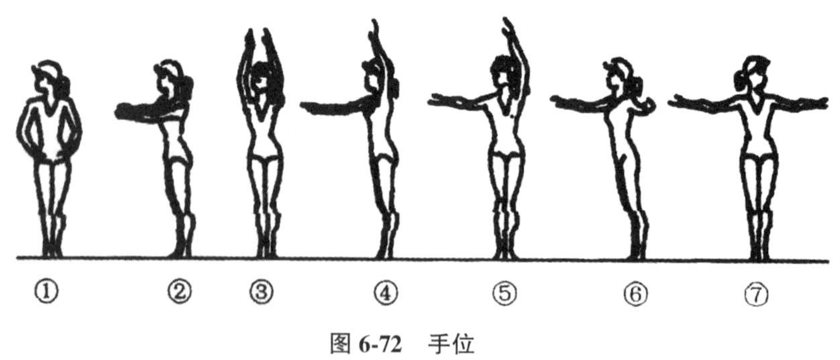


**图 6-72　手位**

一位:双手自然下垂,胳膊肘和手腕处稍圆一些,手臂和手成椭圆状,中指相对,并留有一拳的距离。肩膀往下沉,双肩自然往内夹紧。

二位:将保持一位手的双手向上抬,抬到胃前的位置,手臂和手呈椭圆状,像抱着大树一样。

三位:将保持二位手的双手向上抬,抬到身体的斜上方,抬眼睛就能看到手。

四位:左手不动,右手慢慢切回到二位手的位置。

五位:右手手背往外带,手往远处去推,一直走到身体的正侧方。

六位:右手不动,左手慢慢切回到二位手的位置。肩膀放松,肩胛骨向后夹。

七位:左手手背往外往远带,一直推到身体的正侧方,双手保持在同一个水平线上。

(2)基本脚位:采用芭蕾舞五个脚的基本位置(图 6-73)。

一位:两脚脚跟靠拢,脚尖向外,两脚成一横线,重心在两腿之间。

二位:两脚尖向两侧,两脚成一横线,脚跟之间相距约一脚。

二位:两脚尖向两侧、一脚跟相叠在另一脚弓处。

四位:两脚前后平行站立,相距约一脚,脚尖向两侧,重心在两腿之间。

五位:两脚前后平行靠拢,脚尖向两侧与另一脚跟并齐。

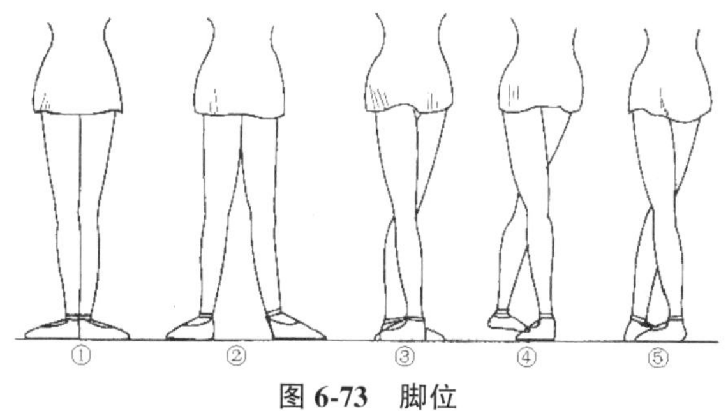


**图 6-73　脚位**

### 2.基本舞步

基本舞步是形体运动中的基本步法和舞步练习,可以培养练习者协调性、节奏感,增强表现力,培养创造力,提高对音乐的鉴赏和理解能力,促进优美体态的形成。其包括柔软步、足尖步、弹簧步、跑跳步、变换步、华尔兹步等。

1)柔软步

由自然站立开始,左腿膝和脚面绷直向前伸出,脚面向外,经脚尖至全脚掌柔软地落地,身体重心随之前移,接着换右脚前移,两腿交替进行,两臂自然前后摆动或做其他动作。

柔软步的练习方法如下。

(1)两手叉腰两拍一动做柔软步的分解练习,然后一拍一动进行练习。

(2)左脚向前柔软步,右脚与左脚并上成自然位,同时两臂成一位,右脚开始向前做 6 次柔软步(左右脚交替进行),同时,手依次由二位、三位、四位、五位、六位到七位,然后右脚向前并立交叉转体 180°,同时,两手下落经二位至体侧(图 6-74)。

**图 6-74　柔软步**

2)足尖步

由起踵立开始,左腿脚面、膝关节绷直向前伸出,由脚尖过渡到全脚掌着地,同时重心前移,两腿交替进行。

足尖步的练习方法如下。

(1)首先练习起踵立,掌握支撑技术。

(2)两手叉腰做足尖步的慢动作,体会动作要领。

(3)结合手臂动作练习足尖步。

3)跑跳步

右脚原地轻跳,同时左腿屈膝抬起,脚面绷直,脚尖向下,左脚随之落地,随即原地轻跳,同时右腿屈膝抬起。

跑跳步的练习方法如下。

(1)先练习小跳、轻跳。

(2)两手叉腰练习跑跳步。

(3)配合不同的手臂动作进行练习。

4)变换步

左脚向前柔软步,右脚与左脚并上成自然位,同时两臂成一位,左脚再向前一次柔软步,重心前移,右脚伸直后点地,脚面伸直稍向外;同时,右臂前举,左臂侧举(图6-75)。

变换步的练习方法如下。

(1)两手叉腰练习脚步移动的方法,逐渐加快节奏。

(2)配合手臂动作。

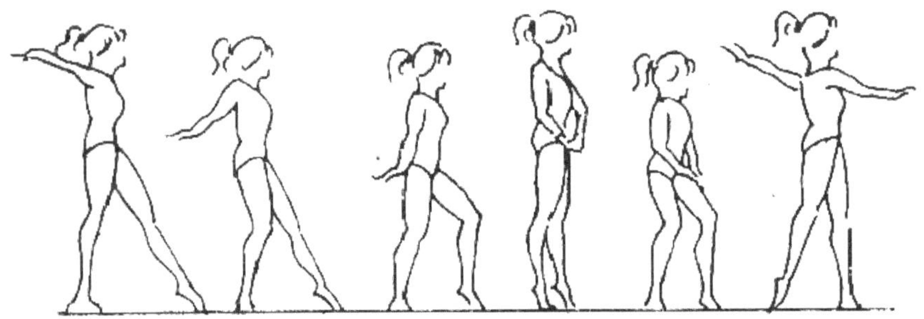

**图6-75 变换步**

5)华尔兹步

左脚向前柔软步,落地稍屈膝,重心随之前移,右脚依次向前做两次足尖步,两腿依次进行。

华尔兹步的练习方法如下。

(1)练习华尔兹,首先掌握柔软步和足尖步,每步换脚及移重心。

(2)做"慢、快、快"的三拍节奏练习,熟练后变换方向。

(3)配合手臂波浪或绕摆等动作进行练习。

**3.把杆练习**

通过把杆练习,加强腿部力量,增加柔韧性、灵活性、节奏感及关节的弹性,建立正确的动作姿态和较好的身体控制能力。把杆练习的预备姿势有两种:一种是面对把杆站立,双手扶把,两手屈臂轻放在把杆上,肘关节下垂;另一种是单手扶把,身体侧对把杆站立,一手轻放把杆上,另一手置于体侧。

1)绷脚擦地练习

预备姿势:脚站五位,一手扶把,一手七位

练习方法:支撑腿固定好重心,动作腿用脚跟带动离地推出脚背,脚尖向前或旁擦地,整条腿向远方延伸,脚趾点地,每个动作 8 拍,换腿练习。

2)半蹲练习

预备姿势:身体侧对把杆,左手扶把,右手打开七位,脚站一位。

练习方法:

1×8 拍,一位半蹲,七位手到二位;

2×8 拍,双脚直立,手从二位到七位;

3×8、4×8 拍,手与地面垂直下前腰,身体与地面成 90°;

反复练习。

3)小踢腿练习

预备姿势:左手扶把,右手臂自然下垂,右丁字步站立。

起始动作:右手臂七位,上体直立,目视前方。

练习方法:

1×8 拍:

1~2 拍,右脚踢地至前四位点地;

3~4 拍,向前踢小腿,蹦脚尖;

5~6 拍,右脚落地前四位着地;

7~8 拍,右脚擦地还原成预备姿势。

2×8 拍:

1~2 拍,右脚擦地至前四位点地;

3~4 拍,右腿向侧小踢腿;

5~6 拍,右脚落地后侧点地;

7~8 拍,右脚回擦成前五位脚。

3×8 拍:

1~2 拍,右脚擦地至后四位点地;

3~4 拍,向后直腿踢;

5~8 拍,右脚落地前四位点地。

4)身体波浪练习

预备姿势:两腿并立半蹲,含胸低头,右手扶把,左臂上举(图 6-76)。

练习方法:

1~4 拍,由踝开始经膝、髓、腰、胸、颈各关节逐一向前上方挺出后,仰头起踵,同时两臂由前向下向后绕至上举。

5~8 拍,上述各关节依次弯屈至低头含胸拱背,同时两臂经后下绕至前举。反复练习。

图 6-76　身体波浪

**4.形体训练组合动作训练**

1)原地手位动作组合

(1)预备姿势。

面向右前方,左脚在前成五位站立,两臂于体前下垂。

(2)练习方法。

1×8 拍(图 6-77①②③):

1~4 拍:1 拍,两臂从一位摆至二位,左脚向左前方擦地一次,脚尖点地,右腿半蹲,重心落在右脚上,目视前方;2~4 拍,控制不动。

5~8 拍:5 拍,右臂上举,左臂侧摆成五位,同时重心移至左脚上,两腿伸直,目视前方;6~8 拍,控制不动。

图 6-77　原地手位组合

2×8 拍(图 6-76④⑤⑥):

1~2 拍:1 拍,右臂下落成二位;2 拍,控制不动。

3~4 拍:3 拍,右臂侧打开成七位,同时重心移至右脚上,眼看右手;4 拍,控制不动。

5~8 拍:5 拍,左臂上举,右臂前举成四位,同时右腿半蹲,目视前方;6~8 拍,控制不动。

3×8 拍(图 6-76⑦⑧⑨):

1 拍,左臂下落成二位。2~4 拍,控制不动。

5~6 拍:5 拍,重心前移,右脚收至左脚后,成半蹲,两臂摆至七位;6 拍,控制不动。③7~8 拍:7 拍,右脚站立,左脚向侧擦出,手臂不动,同时重心移至右脚;8 拍,控制不动。

4×8 拍(见图 6-76⑩⑪)：

1~4 拍:1 拍,两臂上举成三位,同时右腿半蹲,左腿前伸;2~4 拍,控制不动。

5~8 拍:以左脚为轴收右脚向左转体,面向左前方,手成一位。

5×8 拍至 8×8 拍:同 1×8 拍至 4×8 拍,但方向相反。

2)变换步小组合(图 6-77)

(1)预备姿势:自然站立,两臂侧举。

(2)动作过程。

1×8 拍:

1~4 拍左脚开始向前变换步两次;

5~8 拍向后变换步两次。

2×8 拍:

1~4 拍向左,右变换步各一次;

5~8 拍变换步前举腿两次。

3×8 拍:

1~8 拍变换步跳 4 次。

4×8 拍:

小跑 3~5 步,成右脚站立,左脚后点地,同时左臂前上举,右臂斜后举。

图 6-78　变换步组合

# 第七章　器械体操

体操是我国各类人民警察院校体能训练项目之一。它是通过徒手和利用器械进行身体训练的一种行之有效的方法。体操训练,能增强力量,发展身体的灵敏性和协调性,提高个人在各种极限警务活动中的抗晕眩、抗颠簸的能力,培养顽强的战斗意志和良好的人民警察姿态。

## 第一节　单杆练习

### 一、引体向上

动作过程:预备姿势,跳起悬垂—引体向上(8 次以上)—跳下。

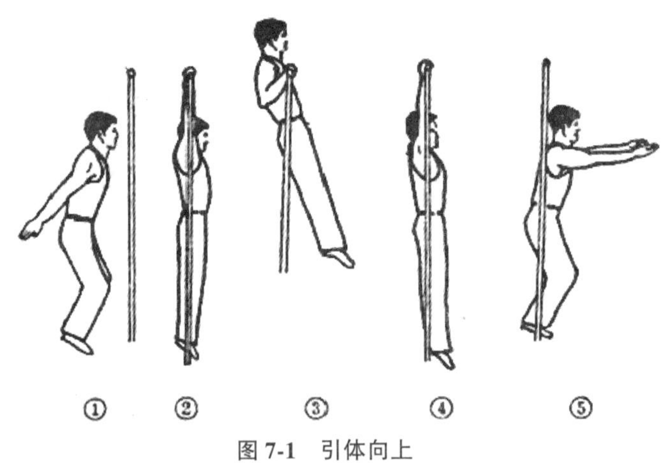


图 7-1　引体向上

**1.预备姿势**

脚跟提起,两膝分开成半蹲,两臂自然后张五指并拢伸直,掌心相对,挺胸,目视器械(图 7-1①)。

**2.引体向上**

动作要领:直臂悬垂,两手用力屈臂拉杠,使身体向上,下颌过杠,还原成悬垂,落地(图 7-1②~④)。

**3.落地姿势**

落地时,两腿顺势弯屈,两臂前平举(稍比肩宽),五指并拢伸直,掌心向内稍向下,上体保持正址(7-1⑤),恢复立正姿势。

以下各练习的预备姿势和落地姿势,均与此相同。

保护与帮助:保护者站在杠下一侧,当操练者屈臂拉杠力不足时,手扶腿稍向上助力。

易犯毛病:拉杠时,仰头挺胸,造成上体后仰上拉困难:

用力方法:拉杠时,含胸微屈髋,快速拉。

## 二、卷身上

动作过程:预备姿势,跳起悬垂—卷身上(3次以上)—前跳下。

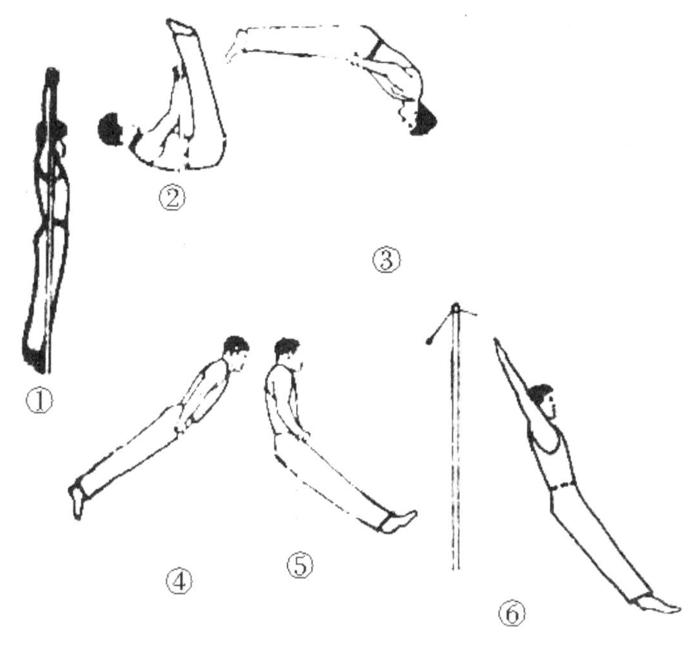


图7-2　卷身上

**1.卷身上**

动作要领:直臂悬垂,两手用力屈臂拉杠,同时含胸收腹举腿,上体后倒(臂紧贴身体,眼看脚),继续用力拉杠;腿向后上方伸出过杠,使腹部贴于杠上,翻转手腕,抬头挺胸,伸直臂成正撑(图7-2①~④)。

保护与帮助:保护者站在杠下一侧,当操练者卷身上力量不足时,手托臀部和推肩向上助力完成。

易犯毛病:拉杠时,抬头挺胸过早,造成收腹举腿困难;上体后倒时,臂放松,身体下沉,难以完成。

纠正方法:握低杠站立,做一脚蹬地,一腿向上摆起,腹部贴框,在助力下体会动作。

**2.前跳下**

动作要领:上体后倒,微收腹屈臂,两腿向前下自然送出,顺势伸直臂跳下(图7-2⑤⑥)。

保护与帮助:保护者站在杠下一侧,当操练者体后倒前送腿时,手托臀和背部协助下。

## 三、立臂上

动作过程：预备姿势，跳起悬垂—立臂上—单腿摆越成骑撑—后倒挂腿上成骑撑—腿向后跨杠成正撑，弧形跳下。

**1.立臂上**

动作要领：直臂悬垂，两手用力屈臂拉杠至胸部时，右（左）手顺势向上迅速翻腕立肘，同时身体稍向左（右）转，含胸微收腹，重心移于右（左）臂。左（右）手翻腕立肘，身体稍向右（左）转，上体前倾，用力撑杠，两臂伸直成正撑（图 7-3①~④）。

保护与帮助：保护者站在杠下一侧，当操练者立不起臂时，两手扶腿向上助力完成。

易犯毛病：动作不连贯，转体过早（肩未过杠），立肘困难；翻肘立臂时，收腹过大，臀部下沉，影响立臂上。

纠正方法：握低杠站立（肩略高于杠），体会转体翻腕立臂动作；协助下体会动作练习。

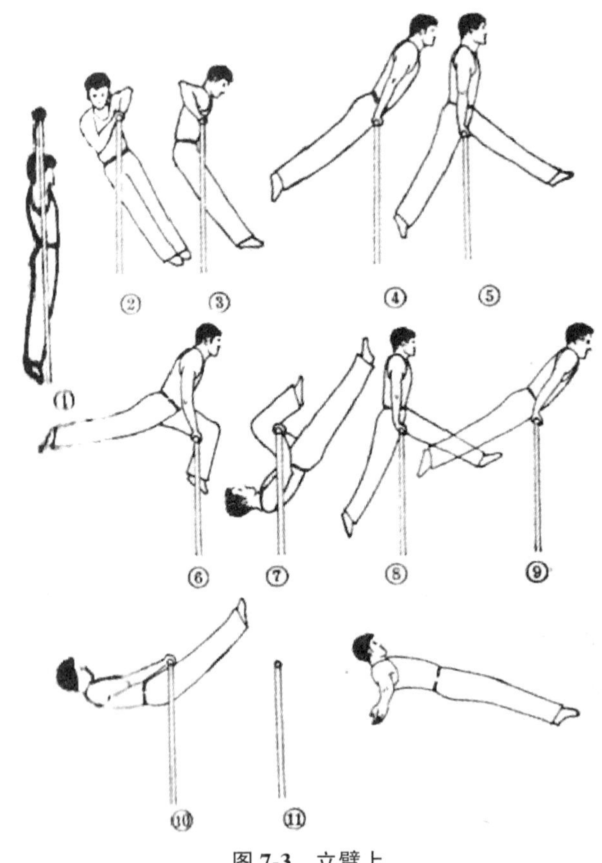


图 7-3　立臂上

**2.单腿摆越成骑撑**

动作要领：上体右（左）移，右（左）臂支撑，左（右）手离杠，同时左（右）腿向前摆越，左（右）手握杠成骑撑（图 7-3⑤）。

**3.后倒挂腿上成骑撑**

动作要领：两臂撑杠，身体重心后移，微收腹屈臂，上体后倒，左（右）腿屈膝挂杠，右

(左)腿向前上方送出。当身体后摆至臀部过扛下垂直部位时,两臂和左(右)腿用力压杠,右(左)腿后上摆,伸直臂成骑撑(图 7-3⑥~⑧)。

保护与帮助:保护者站在摆动腿一侧,操练者挂腿上完不成时,手托膝关节或小腿助力完成。

易犯毛病:上体后倒时,挂腿不紧、收腿大,前送腿方向不正;回摆时,摆动腿无后摆,屈臂拉杠,造成挂腿上的困难。

纠正方法:在低杠前上方(高低距离要适当)放一标志物,操练者后倒时目视标志物,将腿向标志物送出;在帮助下做挂腿上练习。

**4.腿向后跨杠成正撑,弧形下跳**

动作要领:左(右)手向内,右(左)手向外依次换握,身体重心右(左)移,左(右)腿向后跨杠成正撑。直臂撑杠,上体后例,同时微收腹,腿向前上方举起。当肩部接近杠下垂直部位时,两手顺势向头后带杠,拉开肩角,使腿、髋部向前上方伸出,挥臂挺身下(图 7-3⑨~⑪)。

保护与帮助:保护者站在杠下一侧,当操练者上体后倒时,手托臀和推肩部向前上方助力;落地时手扶腰腹部,防止摔倒。

易犯毛病:弧形后倒时,仰头挺身或屈臂收腹过大,至使身体掉下。

纠正方珐:手握低杠(约与肩高)站立,单或双脚蹬地,向上跳起,当身体下落的同时,上体后倒,收腹举腿,做弧形下;在杠前上方放一标志物(高低距离要适当),诱导操练者将腿向标志物送出,体会正确要领。

## 第二节　双杠练习

### 一、杠端臂屈伸

动作过程:预备姿势,手握杠端,跳起支撑—臂屈伸(8 次以上)—支撑下。

**图 7-4　杠端臂屈伸**

动作要领:由直臂支撑开始。屈臂时,两肘向后,身体自然下垂,肩低于肘。伸臂时,两肘内合用力撑杠成直臂(图 7-4①~④)。支撑下杠时,上体后移,两手向前推杠(图 7-4⑤⑥)。

保护与帮助:保护者站在操练者侧后方,当操练者力量不足时,两手扶腿向上助力。

易犯毛病:屈臂时,两腿后撩,上体前冲;伸臂时,两肘外张,挺胸,造成伸臂困难。

纠正方法:在低框上做屈臂动作,体会含胸、微屈髋;伸臂时,体会两肘内合撑杠动作;完整动作练习。

## 二、摆动臂屈伸

动作过程:预备姿式,跳起支撑—摆动臂屈伸 8 次以上,成分腿坐杠—向外转体 180°下。

**1.摆动臂屈伸成分腿坐杠**

动作要领:走进杠内一米处。跳起直臂支撑,上体稍向后仰,同时收腹举腿,将腿和臀部向前上方送出,伸展身体向后摆动,摆至终点时,屈臂自然前摆。前摆过垂直部位后用力向前上方踢腿,撑直两臂,连续做 8 次以上(图 7-5①~⑥)成分腿坐杠。

保护与帮助:保护者站在操练者一侧,当操练者向前上方踢腿时,手托臀部向上助力。

易犯毛病:屈臂过早或过晚,造成肩前冲及砸浪;前部踢腿过早或过晚,影响伸臂动作。

纠正方法:在斜杠上(面向低端)做摆动臂屈伸,体会臂屈伸的时机、方法;在高杠上做屈臂支撑摆动,体会前部踢腿动作。

**2.向外转体 180°下**

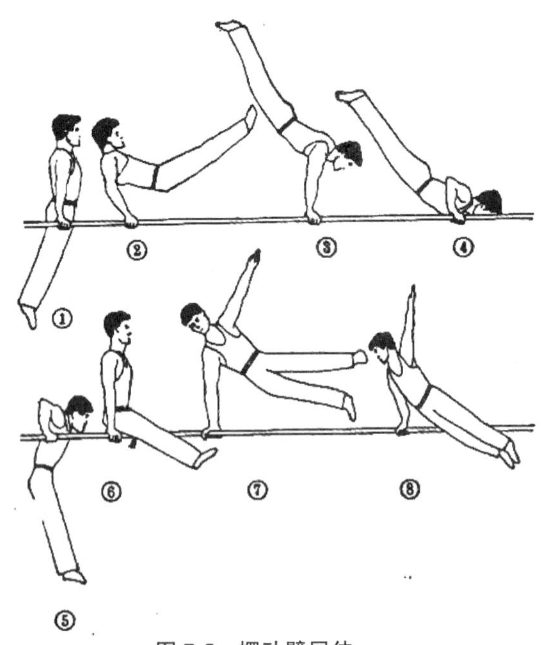


图 7-5　摆动臂屈伸

动作要领:由分腿坐杠开始。右(左)手反握杠,上体振起,展髋,左(右)手推扛,重心右(左)移,左(右)腿向右(左)上方摆起,向外转体 180°挥臂挺身上(图 7-5⑦⑧)。

保护与帮助:保护者站在操练者下杠一侧,当操练者摆腿转体时,一手从杠下托其臀部向上助力，帮助完成。

## 三、屈伸分腿坐杠

动作过程：预备姿式，挂臂撑摆动，屈伸分腿坐杠—支撑摆动一次—前摆转体 90°下。

**1.挂臂撑摆动**

动作要领：走进杠内约 0.8 米处向后转。跳起挂臂撑，收腹举腿，迅速将腿向前上方伸出、送臀，同时屈臂向前引肩，伸展身体向后摆。摆过垂直部位后，两腿用力向后上方摆（图 7-6①）。

**图 7-6　屈伸分腿坐杠**

保护与帮助：保护者站在操练者一侧，当操练者向前上方伸腿送臀时，手从杠下托臀部和推肩，协助出浪。

**2.屈伸分腿坐杠**

动作要领：前摆过杠下垂直部位后，收腹举腿，臀部高出杠面，两臂伸直稍向内转成屈体挂臂撑。当臀部下落接近杠面时，迅速向两侧分腿，用力压杠，跟上体，臂伸直成分腿坐杠（图 7-6②③）。

保护与帮助：保护者站在操练者侧后，当操练者屈伸分腿坐杠时，手从杠下托推臀、背部向上助力，协助完成。

易犯毛病：收腹举腿时，仰头、挺胸，两臂弯屈过大，造成臀部高出杠面的困难；分腿时机过早或过晚，造成砸杠或漏臀；分腿时，腹部放松，屈臂拉杠，造成跟上体困难。

纠正方法：仰卧地面做屈伸分腿坐起，体会分腿、直臂压杠和跟上体的动作；在杠上，协助做完整动作练习。

**3.支撑摆动一次**

动作要领：由分腿坐杠开始。上体前倾，两手移握杠端用力向下撑杠，两腿内侧夹杠弹起，支撑前摆。前摆过垂直部位后，将腿、臀部向前上方送出，拉开肩角，伸展身体自然后摆。当后摆过垂直部位后，腿用力向后上摆起，同时两手向下撑杠，顶肩，身体伸直后摆（图 7-6④~⑥）。

保护与帮助：保护者站在操练者一侧，一手握手腕，一手从杠下推托臀部，协助摆动。

易犯毛病：手撑杠，夹腿不一致；腿夹杠时，弯屈无力，屈臂塌腰，造成腿进杠困难；前摆收腹过大或用力时机早或晚。

纠正方法：在杠上连续做手撑杠夹腿支撑前摆练习，体会动作要领；协助做完整动作。

**4.前摆转体 90°下**

动作要领：支撑前摆过垂直部位后，两腿用力向右（左）前上方摆，同时左（右）手用力向下推杠，身体重心移半左（右）臂，顶肩，向（左）转体 90°，挥臂挺身下（图 7-6⑦~⑩）。

保护与帮助：（以左转为例）保护者站在操练者的左侧，在操练者前摆时，一手握左手腕，一手由杠下向上托臀部，协助转体。落地时，手扶腰腹部。

易犯毛病：前摆时，用力过早或未向侧前上方兜腿和收腹过大，屈臂，影响转体动作。

纠正方法：在地面仰撑，一腿举起，体会推手、展髋转体；单臂支撑动作；在下杠的异侧前上方放一标志物，踢腿的方向。

## 第三节　木马练习

### 一、屈腿腾越横木马

动作要领：助跑时用前脚掌着地，逐渐加快速度，跑至距离踏跳板约一大步时，以有力的脚蹬地，两脚同时迅速踏板（以前脚掌过渡到全脚掌），主动蹬板起跳（脚跟过渡到脚尖离板），两臂伸直向前下撑马，同时提臀，两腿屈膝靠胸，手推马后，腿前伸，上体振起，挥臂挺身下（图 7-7）。

图 7-7　屈腿腾越横木马

保护与帮助：保护者站在木马前侧，当操练者推手后身体失去平衡或脚碰马摔下时，两手迅速扶托胸腹部。

易犯毛病：踏板时，全脚掌着板或下蹲、推手慢、上体前冲，起跳后，臂部提得过高或未提起，影响屈膝靠胸或完成。

纠正方法：三步踏跳练习，即走两步后，第三步双脚同时踏地起跳；跳板放至离墙约0.4米处，练习助跑踏板起跳；分解练习，起跳撑马后，成马上蹲立；抬起上体，挥臂挺身跳下。

## 二、分腿腾越横木马

动作要领：助跑、踏板、起跳要领同屈腿腾越。起跳后积极向前上方腾起，两臂主动前伸撑马，用力顶肩推手，同时收腹，臀部向上提起，腿向两侧分开。手推离马后，上体急振，向上抬起，展髋挺身，并腿落地（图7-8）。

**图7-8　分腿腾越横木马**

保护与帮助：保护者站在木马前侧，当操练者推手后身体前冲大或失手时，手托扶胸腹部防止摔倒。

易犯毛病：手撑马时，提臀过高，肩前冲或提臀不够，分腿过马困难；手推离马过晚或无力，影响挺身落地动作。

纠正方法：在地上俯撑推手提臀成分腿立起；协助下体会练习。

## 三、分腿腾越纵木马

动作要领：助跑距离一般为15~20米，快速助跑，两腿积极主动踏跳，领臂（约与肩平）含胸，微屈髋，身体向前上方腾起。同时两臂前伸，分腿后摆，手撑马的远端猛力推马顶肩（掌根着力），微屈髋；手推离马后，身体前上腾起，挥臂挺身，并腿落地（图7-9）。

保护与帮助：保护者站在马侧前方，当操练者推手后，上体抬不起或手滑身体向前冲时，手托胸部或扶腰腹部，防止跌倒。

易犯毛病：上板踏跳时，挺身或身体前倾过大；手撑马时，屈臂或塌腰。

纠正方法：地上俯撑，做后摆腿，同时推手，身体向上腾起后成分腿站立；在器械上做预摆练习，当操练者起跳时，在正面托扶腰跨部，或在侧面一手托腹，一手托腿，协助预摆。

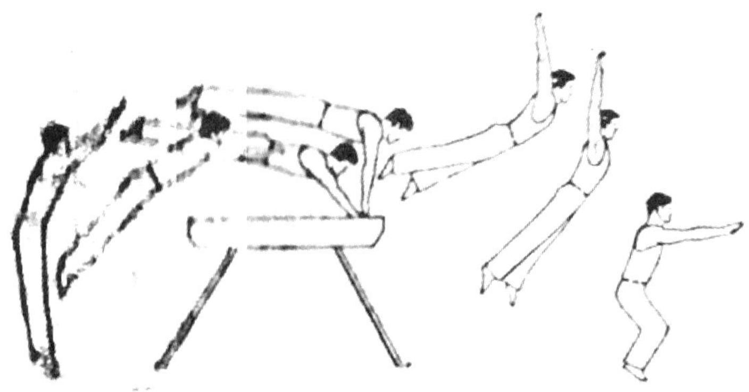

图 7-9　分腿腾越纵木马

# 下篇

# 警体训练

# 第八章　武术套路基础训练

## 第一节　武术概要

### 一、武术的产生和发展

武术在我国有悠久的历史。它源起于我国远古祖先的生产劳动。在原始的生产方式基础上产生的技能，虽然是非常低级的，然而，它却是武术搏击技术的萌芽。

武术作为独立的社会文化现象，是同中华民族文明的产生同步的，追溯到商周就出现了“武舞”，周代把习舞干戈列为教育内容之一，春秋战国的套路表演形式多种多样。唐代开始实行武举制，对武术的发展起了促进作用。宋元时期，以民间结社的武艺组织为主体的民间练武活动蓬勃兴起。明清时期是武术集大成的发展时期，流派林立，拳种纷呈，武术作为军事技术、健康活动以及表演技艺的作用充分被人们所认识。1949 年前，在民间出现许多拳社、武术会、体育会等组织，并将中华武术传播到海外。

中华人民共和国成立后，武术作为社会主义文化和人民体育事业的一个组成部分，得到了蓬勃发展。1957 年国家体委将武术列为体育竞赛项目。1958 年国家体委制定了第一部以覆盖面较广的长拳、太极拳、南拳为竞赛内容的《武术竞赛规则》。1986 年成立了我国武术的专门机构“中国武术研究院”，使武术运动在科学化、系统化、规范化等方面得到了更加迅速的发展。1989 年亚奥理事会正式批准武术运动为第十一届亚运会正式比赛项目。

可以预言，武术作为优秀的民族文化和良好的运动项目，必将逐步为世界人民所认识，为全人类造福。

### 二、武术的特点与作用

**1. 武术的特点**

武术具有鲜明的中国传统文化特色，具有攻防技击性；具有内外合一、神形兼备的练功方法；具有广泛的适应性。

**2. 武术的作用**

具有很高的健身价值；具有防身自卫的作用；具有修身养性的作用；具有技击美与技艺美融合的审美价值。

## 三、武术的内容与分类

**1. 套路运动**

是武术动作以攻守进退、动静疾徐、刚柔虚实等矛盾运动的变化规律编成的整套练习形式，主要内容包括单练、对练、集体项目。

(1)单练：单练拳术，如长拳、太极拳、南拳、形意、八卦、通臂、翻子、象形拳等。单练器械，如：刀、剑、枪、棍、九节鞭、双刀、双枪、双鞭等。

(2)对练：徒手对练，如对打拳、对擒拿等。器械对练，如：对刺剑、对劈刀、单刀进枪等。徒手与器械对练，如空手夺刀、空手夺枪等。

(3)集体项目：集体拳术、集体器械等。

**2. 搏斗运动**

散手：两人按照一定规则，使用踢、打、摔等技击方法来制胜对方的格斗运动。

# 第二节　武术基本功和基本动作

## 一、手型及要点

(1)拳：拳握紧，拳面平，直腕(图 8-1)。

(2)掌：掌心开展，竖指(图 8-2)。

(3)勾：腕关节不要过松(图 8-3)。

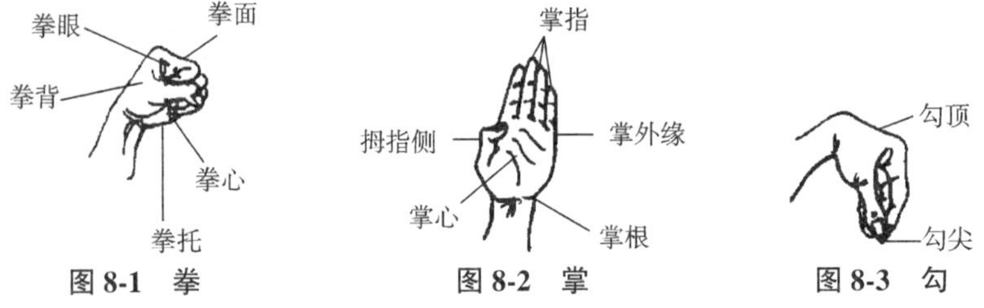


**图 8-1　拳**　**图 8-2　掌**　**图 8-3　勾**

## 二、步型及要点

(1)弓步：挺胸、塌腰、沉髋，前脚与后脚跟内侧成直线(图 8-4)。

(2)马步：挺胸、塌腰、直背，膝微内扣(图 8-5)。

(3)仆步：挺胸、塌腰、沉髋(图 8-6)。

**图 8-4　弓步**

**图 8-5　马步**

**图 8-6　仆步**

(4)虚步:挺胸、塌腰、虚实分明(图 8-7)。

(5)歇步:挺胸、塌腰、两腿靠拢贴紧(图 8-8)。

图 8-7　虚步

图 8-8　歇步

## 三、手法及要点

(1)冲拳:挺胸、收腰、拧腰、顺肩,快速有力(图 8-9)。

(2)劈拳:松肩、直臂、立圆抡劈,力达拳轮(图 8-10)。

图 8-9　冲拳

图 8-10　劈拳

(3)推掌:挺胸、收腹、立腰、拧腰、顺肩,出掌快速有力,力达掌外缘(图 8-11)。

(4)架掌:松肩、前臂内旋,上架以掌外缘为力点(图 8-12)。

图 8-11　推掌

图 8-12　架掌

## 四、腿法及要点

(1)正踢腿:挺胸、收腹、立腰;腿上摆过腰后架速用力,收腹、收髋,上体正直(图 8-13)。

(2)单拍脚:收腹、立腰,击拍脚要脆、快、响(图 8-14)。

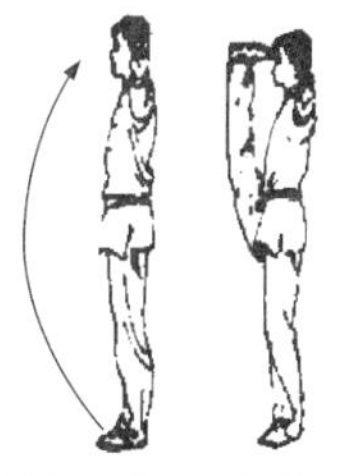
图 8-13　正踢腿

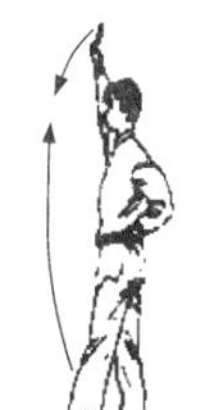
图 8-14　单拍脚

(3)弹腿:挺胸、立腰、收髋,弹踢要有寸劲(图8-15)。

(4)蹬腿:挺胸、立腰、勾紧脚尖蹬踢要脆、快、有力(图8-16)。

图8-15　弹腿　　图8-16　蹬腿

## 五、身法(腰功)及要点

(1)前俯腰:向前屈体,膝伸直,挺胸、塌腰、收髋(图8-17)。

(2)甩腰:动作要快速、紧凑、有弹性(图8-18)。

(3)涮腰:尽量增大绕环幅度(图8-19)。

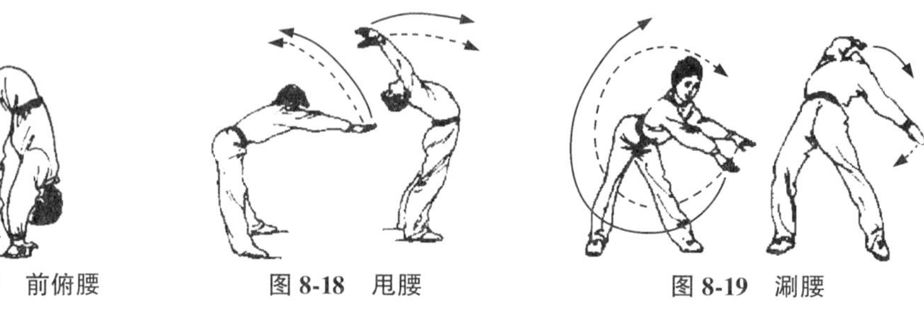

图8-17　前俯腰　　图8-18　甩腰　　图8-19　涮腰

## 六、平衡动作及要点

(1)提膝平衡:提膝过腰,脚面绷平(图8-20)。

(2)燕式平衡:挺胸、抬头、塌腰,上体前俯;两腿伸直,后举腿脚面绷平(图8-21)。

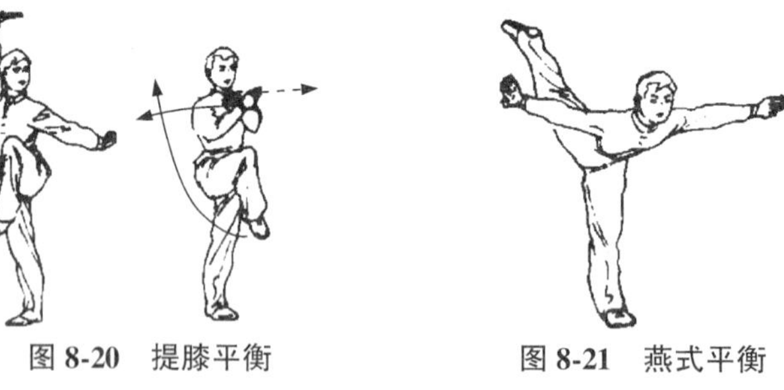

图8-20　提膝平衡　　图8-21　燕式平衡

# 第三节　拳　术

## 一、五步拳

### 1.预备势

身体直立,两脚并拢,两臂自然下垂,两掌轻贴大腿外侧;挤神集中,眼向前平视(图8-22)。

**2.并步抱拳**

两掌握拳,屈肘收抱于腰间,拳心向上。目视前方(图 8-23)。

要点:挺胸、立腰、收腹、头正、下颌微收。

易犯错误:含胸、仰头或左右歪斜。

纠正方法:面对或侧对镜子进行自我调整,或由同伴帮助纠正动作。

**3.弓步冲拳**

左脚向左迈出一步,成左弓步。同时左手向左平搂并顺势收至腰间抱拳;右拳向前冲出,拳心朝下。目视前方(图 8-24)。

图 8-22

图 8-23

图 8-24

要点:蹬地转腰与楼手冲拳要连贯协调,快速有力。

易犯错误:动作不连贯、完整。

纠正方法:在原地从半马步抱拳开始,蹬、转、冲,由慢到快反复练习,先求连贯性,再求完整性。

**4.弹腿冲拳**

重心前移,左腿挺膝立起;右腿屈膝提起,当大腿抬至接近水平时,迅速挺膝绷脚面,向前甩摆小腿,腿成水平。同时右拳收抱至樱右侧;左拳自腰侧向前立拳冲出,高与肩平,力达面拳。目视左拳(图 8-25)。

**5.仆步穿掌**

(1)右腿挺膝直立;左腿屈膝提起。同时左拳变掌屈肘回收下按;右拳变掌自腰侧经左手背上向前上方穿出,左掌顺势回收至右腋下。目视右掌(图 8-26)。

图 8-25

图 8-26

(2)右腿屈膝全蹭,左腿随之向左侧落步,脚内扣,腿平仆于地面。同时左手经腹前,沿左腿内侧穿至左脚面,掌指朝前。目视左掌(图 8-27)。

**6.虚步挑掌**

重心前移,左腿屈膝蹲起,脚尖外展,右脚随之蹬地向前上步,脚尖内侧着地成右虚步。

同时左手向前、经上绕至左后方成勾手;右手向下、经体右侧绕至右前方成立掌,左手稍高于肩,右手臂略低于肩。目视右手(图 8-28)。

**7.并步抱拳**

右脚收至左脚内侧,两腿随之挺膝立起。同时右掌收于腰右侧抱拳;左掌收于腰左侧抱拳。目视前方(图 8-29)。

图 8-27　　图 8-28　　图 8-29

## 二、初级长拳(第一路)

**预备势**

两脚并拢站立,眼看前方(图 8-30①)。

两手握拳,屈肘抱于两体侧,拳心朝上;脸向左转,眼向左侧方平视(图 8-30②)。

要点:挺胸、直腰、两肩后张、两拳紧贴腰侧。

**1.马步双劈拳**

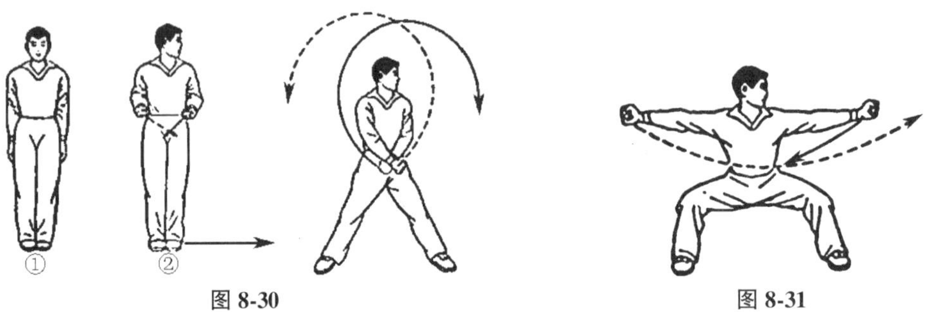

图 8-30　　图 8-31

(1)左脚向左开步,同时两拳从腰侧伸向腹前错臂交叉,左拳在里,右拳在外,拳心对着眼观(图 8-30③)

(2)两腿屈膝半蹲成马步,同时两拳向左右换臂侧劈,拳眼朝上。眼看左拳(图 8-31)

要点:开步、抡劈和半蹲的动作,必须同时进行。形成马步之后,两大腿要坐平,脚尖里扣,两膝里合。要挺胸、塌腰、两肩松沉,两拳与肩平行。

**2.拗弓步冲拳**

左脚跟和右脚掌同时碾地使上身左转,左腿屈膝,右腿蹬直,成左弓步。在上身左转的同时,右拳先收抱于右腰侧(拳心朝上),继而臂内旋,使拳眼朝上,用力向前冲出,拳路比肩高;左拳和左臂外旋使拳心朝上,屈肘收抱于左腰侧(图 8-32)。

要点：上述两个动作必须连贯。冲拳要用力，右肩前顺，左肩后牵，两脚脚掌全部着地。

**3.蹬腿冲拳**

左脚不动，右脚屈膝提起，用脚跟向前平直蹬出，脚尖勾起。同时右拳外旋使拳心朝上，屈肘收抱于右腰侧；左拳随之成直拳向前冲出，拳眼朝上。眼看左拳（图 8-33）。

要点：收拳、冲拳、蹬腿三个动作必须同时进行，协调一致。立地腿要站稳，两肩要松沉，左肩前顺，右肩后牵。

**4.马步冲拳**

右脚向前落步，脚尖里扣；同时左脚前脚掌碾地使脚跟里转，上身随之左转，两腿屈膝半蹲成马步。在形成马步的同时，左拳和左臂外旋，使拳心朝上，屈肘收抱于左腰侧；右拳随即向右侧方成立拳平直冲出，拳略比肩高，拳眼朝上。眼看右拳（图 8-34）。

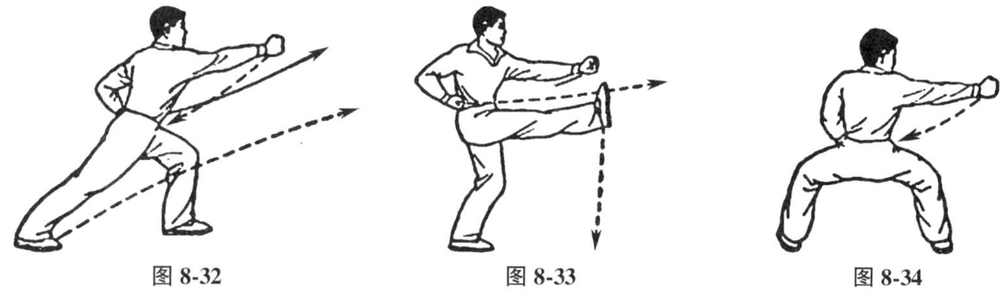

图 8-32　图 8-33　图 8-34

要点：落步、转身和屈膝半蹲的动作必须与收拳、冲拳的动作协调一致。形成马步之后，两肩稍向后张，左肘向后牵引，挺胸、塌腰。

**5.马步双劈拳**

（1）上动稍停，两脚不动，两腿直起。左拳从在腰侧向腹前下伸，拳背朝前；在左拳下伸的同时，右臂内旋从右侧方向下、向腹前内收，收至腹前时，两臂成右外左内错臂交叉，拳心对着腹部。眼向右平视（图 8-35）。

（2）两腿屈膝半蹲成马步，同时两拳向左右抡臂侧劈，拳眼朝上。眼看右拳（图 8-36）。

要点：与本节的马步双臂拳相同。

**6.拗弓步冲拳**

右脚跟和左脚掌同时碾地，使上身右转，右腿屈膝，左腿蹬直，成右弓步。在上身右转的同时，左拳先收抱于左腰侧（拳心朝上），继而臂内旋，使拳眼朝上，用力向前冲出，拳路比肩高；右拳和右臂外旋，使拳心朝上，屈肘收抱于右腰侧（图 8-37）。

图 8-35　图 8-36　图 8-37

要点：与本节的拗弓步冲拳相同，唯左右相反。

**7.蹬腿冲拳**

右脚不动,左脚屈膝提起,用脚跟向前平直蹬出,脚尖勾起。同时左拳外旋使拳心朝上,屈肘收抱于左腰侧;右拳随之成直拳向前冲出,拳眼朝上。眼看右拳(图 8-38)。

要点:与本节的弹腿冲拳相同,唯左右相反。

**8.马步冲拳**

左脚向前落步,脚尖里扣;同时右脚前脚掌碾地使脚跟里转,上身随之右转,两腿屈膝半蹲成马步。在形成马步的同时,右拳和右臂外旋使拳心朝上,屈肘收抱于右腰侧;左拳随即向左侧方成立拳平直冲出,略比肩高,拳眼朝上,眼看左拳(图 8-39)。

要点:与本节的马步冲拳相同,唯左右相反。

**9.弓步推掌**

上动稍停,上身左转,右脚随之向前上步,左腿蹬直,右腿屈膝,成右弓步。在右脚上步的同时,左拳拳心朝上,屈肘收抱于左腰侧;右拳随之变为侧上掌向前平直推出,掌指朝上。眼看右掌(图 8-40)。

要点:转身、上步、收拳、推掌的动作,必须协调一致。推掌时,必须使腕关节向拇指一侧弯屈,以小指一侧用力向前推出;推出之后,腕关节尽量向上弯屈,肘臂伸直,肩部松沉并向前顺,挺胸、塌腰,掌指高与眉齐。

图 8-38

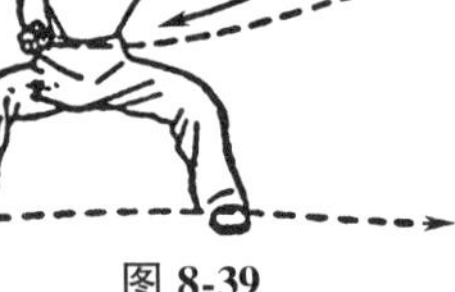

图 8-39

图 8-40

**10.拗弓步推掌**

两脚不动,步型不变,上身右转。右掌变拳屈肘收抱于右腰侧,拳心朝上;同时左掌变为侧立掌向前平直推出,掌指朝上。眼看左掌(图 8-41)。

要点:左肩前顺,右肩后牵,两脚不要拔跟或掀脚。

**11.弓步搂手砍掌**

(1)上身从左向后转,右腿挺膝伸直,左腿屈膝半蹲,成左弓步。左掌直腕成俯掌,在转身的同时从左向后平摆横搂。眼随左掌(图 8-42)。

(2)上动不停,左掌变拳,拳心朝上,屈肘收抱于左腰侧;同时右拳变掌,臂伸直从后由外向身前成仰掌平摆横砍。眼看右掌(图 8-43)。

图 8-41

图 8-42

图 8-43

要点:转身、搂手、收拳、砍掌的动作,必须协调一致,但不必过快。砍掌时,肘腕关节都须伸直,砍掌之后,掌心略高过肩,两肩松沉。

**12.弓步穿手推拿**

(1)左拳变掌,由左腰侧经右掌上面向前穿出,掌心朝上;在左掌前穿的同肘,右掌内旋使掌心朝下成俯掌,在左臂下面屈肘收于胸前(图 8-44)。

(2)上动不停,左臂内旋,左掌五指捏拢成勾手,勾尖朝下;此时上身右转,左腿挺膝伸直,右腿屈膝半蹲,成右弓步;同时右掌成侧立掌向前平直推出,掌指朝上。眼看右掌(图 8-45)。

要点:穿掌与收掌的动作,转身、勾手与推掌的动作,必须分别同时进行;而这两部分动作,又必须协调连贯,中间不可停顿。推掌之后,手腕要尽量向上弯屈,掌指高与后齐;勾手要尽量向下屈,手背略高过肩。

**13.弓步推掌**

(1)上动稍停,左勾手变为倒掌屈肘收抱于左腰侧,掌指朝下,掌心朝前。

(2)左脚向前上步,右腿挺膝伸直,左腿屈膝半蹲,成为左弓步。同时右掌变拳,屈肘收抱于右腰侧,拳心朝上;左掌随之成侧立掌向前平直推出,掌指朝上。眼看左掌(图 8-46)。

要点:与本节的弓步推掌相同。

图 8-44

图 8-45

图 8-46

**14.拗弓步推掌**

两脚不动,步型不变,上身左转。左掌变拳屈肘收拘于左膝侧,拳心朝上;同时右拳变为侧立掌向前平直推出,掌指朝上。眼看右掌(图 8-47)。

要点:与本节的拗弓步推掌相同,唯左右相反。

**15.弓步搂手砍掌**

(1)上身从右向后转,左腿挺膝伸直,右腿屈膝半蹲,成右弓步。右掌直腕成俯掌,在转身的同时从右向后平摆横搂。眼随右掌(图 8-48)。

(2)上动不停,右掌变拳,拳心朝上,屈肘收抱于右腰侧;同时左拳变掌,臂伸直从后由外向身前成仰掌平摆横砍。眼看左掌(图 8-49)。

要点:与本节的弓步搂手砍掌相同。

图 8-47

图 8-48

图 8-49

**16.弓步穿手推掌**

(1)右拳变掌,由右腰侧经左掌上面向前穿出,掌心朝上;在右掌前穿的同肘,左掌内旋使掌心朝下成俯掌,顺右臂下面屈肘收于胸前(图 8-42)。

(2)上动不停,右臂内旋,右掌五指捏拢成勾手,勾尖朝下;此时上身左转,右腿挺膝伸直,左腿屈膝半蹲,成左弓步;同时左掌成倒立掌向前平直推出,掌指朝上。眼看左掌(图8-51)。

要点:与本节的弓步穿手推掌相同。

**17.虚步上架**

上动稍停,左脚尖里扣,上身右转,右脚撤回半步以前脚掌点地,左腿屈膝略蹲,右膝稍屈,身体重量落于左腿,成左实右虎之虚步。左掌变拳,在上身右转成虚步的同时,向上屈肘横举在头顶上方,拳心朝向身前,拳眼朝下;右勾手随之变拳,臂内旋使拳下栽,屈肘附在右膝上面,拳心朝向身后,拳面朝下。眼向右前方平视(图8-52)。

要点:上架之拳,肘略向身后展开,下栽之拳,肘路向前牵引;做虚步时要挺胸、塌腰,左脚实踏地面,右脚虚点地面,虚实分明。

图8-50

图8-51

图8-52

**18.马步下压**

(1)左腿伸直立起,右腿屈膝提起。同时右拳从下经体前向外抡臂绕环,至右前方时成仰拳平举,左拳下降至背后(图8-53)。

(2)上动不停,左脚蹬地纵起,同时上身从右向后转,右脚在转身后立即落于左脚的原位,左脚随之落于上身左侧,两腿屈膝半蹲成马步。右拳在右脚落地的同时,屈肘收抱于右腰侧,拳心朝上;左拳由后向上抡臂,在形成马步的同时,臂外旋,屈肘以前臂为力点,从上向身前下压,左臂屈肘成直角,拳心朝上。眼看左拳(图8-54)。

要点:纵跳时,先使左膝略屈,然后蹬地纵起;纵起后,上身在空中向后转;转身后,右脚用落地,左脚随后落地。右拳外抡与提步动作、右拳屈肘抱腰与右脚落步动作、左前臂下压与左脚轻步动作必须分别同时进行。

**19.拗弓步冲拳**

左脚跟和右脚掌同时碾地使上身左转,左腿屈膝,右腿蹬直,成左弓步。同时左拳屈肘收抱于左腰侧,拳心仍朝上;右拳随即从右腰侧向前平直冲出,拳眼朝上。眼看右拳(图8-55)。

要点:与本节的拗弓步冲拳相同。

图8-53

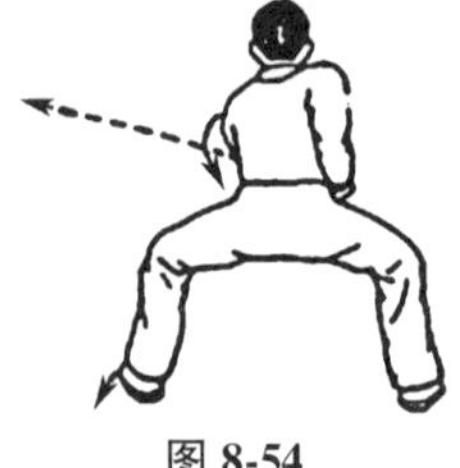
图8-54

图8-55

**20.马步冲拳**

左脚尖里扣,右脚跟里转,上身右转,两腿屈膝半蹲成马步。同时右拳和右臂外旋使拳心朝上,屈肘收抱于右腰侧;左拳随即向左侧方成立拳平直冲出,略比肩高,拳眼朝上。眼看左拳(图8-56)。

要点:收拳和冲拳动作必须协调一致。形成马步后,两肩稍向后张,右肘向后牵引,挺胸、塌腰。

**21.虚步上架**

上动稍停,右脚尖里扣,上身左转,左脚撤回半步以前脚掌点地,右腿屈膝略蹲,左膝稍屈,身体重量落于右腿,成右实左虎之虚步。同时右臂向右向上屈肘横举于头顶上方,拳心朝向身前,拳眼朝下;左拳随之内旋使拳下栽,屈肘附在左膝上面,拳心朝向身后,拳面朝下。眼向左前方平视(图8-57)。

要点:与本节的虚步上架相同,唯左右相反。

**22.马步下压**

(1)右腿伸直立起,左腿屈膝提起。同时左拳从下经体前向外抡臂绕环,至左前方时平举,拳心朝上;右拳下降至背后(图8-58)。

图8-56

图8-57

图8-58

(2)上动不停,右脚蹬地纵起,同时上身从左向后转,左脚在转身后立即落于右脚的原位,右脚随之落于上身右侧,两腿屈膝半蹲成马步。左拳在左脚落地的同时,屈肘收抱于左腰侧,拳心朝上;右拳由后向上论臂,在右脚落地形成马步的同时,臂外旋,屈肘以前臂为力点,从上向身前下压,上臂垂直,前臂平举,拳心朝上。眼看右拳(图8-59)。

图8-59

要点:与本节的马步下压相同,唯左右相反。

**23.拗弓步冲拳**

右脚跟和左脚掌同时碾地使上身右转,右腿屈膝,左腿蹬直,成右弓步。同时右拳屈肘收抱于右腰侧,拳心仍朝上;左拳随即从左腰侧向前平直冲出,拳眼朝上。眼看左拳(图8-60)。

图8-60

要点:与本节拗弓步冲拳相同,唯左右相反。

**24.马步冲拳**

右脚尖里扣,左脚跟里转,上身左转,两腿屈膝半蹲成马步。同时左拳和左臂外旋使拳心朝上,屈肘收抱于左腰侧;右拳随即向右侧方成立拳平直冲出,略比肩高,拳眼朝上。眼看右拳(图8-61)。

要点:与本节的马步冲拳相同,唯左右相反。

**25.弓步双摆掌**

上动稍停,右脚尖里扣,左脚尖外撇,上身随之左转,右腿蹬直,左腿屈膝,成左弓步。同时左拳在身前下伸,并与右拳一起变掌,两掌从右向上、向左弧形绕环,至左侧方时,均成侧立掌,左掌直臂平举,右臂屈肘使掌心靠近左肘,掌指均朝上。眼看左掌(图 8-62)。

图 8-61

图 8-62

要点:转身与两掌绕环的动作要同时进行,协调一致。两掌绕环时,肩关节要放松,摆掌动作结束肘,左掌抬高与眉齐,右掌抬高与鼻齐,两肩松沉。

**26.弓步穿掌**

(1)左脚跟稍向外展,左腿全蹲,右腿伸直平铺成仆步,上身随之右转,向右脚处前探。在转身的同时,左掌和左臂内旋,反臂上举成勾手,勾尖朝上;同时右手成掌,从身前向右脚处横搂。眼随右掌(图 8-63)。

(2)上动不停,右掌继续向身后按去,至身后反臂成勾手,勾尖朝上;同时上身前移,左腿挺膝伸直,右腿屈膝半蹲,成右弓步;在上身前移的同时,左勾手交掌,臂外旋使掌心朝下,以掌心为力点,从后向下、向前撩起,成仰掌平举,肘、腕伸直,掌高不过肩。眼看左掌(图 8-64)。

图 8-63

图 8-64

要点:上述二动,必须连贯。做仆步时,臀部尽量接近小腿,上身向平铺腿的一侧挺伸。仆步转入弓步时,上身不要立起,要从低处向前探伸移动。撩掌时,肩要松。勾手肘腕关节尽量上屈,臂向上举,上身要挺胸、塌腰。

**27.推掌弹踢**

(1)右勾手变掌,屈肘收抱于右腰侧,屈腕使掌指朝下,掌心朝前;左掌开始变拳。

(2)上动不停,左掌变拳屈肘收抱于左腰侧,拳心朝上;同时右掌成侧立掌从腰侧向前推出,掌指朝上。右脚不动,左脚随之向前水平弹踢,脚面绷平。眼看右掌(图 8-65)。

要点:收拳、推掌、弹踢必须协调、连贯。弹踢时,先使弹踢腿屈膝,小腿后举,然后脚面绷平,膝关节猛然挺伸使小腿向前弹出,整个腿与地面平行,立地腿站稳,上身稍前倾。

**28.弓步上架推掌**

左脚向前落步，左腿屈膝，右腿蹬直，成左弓步。同时右掌和右臂内转，屈肘横架于头顶上方，成横掌（掌指朝前，掌心向斜上方）；左拳随即变掌，向前成侧立掌平直推出，掌指朝上。眼看左掌（图8-66）。

要点：落步要轻，推掌要快。

**29.弓步双摆掌**

上动稍停，左脚尖里扣，右脚尖外撇，上身随之从右向后转，左腿蹬直，右腿屈膝，成右弓步。同时两掌向上、向右弧形绕环，至右侧方时，均成侧立掌，右掌直臂平举，左臂屈肘使掌心靠近右肘，掌指均朝上。眼看右掌（图8-67）。

要点：与本节的弓步双摆掌相同，唯左右相反。

图8-65　　图8-66　　图8-67

**30.弓步撩掌**

（1）右脚跟稍向外展，右腿全蹲，左腿伸直成仆步，上身随之左转，向左脚处前探。在转身的同时，右掌和右臂内旋，反臂上举成勾手，勾尖朝上；同时左掌成掌，从身前向左脚处横搂。眼随左掌（图8-68）。

（2）上动不停，左掌继续向身后搂去，至身后反臂成勾手，勾尖朝上；同时上身前移，右腿挺膝伸直，左腿屈膝半蹲，成左弓步。在上身前移的同时，右勾手变掌，臂外旋使掌心朝下，以掌心为力点。从后向下向前撩起，成仰掌平举，肘、腕伸直，掌高不过肩。眼看右掌（图8-69）。

要点：与本节的弓步撩掌相同。

**31.推掌弹踢**

（1）左勾手交掌，屈肘收抱于左膝侧，屈腕使掌指朝下，掌心朝前；右掌开始变拳。

（2）上动不停，右掌变拳之后，屈肘收抱于右腰侧，拳心朝上；同时左掌成倒立掌从腰侧向前平直推出，掌指朝上。左脚不动，右脚随之向前水平踢，脚面绷平。眼看在右掌（图8-70）。

要点：与本节的推掌弹踢相同。

图8-68　　图8-69　　图8-70

**32.弓步上架推掌**

右脚向前落步，右腿屈膝，左腿伸直，成右弓步。同时左掌和左臂内旋，屈肘横架于头顶上方,成横掌;右拳随即变掌,向前成倒立掌直推出,掌指朝上。眼看右掌(图 8-71)。

要点:与本节的弓步上架推掌相同。

**33.收势**

(1)右脚跟稍向外展,右腿蹬直立起,同时上身稍向左转,左脚随之向右脚处靠拢并步;在并步的同时,两掌变拳,屈肘收抱于两腰侧,拳心均朝上;脸向左转,眼向左侧方平视(图 8-72)。

(2)脸转向正前方,两拳变掌,直臂下垂,仍作立正姿势(图 8-73)。

要点:立正收势时,头须端正,收下额,挺胸,直腰,松肩,呼吸平稳,精神振作。

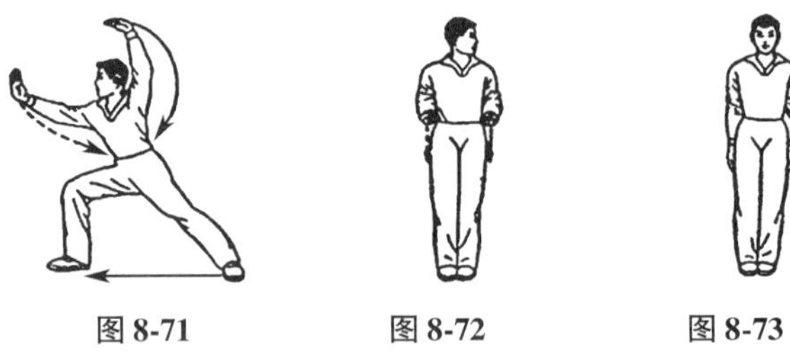

图 8-71　　图 8-72　　图 8-73

## 第四节　器　　械

武术器械按类可分为长、短、双、软器械等。武术器械主要由古代战场上部分冷兵器或生产工具、生活用具演变而来。由于各个历史时期的特殊性而物随时易,其社会价值与功能也随之不断变化。

武术套路演练中的器械基本是以形制的特点,按照一定的规律乃至模拟攻防格斗击法而形成的各种武术器械之术。

纵观中国武术发展史,剑术、刀术、棍术、枪术在众多兵械之中占据主体位置,而在当今的国内外武术竞赛中,也属主要的竞技项目。

### 一、刀术

**1.概说**

刀,由古代的生产工具演化成古兵器,再由古兵器演化为当今的武术器械。刀主要用于砍杀。在旧石器晚期已出现了石刀。原始人利用现成的锐利石片、兽骨通过打磨等方法制成,并利用这些刀通过割、削、刮、砍、击等方法与禽兽搏斗,与其他部落争夺生存空间。因此,刀在当时既是生产工具,又是作为防御野兽袭击和护身的一种武器。

尽管刀的种类很多,但在构造上大体都有刀尖、刀刃、刀背、刀柄和刀盘(护手盘)五个部分,但有的刀也不完全如此。刀的形制、种类不同,但刀术在其漫长的发展历程中沿着两人"相击"和单人"舞练"两种形式发展。现代武术运动中,一般将刀术套路分为单刀、双刀、盾牌刀、单刀拐、单刀加鞭等套路。武术的各种流派基本上都有各自的刀术。其风格、特点也都随着拳种、流派的不同而异,但是刀术的技法一般是一致的。刀术中主要有缠头裹脑、劈、砍、斩、抹、挂、撩、刺、扫、搅、云等刀法。刀术的运动特点威猛彪悍、快速有力,犹如猛虎。

**2.技法特点**

武术流派中,刀术套路的风格特点各有所长,但在技法特点上基本是一致的,可以概括以下三点。

1)刀若猛虎,动势尚猛

刀的形制是刀背厚钝,刀刃薄利。所以,以劈、砍为主的刀法和快、疾、猛、狠的动势成为刀术的一大技法特点。程宗猷《单刀法选》中云:“刀不离身左右前后,手足肩与刀俱转,舒之可刃人于数步之外,剑之可转舞于座间。”因此以猛虎之性比喻刀术的技法特点,以虎之凶猛比喻刀术的运动特点。

2)刀法快捷,诡秘莫测

刀法有虚有实、有刚有柔,变化莫测。程宗猷《单刀法选》讲道“其用法,左右跳跃,奇咋诡秘,人莫能测,故长技每每常败于刀。”说明刀术不仅尚猛,而且刀法快捷、奇咋诡秘,人莫能测也是其技法特点之一。

3)以腰助力,步疾刀猛

以劈、砍、斩、削、扫等为主要内容的刀法,在其用法上多以腰助力,加大攻击力度,身法活便,以腰助力而发挥其猛狠的动势。同时以身法的闪展腾挪、俯仰扭转加大动势的幅度。所以拳谚有“其用法,唯以身法为要”。

**3.基本动作及方法**

1)刀的结构(图8-74)

(1)刀身　护手(刀盘)至刀尖部分。

(2)刀尖　刀身梢端。

(3)刀刃　刀身锐利的一侧。

(4)刀背　刀身钝厚的一侧。

(5)护手(刀盘)　装于刀身和刀柄的铁盘。

(6)刀柄　手握的部位。

(7)柄首　刀柄底端突起部分。

(8)刀鞘　装刀的硬套。

(9)刀彩　系于柄首的装饰。

2)握刀方法

以虎口包绕刀把,并靠近护手盘,四指自然弯曲,拇指第一指节压在食指第二指节侧(图8-75)。

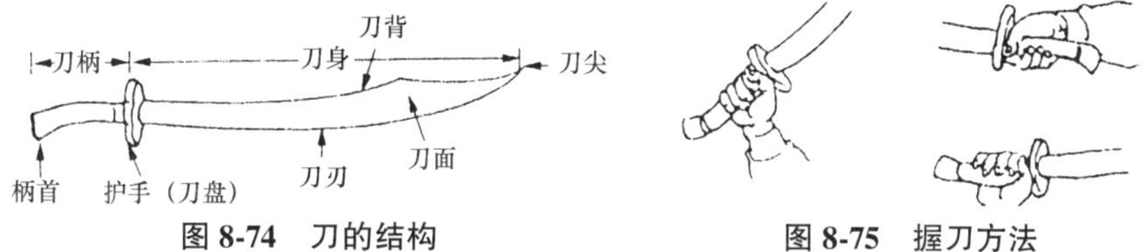


**图8-74　刀的结构**　　**图8-75　握刀方法**

3)抱刀礼节与抱刀方法

(1)抱刀礼。并步站立,左于抱刀,屈臂抬起使刀横于胸前,刀刃向上;右手成掌,以掌心扶于左手拇指第一节上,高与胸齐。两手与胸间距离为20~30cm(图8-76)。

（2）抱刀方法。左手屈腕，食指与中指夹住刀柄，拇指压于护手盘之上。刀背贴于左臂内侧，朝上，刀刃朝前（图 8-77）。抱刀一般用于预备姿势与收势。

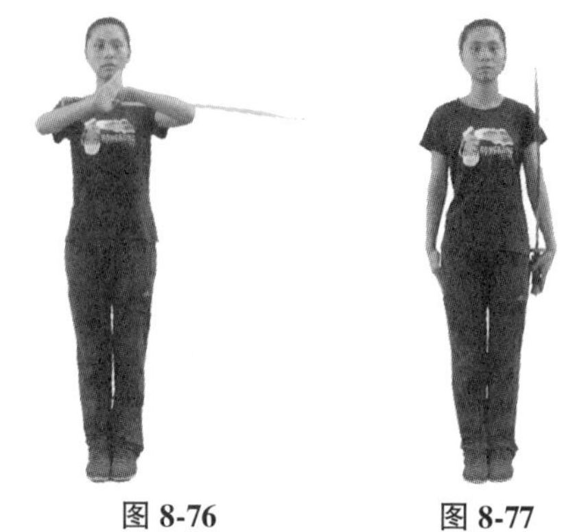

**图 8-76**　　**图 8-77**

**4.基本刀法**

（1）劈刀：刀由上向下为劈，力从腰发，达于刀刃（图 8-78）。

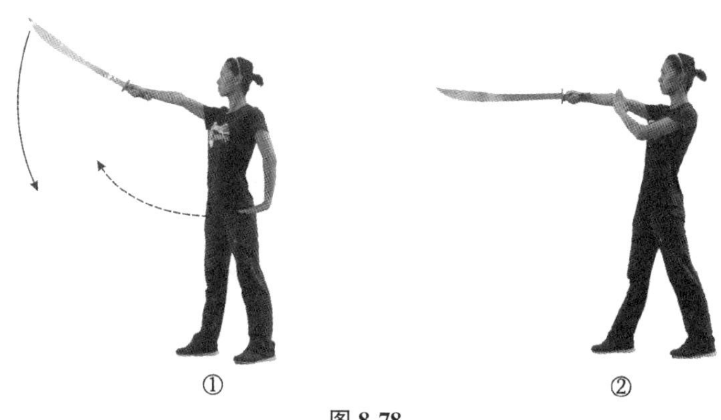

①　②

**图 8-78**

（2）砍刀向右下方或左下方斜劈为砍。以腰助力，力达刀刃（图 8-79）。

①　②

**图 8-79**

(3)撩刀:刀刃由下向前上为撩,力达刀刃前部。撩刀有正撩和反撩。反撩时前臂外旋,刀沿身体右侧撩出。正撩与反撩动作相同,方向相反(图8-80)。

图 8-80

(4)斩刀:刀刃平行向左或向右横击为斩,以腰拧转助力,力达刀刃(图8-81)。

图 8-81

(5)截刀:刀夕斜向下或向上为截,力达刀刃前段(图8-82)。

图 8-82

(6)抹刀:刀刃朝右(左),由前向右(左)弧形抽回为抹,力达刀刃(图8-83)。

(7)扫刀:刀刃平行横击,与踝关节同高,力达刀刃(图8-84)。

①　②

图 8-83

①　②

图 8-84

(8)点刀:提腕,刀尖猛向前下点,力达刀尖(图 8-85)。

(9)扎刀:刀刃朝下、朝上或朝左,刀尖向前直刺为扎,力达刀尖,臂与刀成一直线。平扎刀尖高与肩平;上扎刀尖高与头平;下扎刀尖高与膝平(图 8-86)。

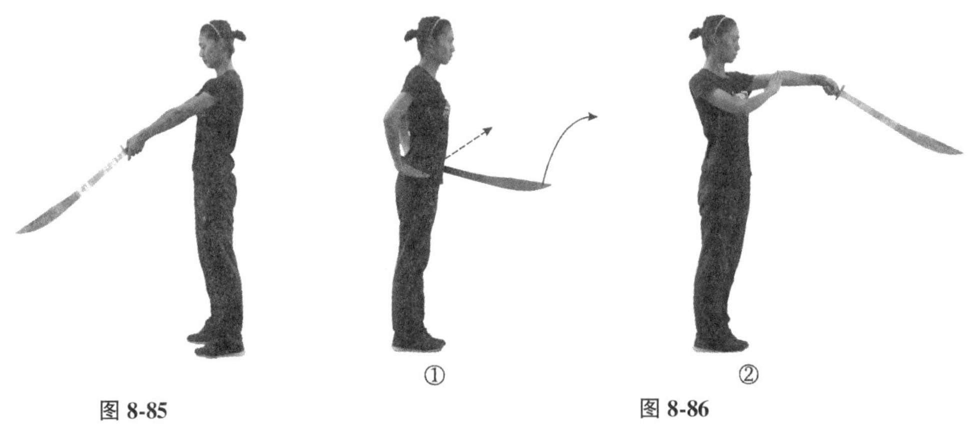

①　②

图 8-85　图 8-86

(10)挑刀:刀背由下向上挑,力达刀尖。臂与刀成一直线(图 8-87)。

(11)按刀:左手附于刀背或右腕,刀刃朝下,平向下按。高与腰平为平按刀;接近地面为低按刀(图 8-88)。

(12)缠头刀:刀尖下垂,刀背沿左肩贴背绕过右肩,头部正直(图 8-89)。

①　②

图 8-87

①　②

图 8-88

①　②　③

图 8-89

(13)裹脑刀:尖下垂,刀背沿右肩贴背绕过左肩,头部正直(图 8-90)。

(14)背刀:右臂上举,刀背贴靠右臂或后背为背后背刀;左臂侧平举,刀背顺贴左背为肩背刀(图 8-91)。

(15)推刀:刀尖朝下,刀刃朝前,左手扶于刀背前部向前推出为立推刀,刀尖朝左,刀刃朝前为平推刀(图 8-92)。

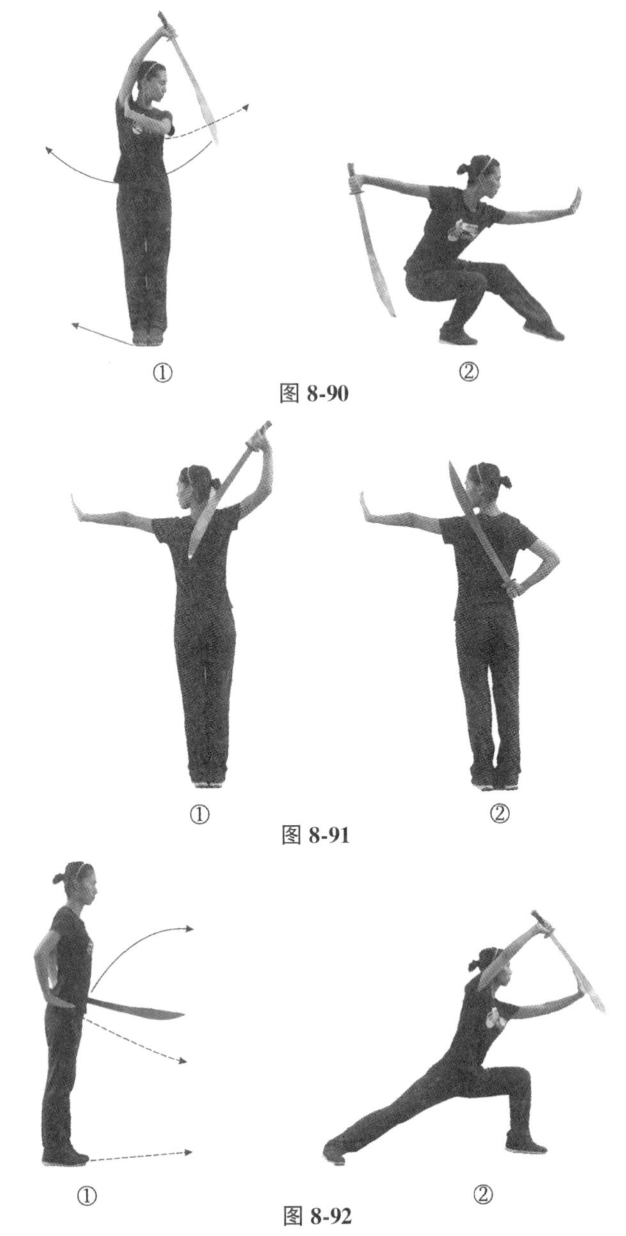

①　②

图 8-90

①　②

图 8-91

①　②

图 8-92

(16)架刀:刀刃朝上,由下横向上为架,刀高过头,力达刀身(图 8-93)。

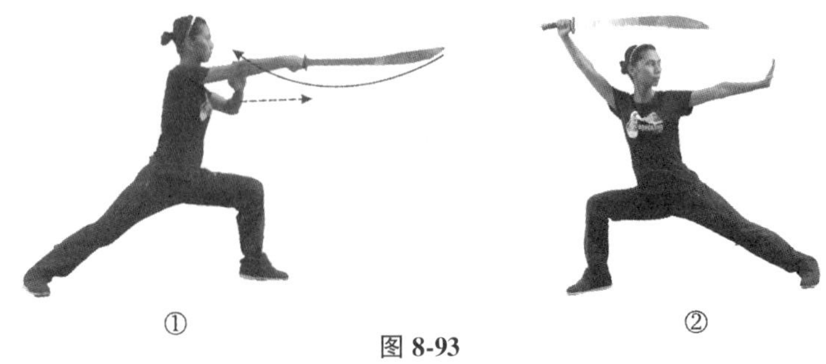

①　②

图 8-93

(17)分刀：刀尖朝左，左手扶右腕或刀背，两手由上向下左右分开为立分刀，由前向左右分开为平分刀(图 8-94)。

(18)带刀：刀尖朝前，刀刃朝左(右)，由前向侧后抽回为带刀(图 8-95)。

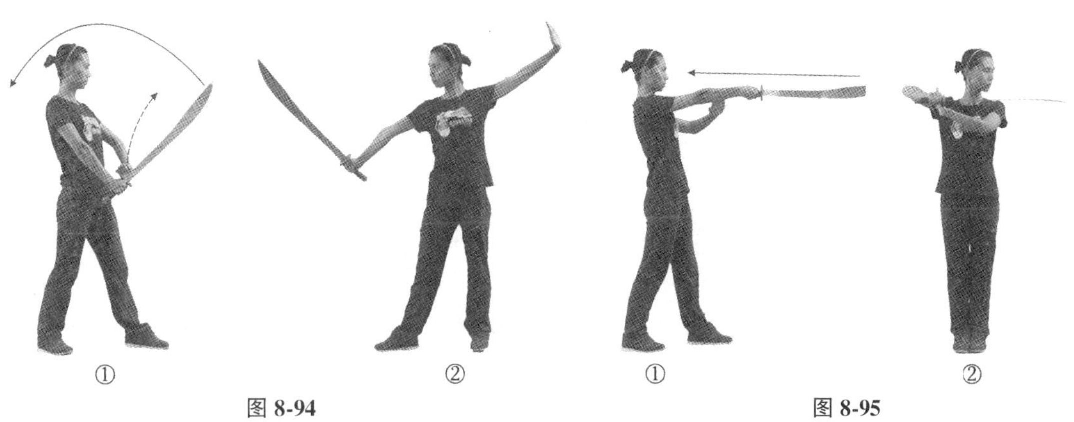

①　②　①　②

图 8-94　图 8-95

(19)背花：以腕为轴，刀在身前、背后向下贴身立圆绕环，刀背分明，刀和腰部转动协调一致(图 8-96)。

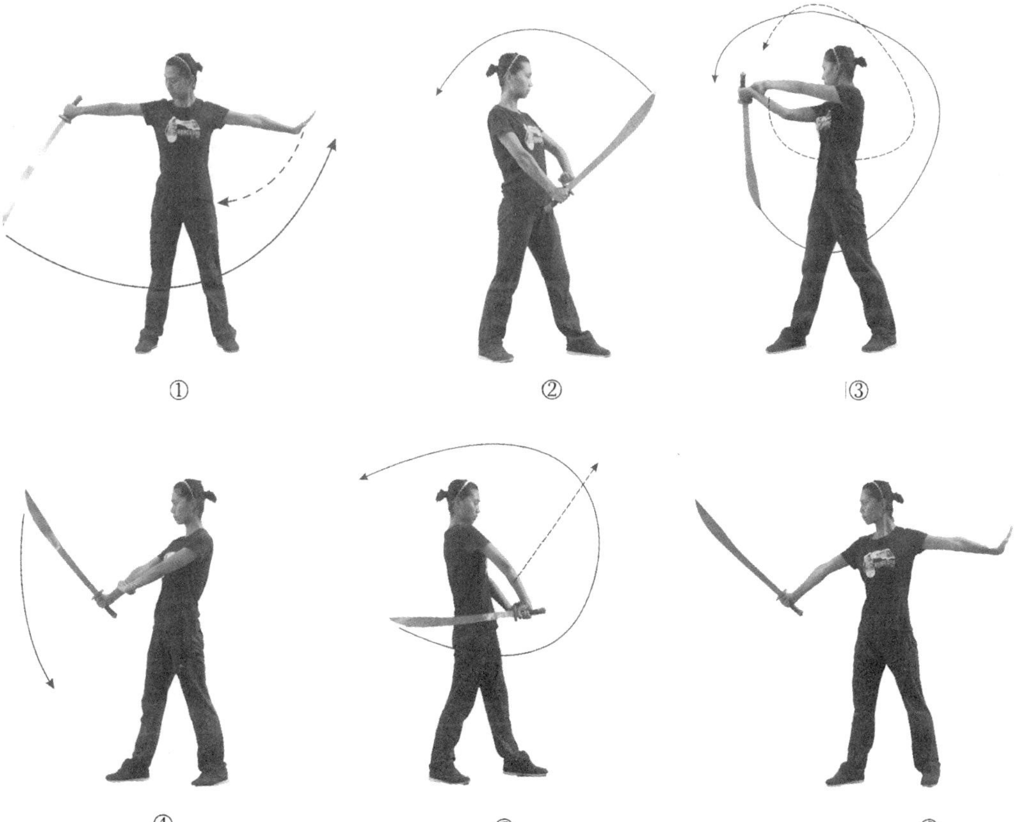

①　②　③

④　⑤　⑥

图 8-96

**5. 单式刀法重复练习**

(1)剪腕花:以腕为轴,刀在臂两侧向前下贴身立圆绕环,刀背分明。

(2)撩腕花:以腕为轴,刀在臂两侧向前上贴身立圆绕环,刀背分明。

(3)左右撩刀重复练习(图 8-97)。

图 8-97

(4)挂刀重复练习(图 8-98)。

图 8-98

(5)缠头裹刀刀法重复练习(图 8-99、图 8-100)。

图 8-99

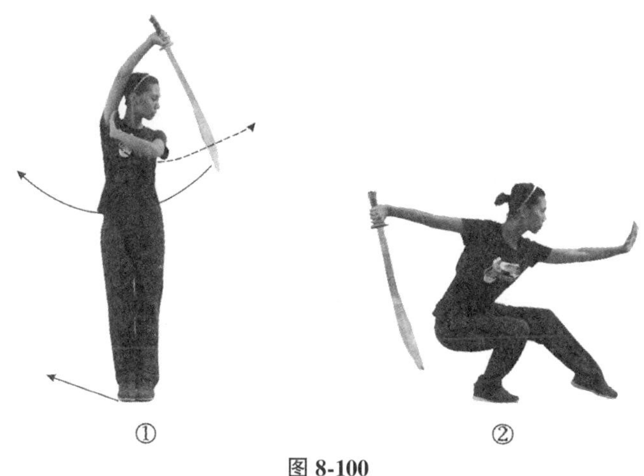

①　②

图 8-100

(6)背花刀法重复练习(图 8-101)。

①　②　③

④　⑤　⑥

图 8-101

**6. 刀术组合练习**

马步藏刀—并步斩刀—缠头刀—剪腕花上扎刀—弓步崩刀。

(1)马步藏刀(图 8-102)。

图 8-102

(2)并步斩刀(图 8-103)。

①　②　③

图 8-103

(3)缠头刀(图 8-104)。

①　②

图 8-104

(4)剪腕花上扎刀(图 8-105)。

(5)弓步崩刀(图 8-106)。

图 8-105

图 8-106

## 二、棍术

**1.概说**

棍,武术长器械的一种。古称“棒”“梃”“杆”等。由于棍取材方便,制作简单,原始人类在狩猎过程中已使用天然的棍棒,如《商君书》记载:人们“伐木杀兽”。《周礼·夏官·司兵》载:“五兵者,戈、殳、戟、酋、矛、夷矛也。”五兵之一的“戈”,为西周时期兵器之一。《诗经·伯兮》:“伯也执殳,为王前驱。”

清代、民国至现代,棍在武术器械中仍然占有重要的地位,全国各地都流传着不同的棍法与棍术套路。中华人民共和国成立后,棍术被列为全国武术竞赛项目长器械之一,其长度,根据《武术竞赛规则》规定,最短必须等于本人身高,并对成年组男女、少年组男女及儿童用棍的粗细各有具体的要求。另外,棍的形制还有狼牙棒、护手棒、大杆棒、短棍、拐棍、鞭杆、流星棍、五花棍、二节棍、三节棍、大梢子棍、短梢子棍等。一般棍多由坚韧的白蜡杆制成,还有木铁相连成的。

(1)棍的结构(图 8-107)。

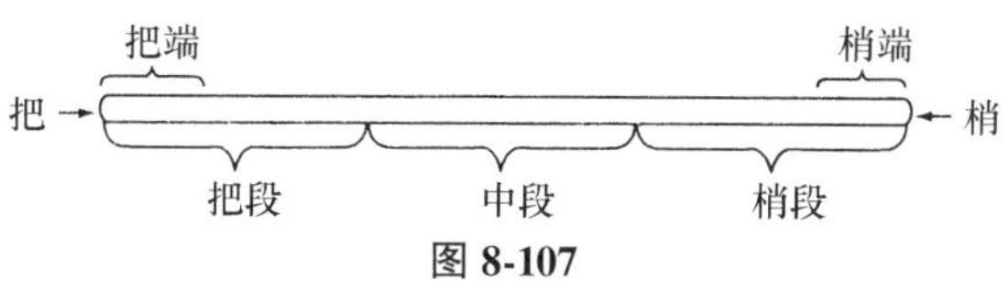


图 8-107

(2)棍的基本握法。

正握(图 8-108)棍的握法通常以双手在棍身后段,虎口均朝梢一端为“正握”。

对手握法(图 8-109)两手虎口相对,为“对手握法”。

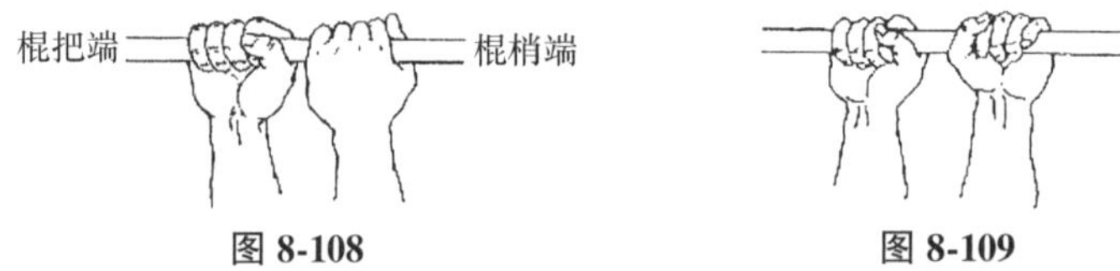


图 8-108　　图 8-109

(3)螺把(图 8-110)。双手立舞花、云拨棍等,常采用螺把。如“滑把”“换把”都采用此握法。

(4)钳把握棍(图 8-111)。有时棍法要求腕部灵活运转,除虎口处的拇指与食指握棍,其余三指松开,称为“钳把握棍”。

(5)交叉握法(图 8-112)。

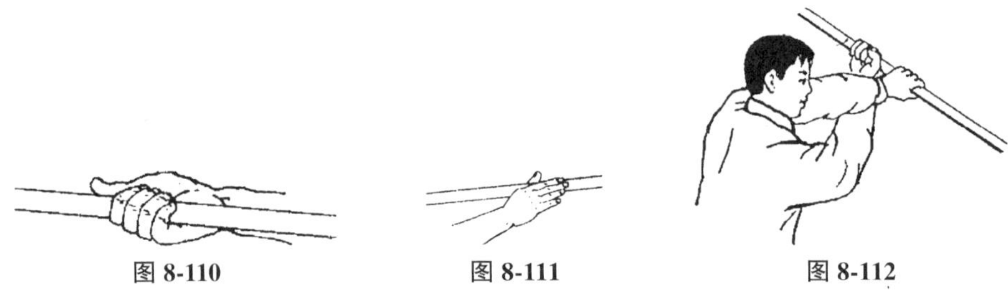

图 8-110　　图 8-111　　图 8-112

**2.初级棍术**

1)劈棍

(1)两脚并步站立,两手满把正握,右手握于棍身中后段,左手握于棍把处,将棍直举于右侧,目视左前方(图 8-113)。

(2)左脚向右跨出一大步,身体左转 90°,同时两手用力将棍由上向前、向下直劈,力达棍身前段和棍梢(图 8-114~图 8-116)。

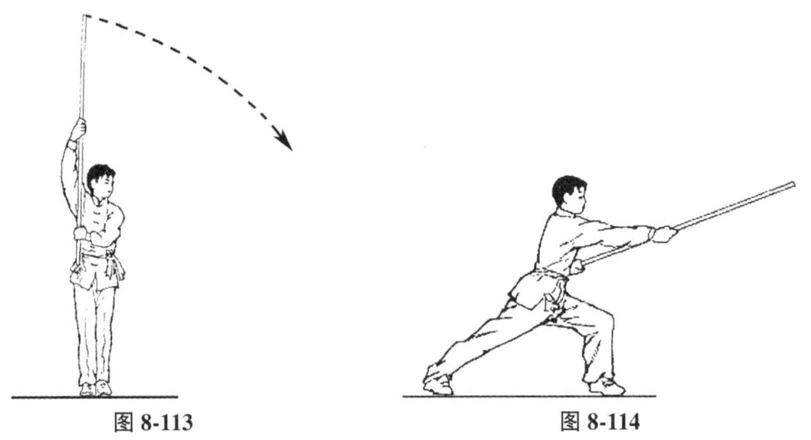

图 8-113　　图 8-114

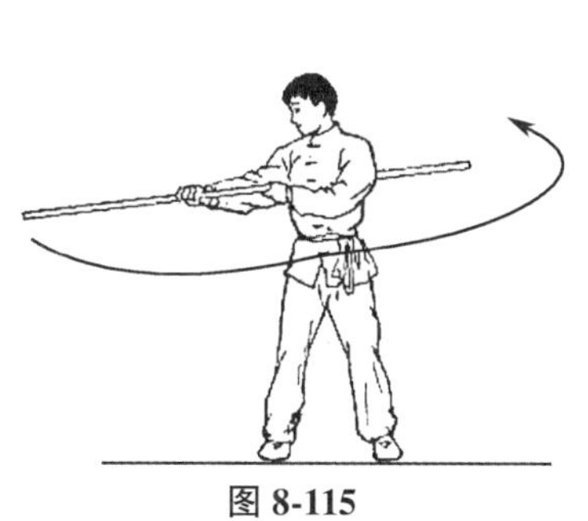
图 8-115

图 8-116

要点：下劈要快速有力，但不可僵硬，右手可用下臂微向下滑把，使两臂微屈，上下须配合协调，步略先于棍到位。

棍法含义：属主要距离攻击方法，主要劈击对方头、肩等部位，也可劈击前臂以击落对方手中器械。劈棍主要有半圆劈棍、抡圆棍和斜劈棍。

2）拨棍

（1）两脚开立，左手满握棍于右腋下；右手螺把握棍于棍身中段，手心朝下。

（2）以右手为主，使棍前端由前向右平移，为达棍身前段。左手在前，右手在左腋下时，通常向左平移，为左拨棍（图 8-117）。

图 8-117

要点：用力轻快平稳，顺对方击来器械贴近时外拨，幅度不宜太大。

棍法含义：属远距离防御性方法。主要用棍前端向两边拨开对方直线进攻的器械，改变其进击路线。

3）戳棍

（1）两脚并步站立，双手握棍，右手握于近棍身后段，左手握于近棍身前段，将棍平持于胸前（图 8-118）。

（2）右脚向前方跨一步，成右弓步；同时两手用力使棍向右前方直戳，力点达棍把端（图 8-119）。

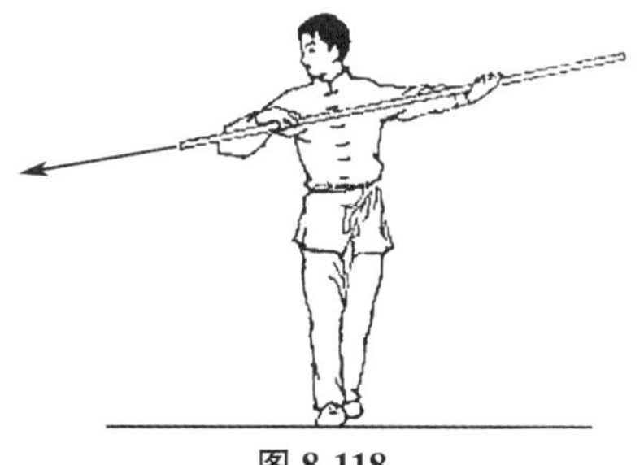
图 8-118

图 8-119

要点:用力短促准确、直进直出;步到棍到。

棍法含义:属短距离攻法。主要以棍把(棍梢也可以)直攻对方胸、腹、肋部。此法多在双方接近时采用。

4)盖棍

(1)可做两脚前后开立,也可倒插步,两手对手握棍,左手于棍身中段,左手于棍身前段,棍斜于体右侧,棍把朝下(图 8-120)。

(2)左脚上一步成左弓步;同时两手使棍把一端由后同上、向前、向下劈盖(图 8-121)。

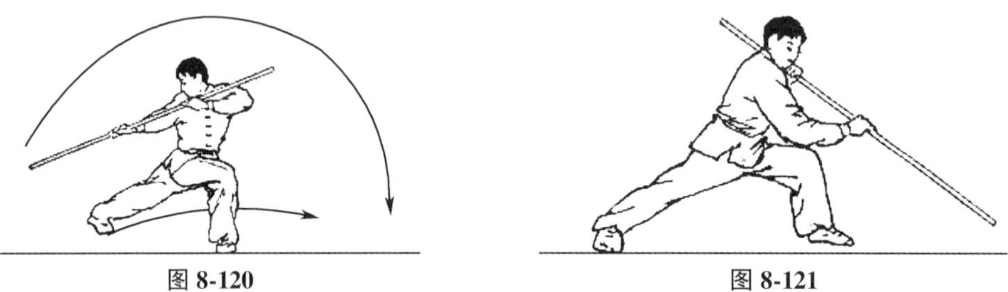

图 8-120　　图 8-121

要点:下盖动作要快速有力,前手可略滑把以增加攻击长度,力达棍身后段的棍把,可触及地面。

棍法含义:属近距离攻击法。主要以棍把(有时也可用棍梢)击对方头、肩、额等部位;也可由上而下防守来击器械。

5)抡棍

(1)两手紧靠,满把正握于棍身后段,将棍平背于右肩上,重心偏右脚,成右弓步(图 8-122)。

(2)两手用力使棍由右经体前向左平抡,背棍于左肩,或左弓步(图 8-123)。

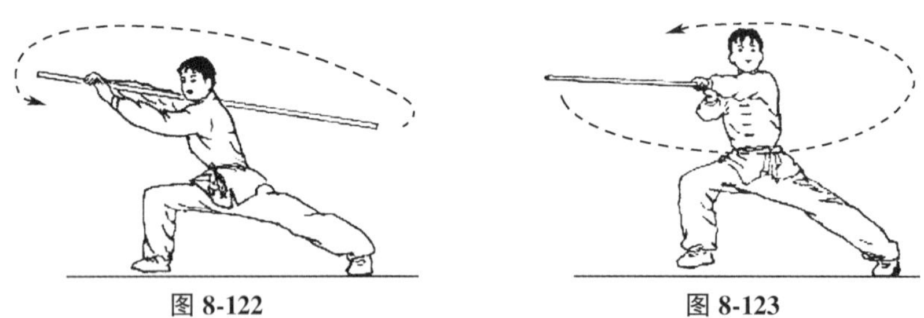

图 8-122　　图 8-123

要点:留把长度适宜,抡棍要平,力达棍身前端;配合腰腿力量。呼呼生风:平抡时两手注意旋腕。

棍法含义:属主要远距离进攻法。以横击对方肋部、腰部为主。

6)挑棍

(1)两脚略呈前后开立,对手满把握棍,棍身斜于右后方,棍把朝下(图 8-124)。

(2)左脚向前上一步成左弓步;同时两手使棍把由后经体侧向前、向上挑击,力达棍把(图 8-125)。

要点:注意两手用合力,一上一下,快速有力;上挑时须前手略滑把后再满把紧握,以增加攻击长度。

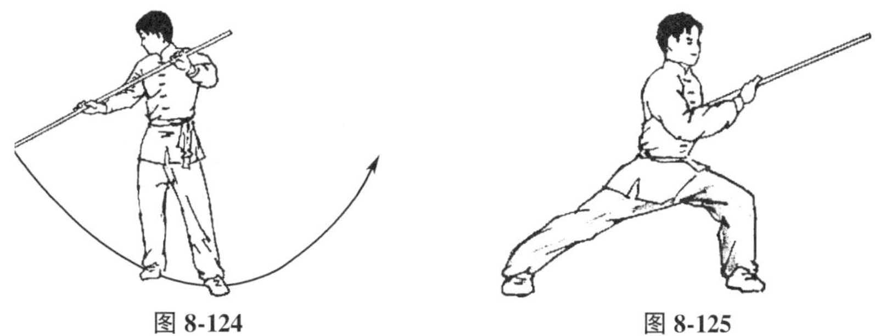

图 8-124　　图 8-125

棍法含义：属近距离攻击法。主要以棍把挑击，下可挑档，上可挑击下颌。

**3.健身棍动作方法**

预备势，两脚并拢，身体直立双手下垂；右手持棍，夹棍立于右臂内侧；目平视（图 8-126）。

要点：挺胸、收腹、两腿夹紧，精神饱满。

起势：①右手将棍垂直上提；左手向内屈收抓握棍把（图 8-127）。②上动不停。左手将棍垂直上举至右胸前；右手随之松开下落，在左手下抓握棍把；目平视（图 8-128）。

要点：棍沿平圆用力抡转，力达棍梢。

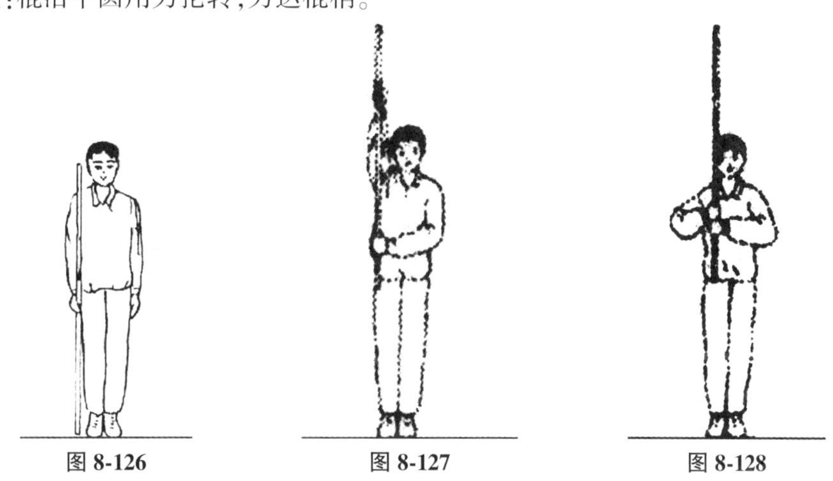

图 8-126　　图 8-127　　图 8-128

（1）提膝平抡：①两手持棍，向右平举，使棍平担于右肩上；同时右腿屈膝下蹲，左脚侧开成弓步；头向左转，目视左前方（图 8-129）。②右腿蹬地后屈膝上提成独立步；同时双手持棍向左平抡，使棍平担于左肩上，头向右转，目视右前方（图 8-130）。

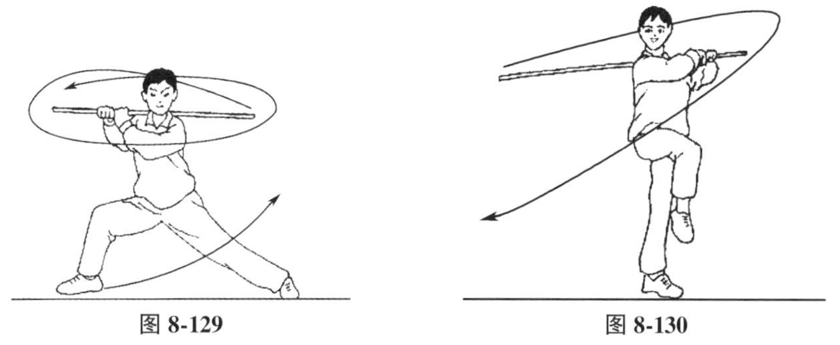

图 8-129　　图 8-130

(2)马步斜劈：右脚向右侧落地成马步；同时双手持棍向右下方斜劈，目视棍梢(图 8-131)。

**图 8-131**

要点：斜劈时右手要靠近身体至右腰侧。

(3)上步平戳：①左脚外展，向左侧移步；同时左手向左侧平掳；右手持棍随之内收；头向左转，目视左手(图 8-132)。②上动不停。左脚经左脚内侧上步成马步；同时左手握拳外旋拉收至左腰间，拳心向上，右手持棍随之平戳，头向右转，目视梢端(图 8-133)。

要点：掳手、戳棍均要转身之力；戳棍要力达梢端。

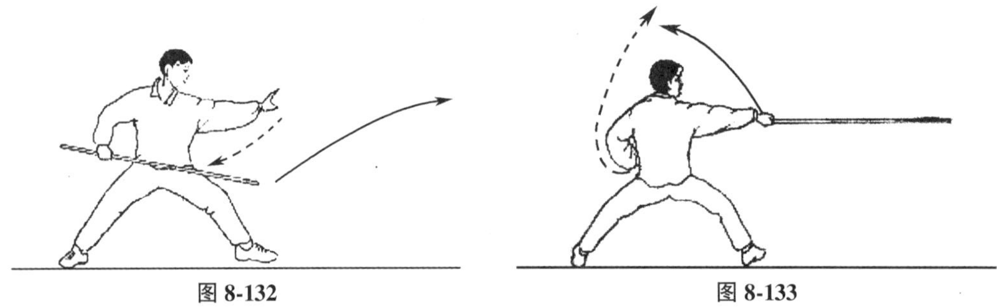

**图 8-132**　　**图 8-133**

(4)撤步盖把：①左脚向右侧后插一步；同时右手持棍经上向左侧挥摆，左手随之上举，在头左侧接握(图 8-134)。②上动下停。身体向左拧转，右脚后撤一步成弓步；同时左手松握，右手持棍抽拉并立圆向前抡转，使棍把向前下方盖劈，左手随之屈收至左胸侧；目视棍把(图 8-135)。

要点：两手持棍要松活；棍法与步法配合要协调连贯。

**图 8-134**　　**图 8-135**

(5)独立劈棍:以右脚前掌为轴,身体向右后方拧转,右脚随之屈膝上提成独立步;同时右手滑至把端,左手将棍抡转动滑握棍身,使棍身梢随转身劈出;目视棍梢(图8-136)。

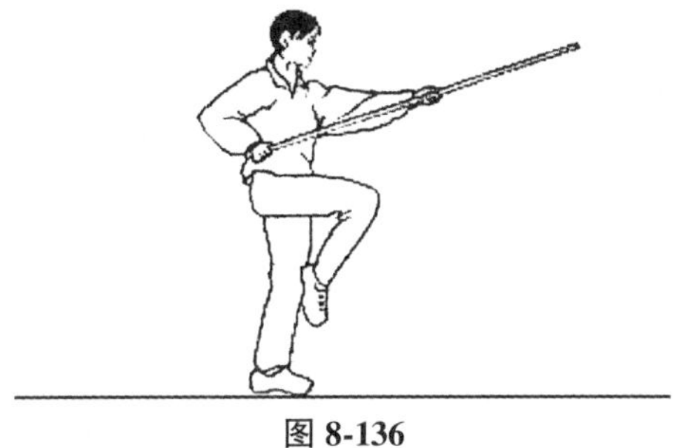

**图8-136**

要点:转身和抡劈棍要同时协调进行。

(6)震脚前戳:①右脚向下震踏,左脚随之收提至右脚内侧;同时棍梢下落至胸前;目平视(图8-137)。②上动不停。左脚向前上步,右腿蹬伸成弓步;同时上体向左拧转;左手松持拽身,右手握把将棍向前戳出(右手至左肘内侧);目视梢端(图8-138)。

要点:震脚和前戳均要有力。

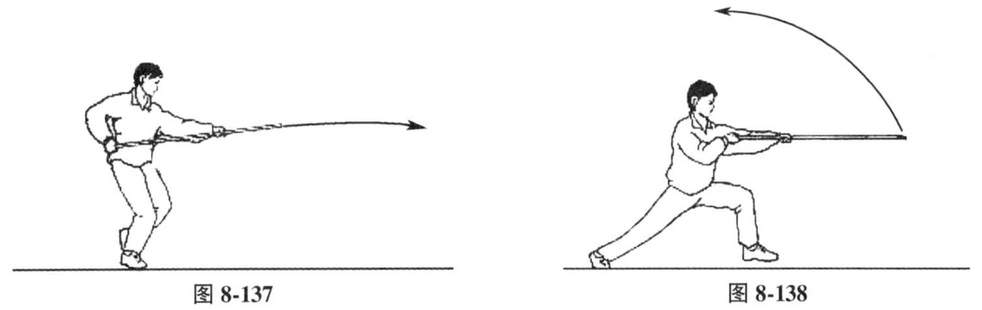

**图8-137**　**图8-138**

(7)换把举棍:①左脚内收半步;同时双手持棍向上摆举。②上动下停。右手向上、左手向下同时滑握换把(图8-139)。③上动不停。右脚向左侧后撤一步;上体向右转;同时双手持棍随之落摆(图8-140)。④上动不停。双手持棍继续向下、经右侧向上立举;同时左腿屈膝上提成独立步;头向左转,目平视(图8-141)。

要点:换把、撤步、举棍要自然连贯。

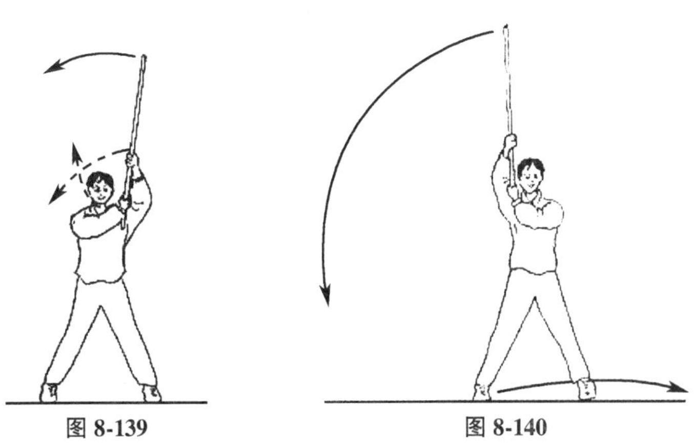

**图8-139**　**图8-140**

(8)弓步臂棍:左脚前落成弓步;上体向左拧转;同时双手持棍向前劈击;目视棍梢(图 8-142)。

要点:劈棍要用左手拉、右手前推的合力。

图 8-141

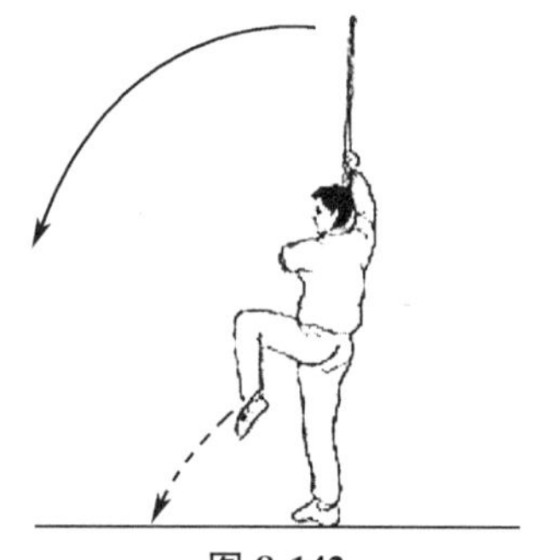

图 8-142

(9)跟步挑把:右脚向前迈前一步,左脚随之中进至右脚内侧;上体向右拧转;同时右手滑握后拉,左手滑上摆,将棍把由下向上挑击;目视把端(图 8-143)。

要点:滑握要自然,挑把用劲要完整。

(10)马步劈棍:左脚上步成弓步;上体向左拧转;同时左手滑握棍把收拉,右手滑握前推,将棍梢向前劈击;目视棍端(图 8-144)。

要点:滑握要自然到位;劈棍要用拉、推的合力。

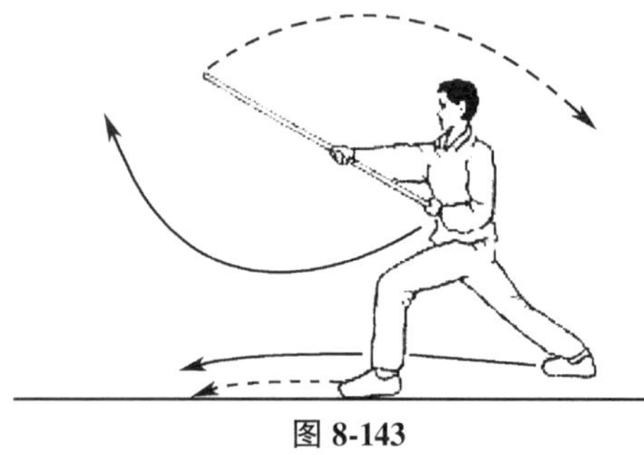

图 8-143

图 8-144

(11)转身拨棍:①身体立起,上体向右转;同时以右手为主将棍梢向顺划平圆摆转,左手随之滑握靠近右手(图 8-145)。②上动不停。身体重心移至左腿,右腿屈膝上提;同时右手将棍梢经后向左摆转,并下落至左肩前;右手随之滑握至右肘下;目视棍梢(图 8-146)。③上动不停。身体向右后拧转,右脚落地成弓步;同时右手持棍随转体向右平拨,左手随之至右腋下;头向右转,目视棍梢(图 8-147)。

要点:转身要以腰带腿,拨棍要沿平圆路线运转。

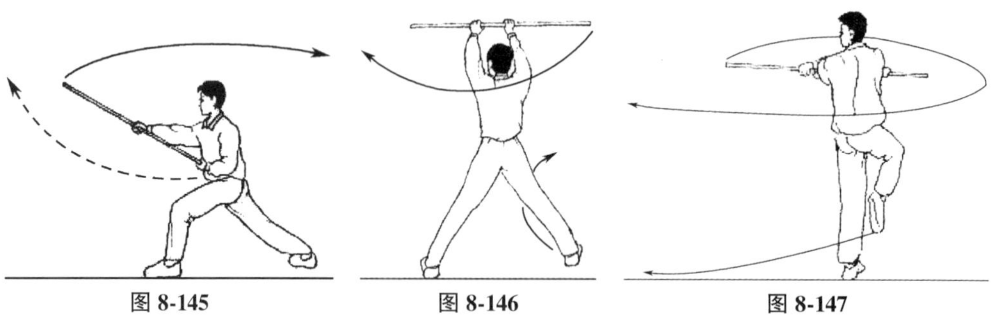

图 8-145　　图 8-146　　图 8-147

(12)马步斜劈:①右手滑握至左手前的同时将棍梢向左平抡(图 8-148)。②上动不停。

双手持棍继续经后,由右上向左下方斜劈;头向左转,目视高于棍梢(图 8-149)。③上动不停。双手持棍向右平摆担于右肩上;同时右腿站起,左脚向右脚并步;头向左转,目平视(图 8-150)。

要点:抡棍要顺势;斜劈要有力。

图 8-148　　图 8-149　　图 8-150

收势:①双手持棍下拉至右胸前,使棍直立;头回转,目向前平视(图 8-151)。②上动不停,左手持棍下拉;同时右手滑动上伸(图 8-152)。③上动不停,右手持棍垂直下落至右臂内侧;左手随之自然下落,还原成准备势,目平视前方(图 8-153、图 8-154)。

要点:换把要连贯,棍要垂直下落。

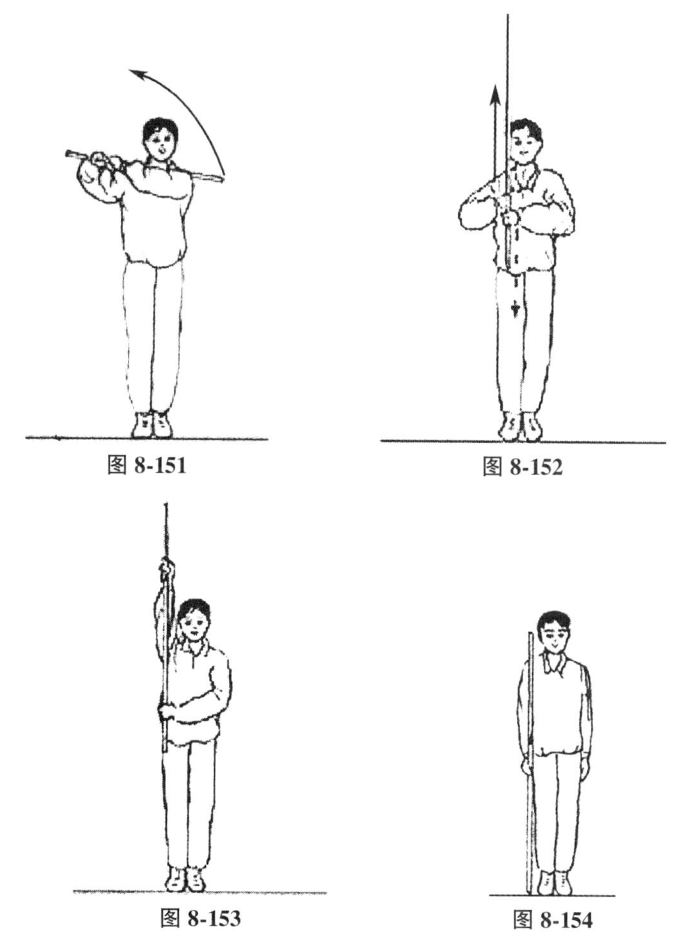

图 8-151　　图 8-152

图 8-153　　图 8-154

# 第九章　武术散打技术与训练

## 第一节　散打的名词概念及基本特点

### 一、散打的名词概念

散打是两人按照一定的规则，运用武术中的踢、打、摔等攻防技法制胜对方的徒手对抗的现代竞技体育项目，它是中国武术的重要组成部分。关于武术徒手格斗形式的名称，在漫长的历史演变过程中，记载于文字流传于民间的叫法不少。古称相搏、手搏、卞、弁、白打等等。由于以徒手相搏相角的形式在台子上进行，"打擂台。现在称之为散打，称散手。

古代相搏简称为"搏"。以"搏"字而论，最初出现在先秦古籍中，且常常与狩猎活动有关，反映了早期的搏斗技术主要是"田猎搏兽也"。"搏"的初义与"捕"字相通，可以说"搏"是"捕"的引申义。随着私有制和部落间战争的频繁出现，始于狩猎活动的徒手搏斗逐渐摆脱其生产属性，而成为人与人斗的一种专门技术，并且得到不断地发展。到了春秋战国时代，古籍中已明确出现人与人"相搏""手搏"之类的文字记載，如《谷梁传・僖公元年》载："（鲁）公子友谓莒曰：吾二人不相悦，士卒何罪？屏左右相搏。"《左传・僖公二十八年》载："晋侯梦与楚子搏。""搏，手搏也"，说明"搏"已经由宽泛的含义演变为一种徒手格斗技术的专门术语。《释名》曰："搏，四指广（搏）亦以击之也"，今人翁士勋认为此处的"四指"即"四肢"的借代。"然且始举手击要，终在扑也"，表明当时的手搏技术可打可摔，打要击其要害，摔要使对方倒地。徒手格斗的技法已经相当全面，并不只是单指以手相击。班固在《汉书・艺文志》"兵技巧"中收有《手搏》六篇，可见当时手搏不仅在技术上已有相当水平的发展，而且在理论上已有专门的论述。今人陈邦怀注意到《居延汉简甲编》第 1304 号简有六个字，释文是"相带畜，相散手"。他认为这支残简正是《汉书・艺文志》中《手搏》一书的佚文。在汉代"手搏"亦可称为"卞"或"弁" 。《汉书・哀帝纪》赞曰："……雅性不好声色，时览卞射武戏。"又《汉书・甘延寿传》载："试弁，为期门，以材力爱幸。"据《说文解字》"卞"的本字是"拚"，由于同音，古籍中常借用为"卞""弁"。"拚"的原义是"拊手也"，因此，段玉裁认为是由"拊手"引申为"两手相搏也"，即"手搏"，所以"卞""弁"实为"手搏"的异称。"白打"一词始见于明万历年间谢肇潮撰《五杂俎》（卷五）列举的十八般武艺，前十七种均为兵器名称，第十八"白打"即是指徒手搏斗的技艺。明朱国桢《涌幢小品》卷十二云："白打，即手搏之戏。"清周亮工《闽小记》载："白打，即为之手搏，名短打者也。音曰白手不持寸铁为白战，武艺十八，终以白打为终。"

“打擂台”是中国古代比武之习俗,即指两人在台上徒手较量武艺。1975 年在湖北江陵县凤凰山秦墓出土的木篦,其弧形背面有彩绘的“手搏”比赛场面。画面上有三男子,均赤膊,下着短裤,腰间束带,足穿翘头鞋。右边两人正在较量,左边一人双手前伸,为比赛做裁判员。台上挂着帷幕飘带,表明比赛是在台上的帷幕中进行的。隋唐五代时,比武几乎形成制度,大体规则是不分体重级别,没有护具,多赤身穿短裤,活动多在方形的台子上进行,犯规处罚不严格,获胜者给予重奖。宋代一般在比武前要筑台,称做“露台”,上台比武称做“露台争交”。到了明代,正规的比武叫“打擂台”,赛前先设擂主,再安排高手应战,凡欲较量高低之人,临场报名并立下生死文书,方可上台献艺。当时的台子叫“献台”,裁判员称做“部署”。比赛时不许暗算,先被打下台者为输,胜者可获得旗、帐、银杯、彩缎、马匹等奖品。明代对抗性比武在典籍著述中也有反映,如袁宏道在《嵩游记》中称在少林寺时“晓起出门,童白分棚立,乞观手搏。”江西揭暄《兵法圆机》中关于当时相搏的记述:“当思搏法,此临时着也。敌强宜用抽卸,敌均宜用裆抄,敌弱宜用冲蹂。”这说明对抗比武时,对手情况不同,用的招势和方法应有所区别。明清时期是武术的大发展时期,“打擂”比武在民间颇为流行,诸如春节、庙会或其他节日集会,各门派不同拳种的练武“社”“馆”大都会设播比武发展技艺,一般在擂台两侧挂上诸如“拳打南山猛虎”“脚踢北海蛟龙”的楹联以增加比赛的气氛。比赛通常有两种形式:一种是由擂主在公开场合搭上擂台,分别迎战所有的挑战者。这种比赛不用事先报名,来自各地的拳师只要自愿参加、对方同意就可以上台比试。另一种是由主办者设擂,各路人士不分地区及身份,均可自愿报名参加,死伤自负,比赛不分体重级别,用“拈阄儿”配对手,比武在高台上进行。比赛时在播台四角各坐一名裁判员,另有一名主裁判一手持小铜铃,一手持小红旗或黄旗,比赛开始或停止时以摇铃为令,出现险情时用旗子隔开。每对赛手打三个回合,以得点多者为胜,“见红”(被打出血)、“倒桩”(倒地)、“甩翻”(被丢下台)为败。获胜者被众人簇拥披红挂彩、打马游街,以示庆贺。

中国武术打练结合历经久远而不衰,因为人们学习武术是希望通过武术训练,在身体健康的基础上获得一些防身自卫的能力。但由于历史上的种种原因,20 世纪 50 年代以后的武术运动一直以套路形式作为主要的发展方向,直到 1979 年之后,中国武术界才开始散打比赛试验,当时由于国内武术热的兴起,为全面继承和发展武术这一古老的文化遗产,国家体委决定先在北京体育学院、武汉体育学院、浙江省体委三个单位进行武术对抗项目的试点直到现在,散打运动才真正得以全面发展。

## 二、散打的基本特点

现在开展的竞技武术散打运动,已经形成了自己独特的技术风格。现代散打运动技术包括进攻技术、防守技术和防守反击技术三大类。它与中国传统技击术的关系,应该说有些继承的成分,但更多的则是经过整合而有所发展。所谓整合,是指具有不同文化特质的技击术,经过相互吸收、融化、调和而趋于一体的过程。整合后的散打技术更加符合竞技体育项目的特征,是中国传统技击术发展的必然结果,也是东西方文化相互交融、渗透的典型表现。现代散打运动逐渐发展成为一种适应于竞技的新的技击技术体系,它有别于传统的“点到为止”,也不同于“一招制敌”的实用技击技术。

散打运动具有对抗性、体育性、民族性的特点。

对抗性——相对于武术套路运动,徒手对抗格斗是散打的基本运动特征。现代散打运动并不局限于对中国武术中传统的徒手格斗术进行单纯的继承和表现,而是在继承的基础上有了发展和提高。其中最为突出的,就是把传统中只注意“招法”的观念发展成为把体能、智能与技能结合起来,进而突出了它的综合应用的能力。比赛双方没有固定的动作顺序,而是互以对方技击动作随机转移,斗智、较技,互相捕捉对方的弱点以所长制所短。它不仅要求运动员熟练地掌握散打技术,还要有敏捷的应变能力,从而明显区别于武术套路运动形式。散打由于自身的特性以及社会的需要,更突出地反映了武术的本质——技击性。打击对方、保护自己是散打运动的基本目的。

体育性——相对于传统的防身自卫绝技,散打作为竞技体育项目,必须体现体育的本质属性,即把人体安全和健康作为自身生存和发展的前提。散打是一种激烈、残酷的运动,虽然其技术总是在不断追求最大的攻击效果中发展,但出现对运动员健康有害的行为是绝对不允许的。因此,散打技术的攻防招法明显区别于使人致伤、致残的技术方法,即所谓置人于死地的绝招。散打竞赛规则严格规定了后脑、颈部、裆部等为禁击部位。另外,从技法上,不管用哪种技术流派的击打方法,均不允许使用反关节的擒拿动作,以及用肘、膝等技法进攻对方。其技法的实用性限制在一定范围内起作用。

民族性——指现代散打运动在比赛形式和技术运用上,通过继承与发展,都体现了中国武术的民族性特点。首先,散打在 8 米×8 米的擂台上进行比赛和三局两胜制就是沿袭了中国古代民间打擂比武的风俗习惯。其次,在散打技术的应用上,“远踢近打贴身摔”技击方法的多样化和打击部位的多层次,充分体现了中国武术的技术整体性运动特点。现代散打技术的继承与发展,主要是对传统技击术进行整理、归纳,舍弃它们的形态,找出其中带有共性的规律,即把中国各拳种门派的拳法、腿法通过规整,总结出它们的基本运动形式,经过高度概括,确定进攻技术具有两种运动形式:一种是直线形方法,另一种是弧线形方法。然后根据“追求效果”的原则赋予新的表现形式,再经过反复的试验和论证,确定了拳法以冲、贯、抄、鞭,腿法以蹬、踹、鞭、勾、劈、扫、摆为内容的散打基本技术。摔法则根据“快摔”的要求和“无把”的特点,主要把握住“破坏重心”和“抢圈”的要点,创造出“接招摔”的方法,形成了“远踢近打贴身摔”的散打技术特点。同时,对防守技术也根据“实用效果”原则进行了分类,即划分为“接触性防守”和“非接触性防守”两种基本形式。现代散打技术还对世界各国搏击技术进行大胆的借鉴,摄取其中的有益成分,甚至是具体的实用技法,使现代散打运动形成现今流行的模式。

## 第二节　散打的基本技术

散打的基本技术,是指散打运动员在实战中完成进攻与防守动作的方法。是散打运动员竞技能力水平的重要因素。根据动作的组成,可将散打技术大致分为单个动作技术和组合动作技术两大类。其中单个动作技术有实战姿势、拳法、腿法、摔法、步法、防守法、跌法等,组合动作技术有拳法组合、腿法组合、拳腿组合、拳摔组合等。另外,根据动作的应用功能,可将散打技术大致分为主动进攻型技术和防守反击型技术两大类。在散打比赛中,运动员根据攻守平衡的对抗原理,将单个和组合技术不断地运用到进攻和防守之中。

散打运动员所掌握的技术越全面,达到的运动技能越高,也就越能有效地使用单个技术和组合技术。全面的技术训练也有利于发展运动员技术上的个人特点，使之形成自己的技术风格。

## 一、单个技术

### 1.实战姿势（预备姿势）

1）动作要领

散打的实战姿势一般分为左手在前的“正架”和右手在前的“反架”两种。运动员可以根据自己的习惯和爱好，选择合适的一种实战姿势作为最初学习散打的定势。本书均以正架为例（图 9-1）。

图 9-1

下面介绍对身体各部位的要求。

（1）步型：两脚前后开立，距离稍大于肩。前脚掌稍内扣后脚跟微离地。两膝微屈，身体重心在两腿之间（图 9-2）。

（2）躯干：身体侧向前方，含胸收腹（图 9-3）。

（3）手臂和头部：手型要求四指内屈，并拢握拳，大拇指横压于食指和中指的第二节指节上（图 9-4）。

图 9-2

图 9-3

图 9-4

前臂的肘关节夹角为 90°～110°，拳与鼻同高，肘下垂；后臂的拳在颌下，屈臂贴靠于胸肋，下颌微收。目平视，合齿闭唇（图 9-5）。

图 9-5

2）易犯错误及其纠正方法

身体重心过低、前倾或后倾，身体上部保护不够。纠正时，强调步法移动灵活，防守严密，姿势不可太低。重心控制在两脚之间；两手紧护躯体。尽量缩小暴露给对手打击的有效部位。

**2.基本步法**

1）前进步

后脚向前蹬地，前脚迅速先向前进半步，后腿紧接跟进半步（图 9-6、图 9-7、图 9-8）。

图 9-6

图 9-7

图 9-8

2）后退步

前脚向后蹬地，后脚迅速先后退半步，前脚再回收半步（图 9-9、图 9-10、图 9-11）。

图 9-9

图 9-10

图 9-11

3）收步

左脚向后收步至右脚旁，脚掌点地，重心偏于右腿（图 9-12）。

4）撤步

左脚向后撤一步，脚跟离地，右脚在前、左脚在后。重心在两腿之间，成反架式（图 9-13）。

图 9-12　　图 9-13

5）上步

后脚经前脚前上一步，同时两臂前后交换，成反架姿势（图 9-14）。

6）插步

后腿经前腿后插一步，脚跟离地，两脚略呈交叉（图 9-15）。

图 9-14　　图 9-15

7）垫步

后脚蹬地向前脚内侧并拢，同时前腿屈膝提起，后腿连续蹬地向前移动，根据情况使用蹬、踹腿法（图 9-16、图 9-17）。

图 9-16

图 9-17

8)闪步

左(右)脚向左(右)侧移半步,右(左)脚随之向左(右)滑步,同时身体向右(左)转动约90°(图 9-18)。

9)换步

左脚与右脚同时蹬地并前后交换,同时两臂也前后交换成反架姿势(图 9-19、图 9-20)。

图 9-18

图 9-19

图 9-20

10)击步

向前击步:重心前移,后脚蹬地向前脚内侧迅速靠拢,在后脚着地的同时前脚向前迅速越出,着地后两脚成预备姿势步型。

向后击步:重心后移,前脚蹬地向后脚内侧迅速靠拢,在前脚着地的同时后脚向后方迅速撤出,着地后两脚成预备姿势步型。

**3.基本拳法**

1)冲拳

(1)左冲拳。

①动作要领:由实战姿势。即由左脚、左手在前的正架势开始,右脚微蹬地面,重心微向前脚移动,上体微右转。同时左臂由屈到伸并内旋 90°,直线向前冲出,发力于腰,力达拳面(图 9-21、图 9-22)。

图 9-21

图 9-22

②易犯错误及其纠正方法：

撩拳。由于冲拳前肘先于拳而动，形成拳往下撩的错误。纠正时，强调以拳领先，勿先动肘；或由同伴帮助以一手拉拳，一手按肘，慢慢体会要领。

只动前臂。冲拳时不是以肩催臂，而只是前臂屈伸。纠正时强调肩先动，催肘送拳。

(2)右冲拳。

①动作要领：右脚微蹬地，并以前脚掌向内转，转腰送肩，上体左转。同时右臂由屈到伸并内旋 90°直线向前冲出，力达拳面(图 9-23)。

②易犯错误及其纠正方法：

上体过于前倾，冲拳时，上体向前移动过多，腰没有向左拧转。纠正时，多体会腰绕纵轴方向拧转的要领，克服向前俯身的毛病。

翻肘撩拳。冲拳时前臂、肘关节先动并外翻，形成撩拳错误。纠正时，由教练员或同伴帮助，或面对镜子，做慢动作练习。向后引拳，预兆明显。这是学习拳法的常见错误。纠正时，面对镜子或由同伴监督，用慢速放松练习，以体会出拳路线。

2)贯拳

(1)左贯拳。

①动作要领：上体微向右转，同时左拳向外(约 45°)、向前、向内成平面弧形横击，臂微屈，拳心朝下。同时转腰发力。力达拳面或偏于拳眼侧(图 9-24)。

扫描二维码
查看示范

图 9-23

扫描二维码
查看示范

图 9-24

②易犯错误及其纠正方法：

贯拳幅度过大。纠正时，面对镜子或由同伴帮助，消除只想用力的心理，严格体会贯拳的运行路线，待动作基本定型后再加大动作力量。

翻肘过早，出现甩拳。纠正时，由同伴帮助，一手拉拳，一手按肘，克服翻肘的错误。向前探身。纠正时，多体会向右转腰发力的要领，或由同伴帮助控制身体前探。

(2)右贯拳。

①动作要领：右脚微蹬地并以前脚掌向内转，合胯并向左转腰，右拳向外(约45°)、向前、向内成平面弧形横击。同时上体左转，腰胯发力，力达拳面或偏于拳眼侧(图9-25)。

②易犯错误及其纠正方法：参考左贯拳。

3)抄拳

(1)左抄拳。

①动作要领：上体微左转，重心略下沉，腰迅速向右转，发力于腰，左拳由下向前上方勾击，上臂和前臂夹角为90°~110°，拳心朝里。力达拳面(图9-26)。

②易犯错误及其纠正方法：

左拳向外绕行。纠正时，面对镜子，不追求用力，重点体会拳的运行路线。抄拳发力时上体后仰、挺腹。纠正时。重点体会蹬地转腰的要领以及内力的运用。重心上提、歪胯。纠正时，由同伴帮助，一手按头，一手扶胯，边练习边提示改进。

(2)右抄拳。

①动作要领：右脚蹬地，扣膝合胯，腰微右转。同时右拳向下、向前、向上勾击，上臂与前臂夹角为90°~110°，拳心朝里，力达拳面(图9-27)。

②易犯错误及其纠正方法：

**图 9-25**

**图 9-26**

**图 9-27**

右拳后拉。练习者想加大动作力度，以致右拳先后拉再上勾，出现严重预兆。纠正时，应消除单纯用劲心理。着重体会用劲路线和全身协调配合。

身体向上立起。练习者没有体会合胯转腰的用力方法，过分追求蹬地伸髋。纠正时，由同伴协助控制重心的起伏，如一手按头，一手给靶(保持正确的高度)，体会力从腰发的要领。

4)转身右鞭拳

①动作要领：右脚经左脚后插步，身体向右后转180°同时左拳与右拳一起回收至胸前。动作不停，上体继续向右转体180°，同时右拳反臂由屈到伸，向外、向右横向鞭打，拳眼朝

上，发力于腰，力达拳背（图 9-28、图 9-29）。

图 9-28

图 9-29

扫描二维码
查看示范

②易犯错误及其纠正方法：

转体停顿，站立不稳。纠正时，可专做转体练习。

前臂没有外甩，形成直臂抡打，力点不准。纠正时，可原地练习鞭拳，体会前臂鞭甩的要领。

**4.基本腿法**

1）正蹬腿

（1）左蹬腿。

①动作要领：右腿微屈支撑，左腿提膝抬起，勾脚，当膝稍高于髋时，以脚领先向前蹬出，髋微前送，力达脚掌（图 9-30、图 9-31）。

图 9-30

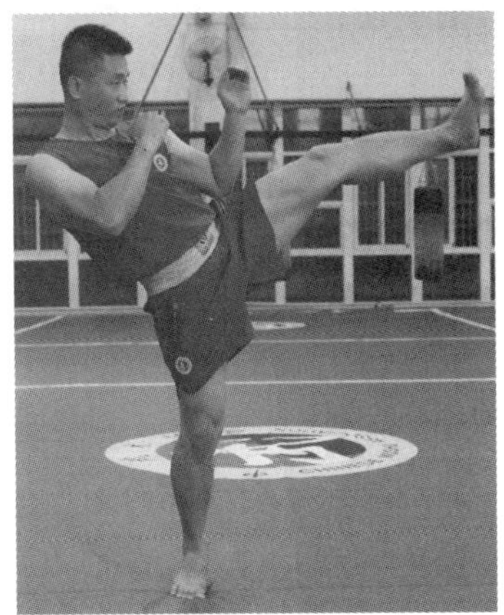
图 9-31

②易犯错误及其纠正方法：

提膝不过腰，髋、踝关节放松，力不顺达。纠正时，上体直立，多做提膝靠胸练习和左右转换的蹬腿练习，注意挺髓并稍前送。

（2）右蹬腿

①动作要领：身体重心前移至左腿，左腿微屈支撑，身体稍左转；右腿屈膝前抬，勾脚，以脚领先向前蹬出，髓微前送，力达脚掌（图 9-32、图 9-33）。

图 9-32

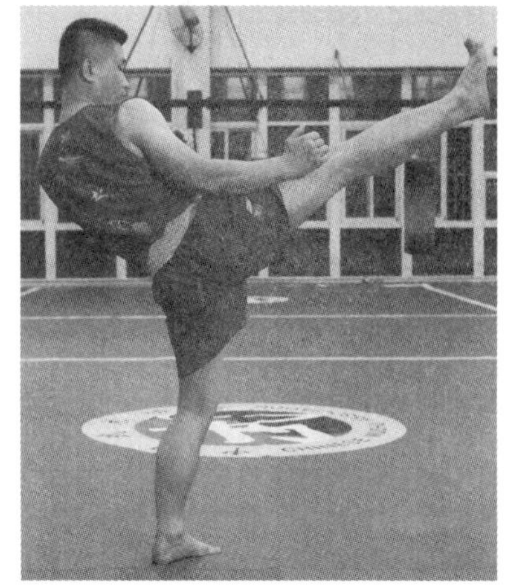

图 9-33

②易犯错误及其纠正方法：参考左蹬腿。

2）侧踹腿

（1）前侧踹腿。

①动作要领：身体重心移向右腿，右腿微屈支撑；左腿屈膝抬起与髋同高，小腿外翻，脚尖勾起，由屈到伸展髋、挺膝向前踹出，上体微侧倾，力达脚底（图 9-34、图 9-35）

图 9-34

图 9-35

扫描二维码
查看示范

②易犯错误及其纠正方法：

收腹、屈髋、撅臀，上体与腿不能成一条直线，打击距离短、速度慢、力量小。纠正时，手扶肋木或其他支撑物，一腿抬起，脚不落地，严格按动作要求，由慢到快反复练习踹腿。练习之初，踹腿的高度可适当低些，以后逐渐提高高度。

（2）后侧踹腿。

①动作要领：身体左转 180°，左脚尖外摆，重心移至左腿，左腿微屈支撑；同时右腿屈膝抬起与髋同高，大腿内收，脚尖勾起，脚掌正对攻击目标，随后由屈到伸向前踹出，上体微侧倾，力达脚底（图 9-36、图 9-37）。

图 9-36

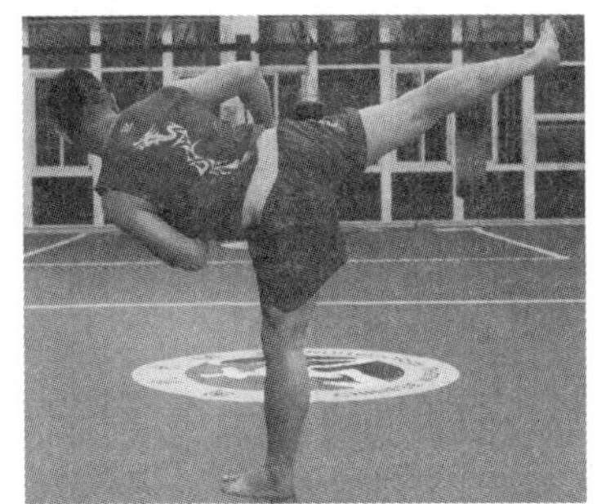
图 9-37

②易犯错误及其纠正方法:参考左踹腿。

3)鞭腿

(1)左鞭腿。

①动作要领:右腿微屈支撑,上体稍向右侧倾;左腿屈膝向左侧摆起,扣膝,绷脚背,随即向前挺膝鞭甩小腿,力达脚背至小腿前下端(图 9-38、图 9-39)。

②易犯错误及其纠正方法:

脚背放松,膝没内扣,力点不准,容易受损伤。纠正时,按动作要领多做绷脚背,鞭腿击打沙包、脚靶等物,体会击打时脚背的肌肉感觉和力点。

图 9-38

图 9-39

(2)右鞭腿。

①动作要领:身体左转 90°,重心移至左腿;同时右腿以大腿带动小腿屈膝前摆,扣膝绷脚,随即向前挺膝鞭甩小腿,力达脚背至小腿下端(图 9-40、图 9-41)。右腿屈膝落地成反架。

图 9-40

图 9-41

扫描二维码
查看示范

②易犯错误及其纠正方法:参考左鞭腿。

4)转身后摆腿

(1)左转身后摆腿。

①动作要领:右脚向左前上步,腿微屈独立支撑,身体向左后转体 360°,上体稍侧倾;同时左腿经右后向前摆起,脚面绷平,力达脚掌,目视左脚(图 9-42、图 9-43)。

图 9-42

图 9-43

②易犯错误及其纠正方法:

弯腰,低头,收腹屈髓,扫摆无力,击打不到位。纠正时,多做摆腿击打沙包的练习,体会动作要领,注意转体时以头领先。

(2)右转身后摆腿。

①动作要领:重心移至左腿支撑,身体向右后转 360°,随转体,上体稍侧倾。同时右脚离地,右腿经左后向前摆起,脚面绷平。力达脚掌,目视右脚(图 9-44、图 9-45)。

图 9-44

图 9-45

扫描二维码
查看示范

②易犯错误及其纠正方法:参考左转身后摆腿。

5)扫腿

(1)前扫腿。

动作要领:以右前扫腿为例,重心移至左脚,左腿屈膝全蹲后,以左脚掌为轴,身体左转 180°右腿由后向前旋转横扫,发力于腰,力达脚弓内侧至小腿下端。同时左臀着地,左大小腿盘叠(图 9-46、图 9-47)。

图 9-46

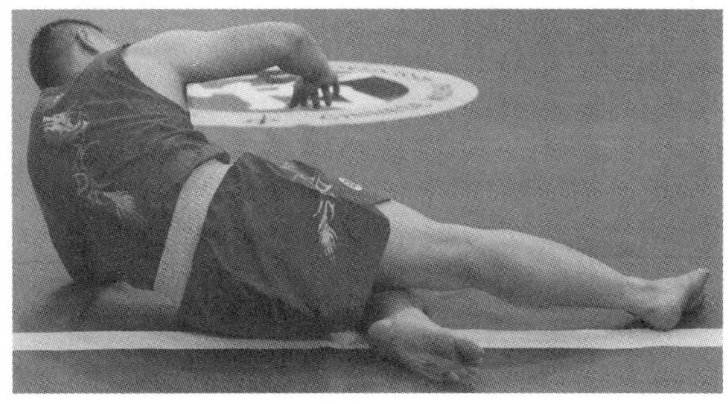
图 9-47

扫描二维码
查看示范

②易犯错误及其纠正方法：

扫转腿弯曲，脚掌离地，转体与扫腿不连贯。纠正时，多做转体扶地扫腿的练习，体会整体用力的协调性。

扫描二维码
查看示范

(2)后扫腿。

①动作要领：重心移至左腿，屈膝全蹲，以左脚前脚掌为轴向右后转体180°，两手扶地；右腿向左后方弧线擦地直腿后扫，脚掌内扣，发力于腰，力达脚后跟至小腿下端背面。同时臀部着地，左腿盘叠(图 9-48、图 9-49)。

图 9-48

图 9-49

②易犯错误及其纠正方法：参考前扫腿法。

**5.基本摔法**

扫描二维码
查看示范

1)贴身摔法

(1)抱腿前顶。

①动作要领：双方由实战姿势开始，上左步，身体下潜闪躲，然后两手抱对方双腿膝窝下部，两手用力回拉。同时用左肩前顶对方大腿根部或腹部，将对方摔倒(图 9-50、图 9-51)。

图 9-50

图 9-51

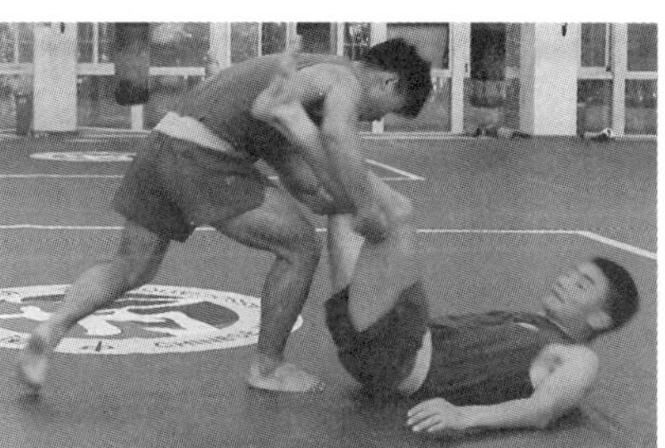
图 9-52

②易犯错误及其纠正方法：

抱不住双腿。纠正时，注意下潜接近对手。

摔不倒对手。纠正时，应强调两臂后拉与肩顶配合协调。

（2）夹颈过背。

扫描二维码
查看示范

①动作要领：当对方前臂架在两臂内侧时，用右（左）臂由对方右（左）肩穿过，屈臂夹住对方颈部，同时左（右）脚背步至于右（左）脚平行，两腿屈膝，腰塌，用右（左）侧臀部抵住对方腹部，动作不停，夹住对方颈部，低头用力同时两膝猛向后蹬伸，将对方从背上摔过（图9-53、图9-54、图9-55）。

图9-53

图9-54

图9-55

②易犯错误及其纠正方法：

夹颈不牢固。应使身体贴靠对方，屈臂环绕夹紧。

背不起对方。应强调背步、转身、低头、弓腰、蹬腿协调连贯。

对手不能倒地。纠正时，强调下蹲要及时，压推颈与搂托膝要用力一致。

（3）插肩过背。

扫描二维码
查看示范

①动作要领：对方用前手臂从腋下穿过时，背右（左）步至与左（右）脚平行，两膝屈膝，同时后手固定住对方另一手臂。随之两脚蹬直，向下低头、弓腰，前手臂由侧后方向发力，将对方摔倒。（图9-56、图9-57、图9-58）。

图9-56

图9-57

图9-58

②要点：插肩要快并要固定紧，背步转身要协调、快速低头、弓腰、蹬伸要连贯有力。

③易犯错误：参照“夹颈过背摔”。

2）接招摔

（1）接腿下压。

扫描二维码
查看示范

①动作要领：当对方用左鞭腿进攻时，立即以里抄抱其腿后，右腿立即向后撤步，上体右转，左手回拉。同时躯干前屈，用肩胸下压对方左腿内侧，将对方摔倒（图 9-59、图 9-60、图 9-61）。

图 9-59

图 9-60

图 9-61

②易犯错误及其纠正方法：

摔不倒对方。纠正时，应注意撤步转身、肩胸下压及右手上掀协调配合，充分破坏对方的重心，使对方后倒。

（2）接腿勾踢。

①动作要领：当对方用右鞭腿进攻肋部时，立即抢先进步，并向左转身，同时用右手臂抄抱其膝关节以上部位，左手搂抱对方小腿。随后用右手迅速向对方颈部下压，右脚勾踢对方支撑腿脚踝处，同时上体右转，右手回拉，将对方摔倒（图 9-62、图 9-63、图 9-64）。

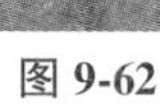

图 9-62

图 9-63

图 9-64

扫描二维码
查看示范

②易犯错误及其纠正方法：

勾踢不倒对方。纠正时，要求抱腿尽量向膝关节以上抄抱，压颈、勾踢、转腰动作要协调、快速、完整。

（3）接腿摇涮。

动作要领：当对方以左踹腿或左蹬腿进攻时，立即用双手抄抱其脚踝处，然后两腿屈膝退步，两手用力回拉，继而跨左步，上右步，双手由内向下、向左上方弧形摇荡，将对方摔倒（图 9-65、图 9-66、图 9-67）。

扫描二维码
查看示范

图 9-65

图 9-66

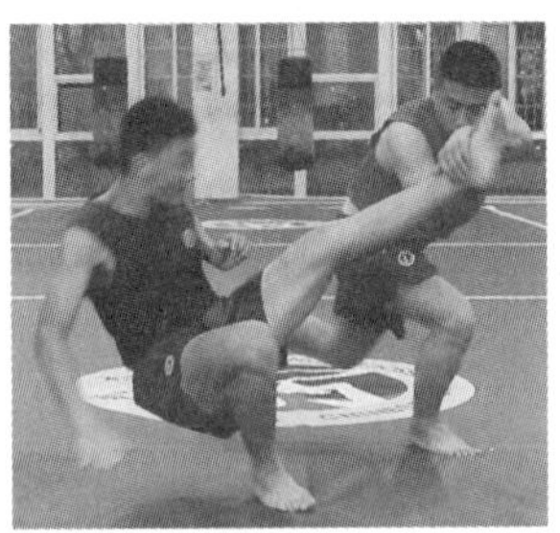

图 9-67

**6.基本跌法**

1)前滚翻

由站立姿势开始,身体全蹲,双手撑地,重心移至两手上。两脚用力蹬地,同时低头屈臂,团身向前滚动(图 9-68、图 9-69、图 9-70),然后双手抱小腿成蹲立,再站起。

图 9-68

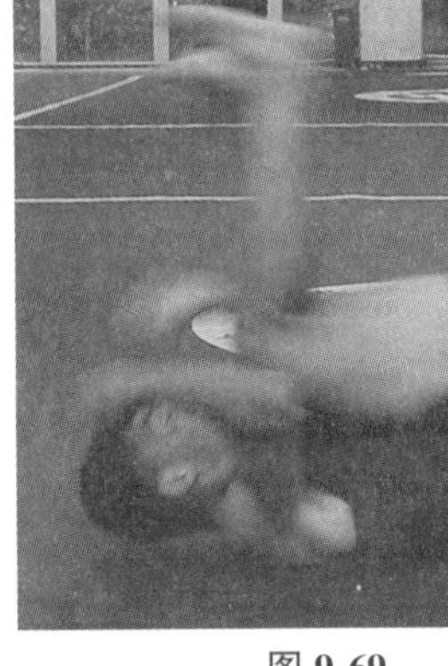

图 9-69

图 9-70

扫描二维码
查看示范

2)后滚翻

身体全蹲。双手向后撑地。低头含胸,团身快速后倒。经臂、腰、肩、后脑依次向后滚动。然后双腿蹲立,双手推撑站立(图 9-71、图 9-72、图 9-73)。

图 9-71

图 9-72

图 9-73

扫描二维码
查看示范

3)鱼跃前滚翻

并步站立或左右脚前后分开成鱼跃预备式,屈膝,两脚蹬地。同时闭气,两臂向前摆伸,身体腾空。随后低头，两臂微曲手掌顺势触地，团身向前滚翻，完成后站起（图 9-74、图 9-75、图 9-76）。

图 9-74

图 9-75

图 9-76

扫描二维码
查看示范

4）前倒（栽碑）

并腿站立，上体前倒。同时闭气，两臂摆伸，顺势双手撑地，屈臂缓冲（图 9-77、图 9-78）。

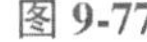
图 9-77

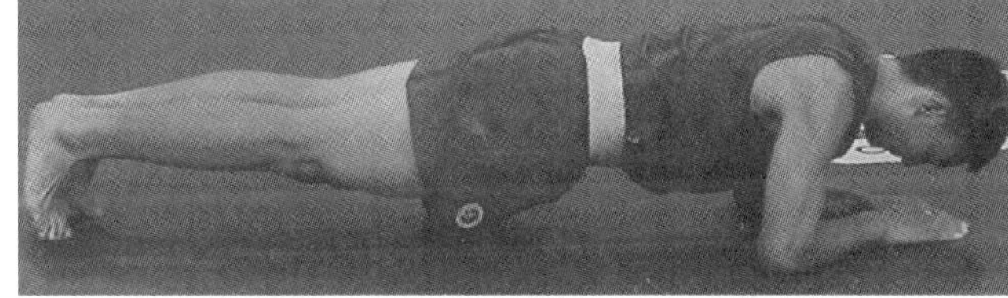
图 9-78

扫描二维码
查看示范

5）后倒

两脚分开或并步站立。屈膝下蹲。然后闭气，上体后倒，收下颌，在肩背触地的同时，两手在体侧拍地（图 9-79、图 9-80）。

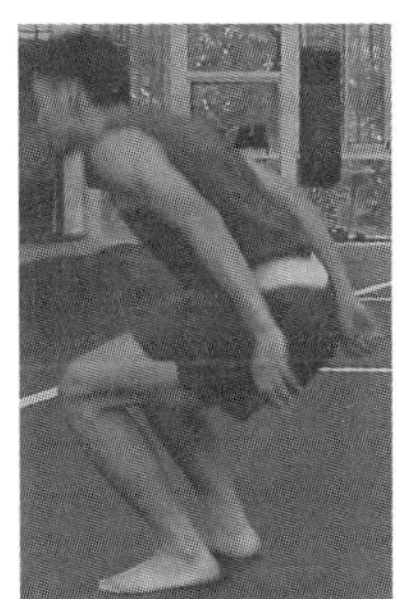
图 9-79

图 9-80

扫描二维码
查看示范

6)左右侧倒

两脚分开站立,左(右)腿屈膝下蹲。然后闭气,上体向左(右)侧倒。左(右)前臂内旋,在大腿外侧触地,右(左)手指朝内,手臂微屈。在体侧拍地分别为左、右侧倒地(图 9-81、图 9-82)。

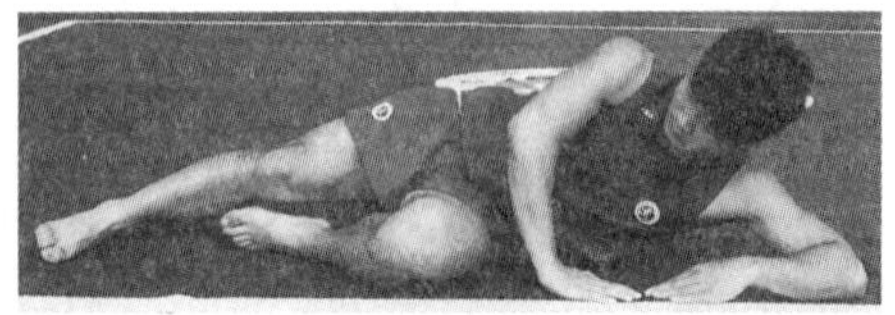
图 9-81

图 9-82

注意事项:在学习跌法时,一定要有保护垫,要在教师的指导、保护下进行练习,以防受伤。通过跌法的练习,既可掌握被摔倒后的自身保护技巧,又能增强身体的抗击打能力。

**7.防守技术**

1)接触性防守

(1)拍挡。

①动作要领:由正架实战姿势开始,左(右)手以拳心或掌心为力点向里横向拍挡,同时上体微左(右)侧闪(图 9-83)。完成动作后即刻回位。

②易犯错误及其纠正方法:

拍挡时,向前迎拨,幅度过大。纠正时,注意只动前臂,不能伸肘、伸臂,强调向斜后拍挡。

(2)挂挡。

①动作要领:左(右)手屈臂向后挂挡置于同侧耳郭处,肘尖下垂,同时上体微左(右)转(图 9-84)。完成动作后即回位。

图 9-83

图 9-84

②易犯错误及其纠正方法:

抬肘向外格挡。纠正时,可面对镜子检查动作规格,也可做攻防练习,检查防守的效果。

(3)拍压。

①动作要领:左(右)拳变掌,以掌心为力点由上向下在腹前拍压,屈肘,前臂接近水平,指尖朝内(图 9-85)。完成动作后即刻回位。

②易犯错误及其纠正方法：

臂伸直，虎口、指尖朝前或朝下，手腕放松。纠正时多做徒手的强化练习。

(4)外抄抱。

①动作要领：左手屈臂外旋，上臂紧贴肋部，前臂水平，手心朝上，同时右手屈臂紧护胸、面部位。立掌或半握拳，手心朝左形成合抱状。同时上体微左转(图9-86)。完成动作后即刻回位。

图 9-85

图 9-86

②易犯错误及其纠正方法：

两肘离开躯干，两手防护不同时。纠正时，两人一组，一人用鞭腿进攻，用力要小，另一人体会向外抄抱接腿的方法。

(5)里抄抱。

①动作要领：左手屈臂向下、向里紧贴腹前，手心朝上，同时右手屈臂紧贴胸前，立掌或半握拳，虎口朝上，掌心朝前，两手形成合抱状。上体微含蓄(图9-87)。完成动作后即刻回位。

②易犯错误及其纠正方法：

两臂离开躯干向前迎抱，防守不严密。纠正时，应多做抱腿的模仿练习或两人一攻一防的练习。

(6)外截。

①动作要领：左(右)拳由上向下、向左(右)后斜挂，拳心朝里，肘尖朝后，臂微屈。同时上体微左(右)转(图9-88)。完成动作后即刻回位。

图 9-87

图 9-88

②易犯错误及其纠正方法：

臂向外横拦，肘尖朝外，直臂。纠正时，可由同伴帮助以左、右鞭腿进攻，反复做外截防守练习。

(7)掩肘。

①动作要领：左(右)臂弯曲回收，前臂外旋，上臂贴近左(右)肋。在腰微向右(左)转的同时向内、向腹下滚掩，拳心朝里，以前臂尺骨下端(小指侧)为防守力点。含胸、收腹、低头(图9-89)。完成动作后即刻回位。

②易犯错误及其纠正方法：

上体含缩不够，两臂防守不严密。纠正时，两人配合抄拳的攻防练习，体会正确动作。

(8)阻截。

①动作要领：左腿屈膝略抬，脚尖朝上，以脚掌为力点前伸阻截，脚掌朝前下方(图9-90)。

图9-89

图9-90

②易犯错误及其纠正方法：

支撑不稳，准备性差，迎截不主动。纠正时，可两人一组做攻防练习。

2)非接触性防守

(1)提膝。

①动作要领：重心移至右腿，同时左腿屈膝提起(图9-91)。

②易犯错误及其纠正方法：

身体前倾，支撑不稳。纠正时，可多做快速提膝平衡后静止的练习。

(2)收步。

①动作要领：由实战姿势开始，前脚由前向后脚收步，接近后脚时前脚掌虚点地，重心落于后腿(图9-92)。

图9-91

图9-92

②易犯错误及其纠正方法：

上体前倾。凸臀，虚实不明。纠正时。可多练习收步和迈步的组合步法，强调上体保持正直。

（3）后闪。

①动作要领：重心后移，梗脖缩颈，躯干略向后闪躲（图 9-93）。

②易犯错误及其纠正方法：

只是头部后仰，挺腹。纠正时，可面对镜子多做模仿练习。

（4）侧闪。

①动作要领：两膝微屈，俯身，躯干向右侧或左侧闪躲（图 9-94）。

②易犯错误及其纠正方法：

身体向侧横移过多，歪头。纠正时，两人配合练习，对方以冲拳从正面攻击头部，练习左右侧闪防守，互相检查动作姿势。

（5）下躲闪。

①动作要领：两腿屈膝。沉胯、缩颈，使重心下降，上体向下弧形躲闪，两手紧护躯干以上部位（图 9-95）。

**图 9-93**

**图 9-94**

**图 9-95**

②易犯错误及其纠正方法：

只低头不屈膝，或只屈膝不含胸、沉胯，不缩颈。纠正时，可面对镜子或由同伴帮助以贯拳进攻，反复体会正确姿势。

## 二、组合技术

### 1.拳法组合

（1）左右冲拳（图 9-96、图 9-97、图 9-98）。

**图 9-96**

**图 9-97**

**图 9-98**

（2）左右贯拳（图 9-99、图 9-100）。

图 9-99

图 9-100

（3）左右抄拳（图 9-101、图 9-102）。

图 9-101

图 9-102

（4）左冲拳+右贯拳（图 9-103、图 9-104）。

图 9-103

图 9-104

（5）左贯拳+右冲拳（图 9-105、图 9-106）。

图 9-105

图 9-106

(6)左贯拳+右抄拳(图 9-107、图 9-108)。

图 9-107

图 9-108

(7)左冲拳+右鞭拳(图 9-109、图 9-110、图 9-111)。

图 9-109

图 9-110

图 9-111

**2.腿法组合**

(1)左右蹬腿(图 9-112、图 9-113、图 9-114)。

图 9-112

图 9-113

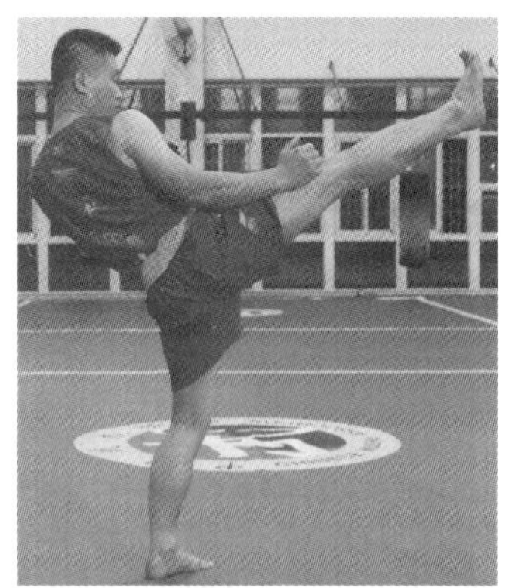

图 9-114

(2)左右踹腿(图 9-115、图 9-116)。

图 9-115

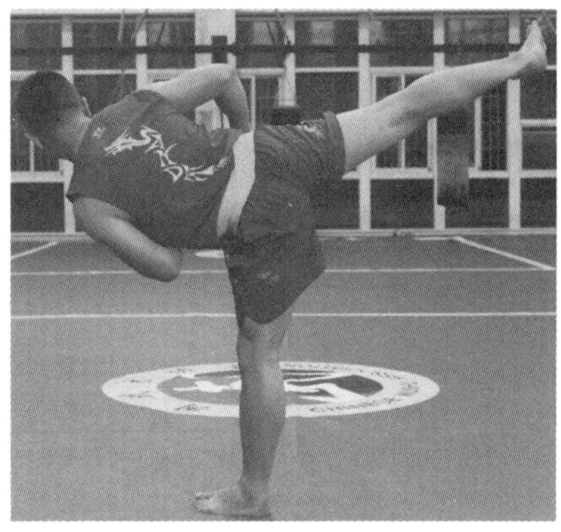

图 9-116

(3)左右鞭腿(图 9-117、图 9-118)。

图 9-117

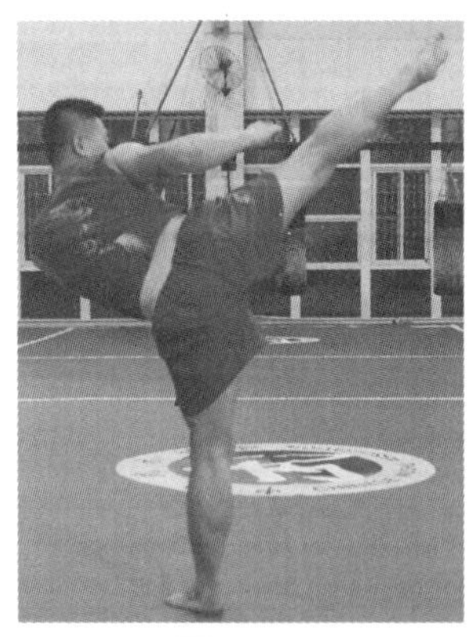

图 9-118

(4)左蹬腿+右踹腿(图 9-119、图 9-120)。

图 9-119

图 9-120

(5)左踹腿+右鞭腿(图 9-121、图 9-122)。

图 9-121

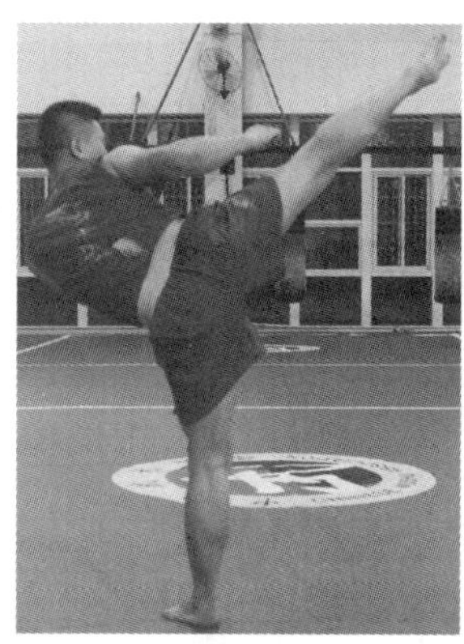
图 9-122

(6)左鞭腿+右蹬腿(图 9-123、图 9-124)。

图 9-123

图 9-124

(7)左踹腿+右转身后摆腿(图 9-125、图 9-126、图 9-127)。

图 9-125

图 9-126

图 9-127

**3.拳腿组合**

(1)左右冲拳+右鞭腿(图 9-128、图 9-129、图 9-130)。

图 9-128

图 9-129

图 9-130

(2)左正蹬腿+左右冲拳(图 9-131、图 9-132、图 9-133)。

图 9-131

图 9-132

图 9-133

(3)左贯拳+右冲拳+右踹腿(图 9-134、图 9-135、图 9-136)。

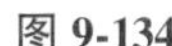
图 9-134

图 9-135

图 9-136

(4)左鞭腿+左冲拳+右贯拳(图 9-137、图 9-138、图 9-139)。

图 9-137

图 9-138

图 9-139

**4.拳摔组合**

(1)左冲拳接抱腿前顶(图 9-140、图 9-141、图 9-142)。

图 9-140

图 9-141

图 9-142

(2)左贯拳接抱腿旋压(图 9-143、图 9-144、图 9-145)。

图 9-143

图 9-144

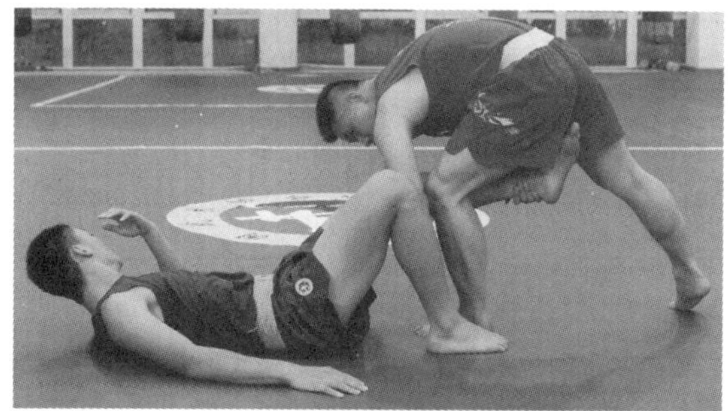

图 9-145

(3)左冲拳右貫拳接抱腿搂腿(图 9-146、图 9-147、图 9-148)。

图 9-146

图 9-147

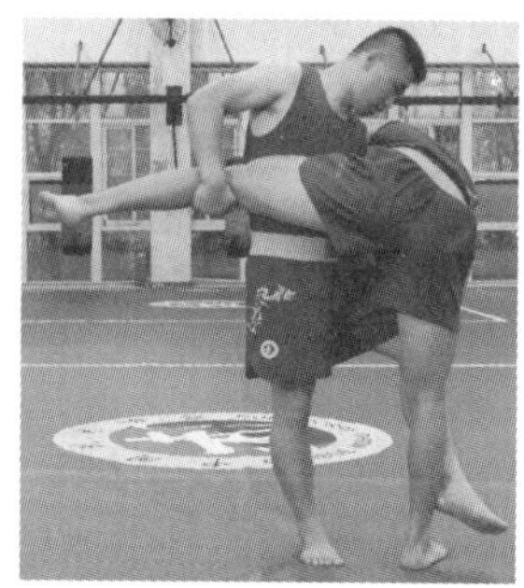

图 9-148

## 三、应用型技术

应用型技术包括主动进攻型技术和防守反击型技术。

**1.主动进攻型技术**

主动进攻型技术,是指实战双方处在无效距离的对峙中,一方因时因势地突然通过快速的步法移动抢占有效的距离后,而运用的最合理的攻击方法。

1)进步左冲拳

(1)动作说明:双方由实战姿势开始,-方以进步左冲拳击打对方头部。

(2)进攻意图:除单一的进攻技术外,也可以连接组合技术。以下介绍几种与进步左冲拳连接的常用组合方法。

①左冲拳—右冲拳。以进步左冲拳击打或虚晃(以下均同)对方头部,随后快速以右冲拳攻击对方腹部(图 9-149、图 9-150)。

图 9-149

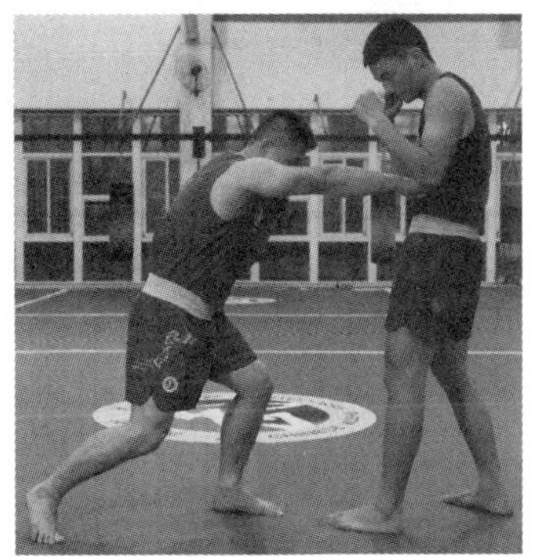

图 9-150

②左冲拳—左踹腿。以进步左冲拳击打对方头部,随后垫步以左踹腿攻击对方腹部(图 9-151、图 9-152)。

图 9-151

图 9-152

③左冲拳—右鞭腿。以进步左冲拳击打对方头部,随后直接以右鞭腿攻击对方肋部或背部(图 9-153、图 9-154)。

图 9-153

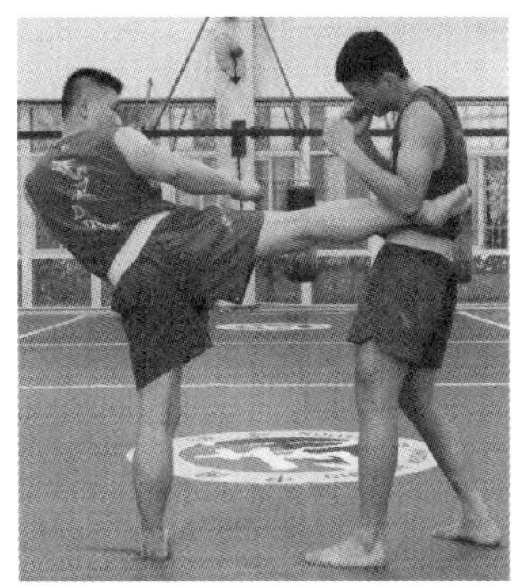

图 9-154

④左冲拳—前顶摔。以进步左冲拳击打对方头部,随后快速上步抱住对方双腿,以抱腿前顶摔法将对方摔倒(图 9-155、图 9-156、图 9-157)。

图 9-155

图 9-156

图 9-157

⑤左冲拳—过背摔。以进步左冲拳击打对方头部，随后右脚插步，同时左臂抄抱对方腰部，以抱腰过背摔将对方摔倒（图 9-158、图 9-159、图 9-160）。

图 9-158

图 9-159

图 9-160

2）进步左贯拳

（1）动作说明：双方由实战姿势开始，一方以进步左贯拳击打对方头部侧面。

（2）进攻意图：除单一的进攻技术外，也可以连接组合技术。以下介绍几种与进步左贯拳连接的常用组合方法。

①左贯拳—右冲拳。以进步左贯拳击打或虚晃对方头部，紧接以右冲拳攻击对方头或腹部（图 9-161、图 9-162）。

图 9-161

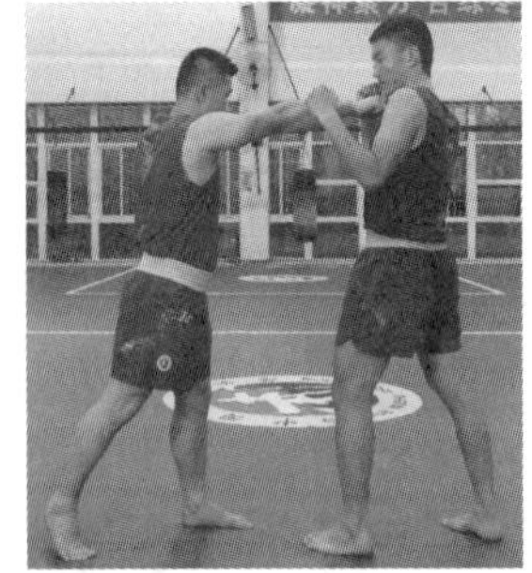
图 9-162

②左贯拳—左蹬腿。以进步左贯拳攻击对方头部，快速以左蹬腿攻击对方腹部（图 9-163、图 9-164）。

图 9-163

图 9-164

③左贯拳—右鞭拳。以进步左贯拳攻击对方头部，随后插步转身以右鞭拳攻击对方头、面部（图 9-165、图 9-166）。

图 9-165

图 9-166

④左贯拳—左踹腿。以进步左贯拳攻击对方头部，快速以左踹腿攻击对方腹部（图 9-167、图 9-168）。

图 9-167

图 9-168

⑤左贯拳—右摆腿。以进步左贯拳晃击对方头部，随后右转身以右摆腿攻击对方（图 9-169、图 9-170）。

图 9-169

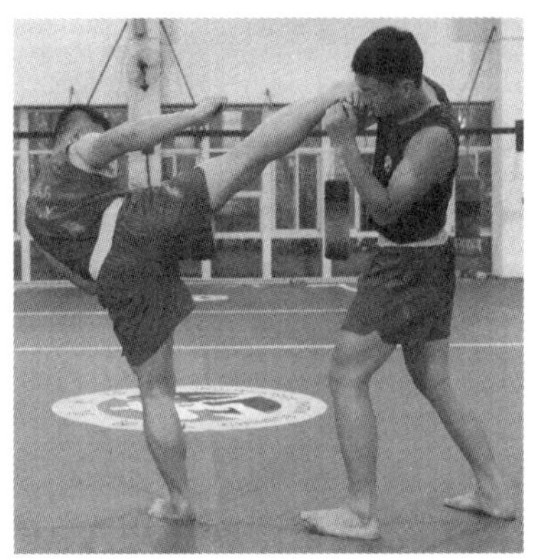

图 9-170

3）垫步左鞭腿

（1）动作说明：双方由实战姿势开始，一方以垫步左鞭腿攻击对方腿或腹部。

（2）进攻意图：除单一的进攻技术外，也可以连接组合技术。以下介绍几种与垫步左鞭腿连接的常用组合方法。

①左鞭腿—左踹腿。以垫步左鞭腿晃击对方腿部，落地后再以左踹腿攻击对方胸或头部（图 9-171、图 9-172）。

图 9-171

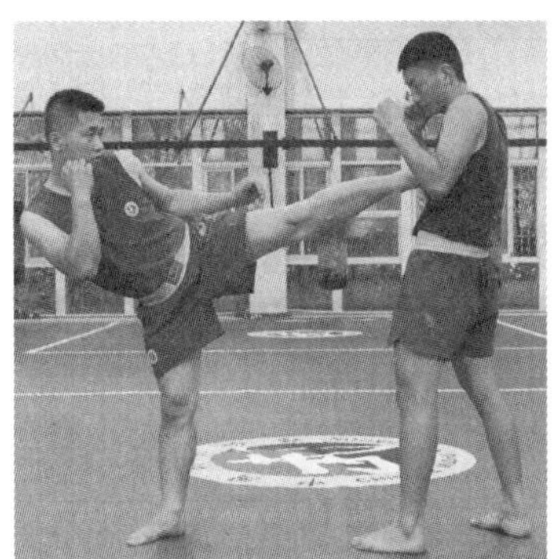

图 9-172

②左鞭腿—左右冲拳—左踹腿。以垫步左鞭腿攻击对方腿部，接左右冲拳连击对方头部，再以左踹腿攻击对方胸或头部（图 9-173、图 9-174、图 9-175、图 9-176）。

图 9-173

图 9-174

图 9-175

图 9-176

③左鞭腿—左冲拳—右鞭腿。以垫步左鞭腿攻击对方腿部。接左冲拳击打对方头部，随即以右鞭腿攻击对方肋部(图 9-177、图 9-178、图 9-179)。

图 9-177

图 9-178

图 9-179

④左鞭腿—右冲拳—左踹腿。以垫步左鞭腿攻击对方腿部。接右冲拳击打对方面部，随即以左踹腿攻击对方腹或头部(图 9-180、图 9-181、图 9-182)。

图 9-180

图 9-181

图 9-182

4)垫步左踹腿

(1)动作说明:双方由实战姿势开始,一方以垫步左踹腿攻击对方胸腹部。

(2)进攻意图:除单一的进攻技术外,也可以连接组合技术。以下介绍几种与垫步左踹腿连接的常用组合方法。

①左踹腿—左右冲拳。以垫步左踹腿攻击对方腹部,接左右冲拳连击对方头部(图 9-

183、图 9-184、图 9-185)。

图 9-183

图 9-184

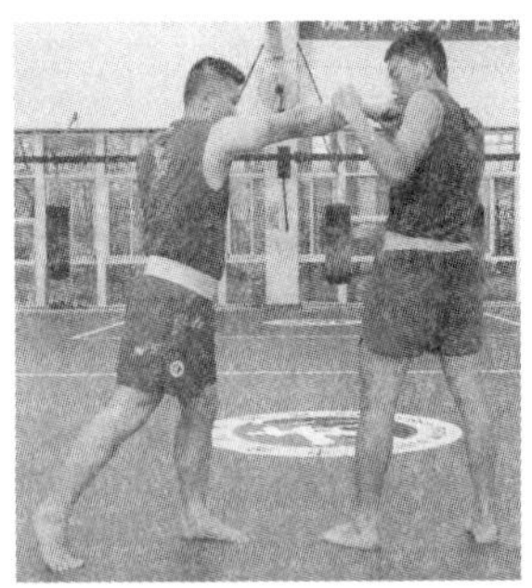
图 9-185

**2.防守反击型技术**

防守反击型技术,是指在实战中一方突然发起抢攻(含假动作)时,另一方能及时、有效地进行防守反击的攻防方法。

1)下躲闪左冲拳

动作说明:由实战姿势开始,当对方使用直线拳法进攻时,本方迅速向下躲闪防守,同时以左冲拳反击(图 9-186、图 9-187)。

图 9-186

图 9-187

2)拍压右冲拳(右贯拳)

动作说明:当对方使用右正蹬腿进攻中盘时。本方以左拍压防守后,立即以右冲拳或右贯拳反击对方头部(图 9-188、图 9-189)。

图 9-188

图 9-189

3）挂挡左冲拳（左贯拳）

动作说明：当对方使用左贯拳进攻时，本方以右挂挡防守后，立即以左冲拳或左贯拳反击对方面部。如对方以右手拳进攻，则以左手防守，右手反击（图 9-190、图 9-191）。

图 9-190

图 9-191

4）拍挡右正蹬腿

动作说明：当对方使用右正蹬腿进攻时，本方以左拍挡防守后，立即以左鞭腿反击对方大腿后部（图 9-192、图 9-193）。

图 9-192

图 9-193

5）外截（收步—迈步）右鞭腿

动作说明：当对方使用左踹腿进攻时，本方左脚即刻收步和左手外截防守后，左脚立即向前迈步以右鞭腿反击（图 9-194、图 9-195）。

图 9-194

图 9-195

6)收步(左脚)左鞭腿

动作说明:当对方使用前踹腿进攻时,本方左脚迅速收步防守后,立即以纵步左鞭腿反击(图 9-196、图 9-197)。

图 9-196

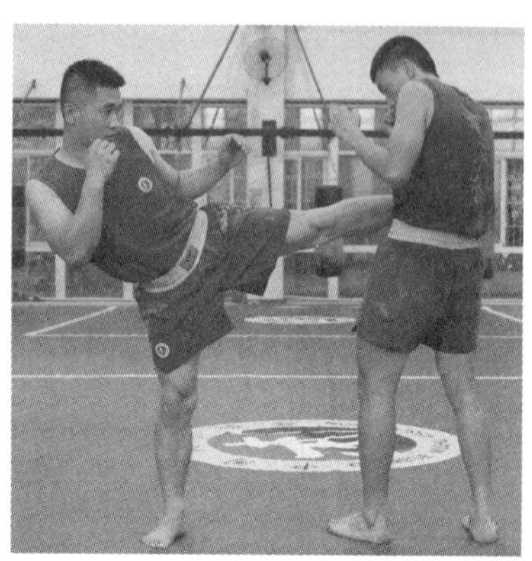

图 9-197

## 四、基本技术训练方法

对散打基本技术的训练所采用的方法应本着从易到难、从简单到复杂、从单独操作到实际对抗的循序渐进的原则进行,为此,在训练中一般都采用以下的方法。

**1.原地规范动作练习**

在了解熟悉了动作要领之后,根据要领反复进行单个动作练习。复杂的动作技术还应分解练习,此时的训练不应要求动作的速度和用力程度,重点要求体会动作的要领、起止的路线和作用物体的着力点以及发力的动作机制,通过这种反复练习,不断强化学员的动作意识,才能使之形成正确的动力定型。

**2.结合步法的动作练习**

经过原地练习掌握了规范动作后,再结合相应步法进行单体技术的练习。与步法结合的原则是拳动步动,腿到步到;在摔法中则是"足进肩随即拧腰,套封插别就见跤"。结合步法训练的目的是为能保持在动态中的平衡和提高行进间完成各种攻防动作的能力,训练的重点就是要解决身体各部的协调配合,保证及时、隐蔽、准确地完成各种攻防动作。

**3.空击练习**

空击练习是熟练自如地掌握动作技术的重要训练手段,并能以此来加强和改善神经传导通路的信息传递功能,进面高动作的应变能力和反应速度。"空击"练习可根据掌握技术的程度分为几个步骤分别实施。第一,个人单体技术空击。这是针对某一种拳(腿、摔)法或防守方法结合步法反复练习的方法,以提高某一类技术掌握的水平。第二,个人组合技术空击。把进攻和防守中的某几种方法编串起来反复练习,以提高组合技术运用的协调能力。第三,随机组合空击。通过假设中的对手,运用随机的组合技术进行想象中的攻防练习,以提高技术运用的能力。

**4.不接触式的攻防练习**

在排除阻抗条件的前提下,两人进行攻防练习,目的是为了提高对对方攻防动作的判断和及时做出相应的动作反应的能力。不接触式的功防练习可分为一攻一防式和相互攻防式,还可根据训练要求运用规定或随机的单体或组合的技术进行练习,但动作的速度要与实战水平近似。

**5.模拟练习**

为提高某个单体或组合动作的运用能力,由教练员或助手使用规定的方法反复向练习者递招,而练习者则根据递招的具体情况做出相应的攻防动作,以此来提高反应速度,建立起稳定的条件反射,直至动作技术的运用进入自动化阶段。模拟练习多用于防守和防守反击技术的训练。

**6.打靶练习**

打靶练习分为打固定靶和活动靶两种。打固定靶主要是提高动作的力度和耐久力,打活动靶主要是提高反应速度、距离感和准确度。打靶练习还可根据要求分为技术靶、战术靶和素质靶。技术靶是通过打靶来体验和规范单体及组合技术的练习方法;战术靶是根据假定情况有针对性地找出规定或随机的打法的练习方法,以提高对抗中的战术意识;素质靶则是以提高动作速、打击力量和专项耐力为主要目的练习方法,至于在打素质靶时需要解决某项素质的问题,则应根据训练的内容与计划来作出安排。

**7.条件实战练习**

条件实战是指有条件限制的实战,这是初学阶段或根据阶段训练内容以及为提高某些运动员的某种能力而设置的一种常见的训练手段,有较强的针对性,是进行实战的基础。条件实战大致可分为拳的实战、腿的实战、摔的实战、拳与腿的实战、拳与摔的实战、腿与摔的实战六种,这其中还可根据具体的训练内容和要求进行细化。

## 第三节　散打的基本战术形式

### 一、直攻战术

直攻战术,是指在没有虚晃及假动作的掩护下,使用方法直接进攻。运用直攻战术须具备以下条件。

(1)当对方的反应速度、动作速度、位移速度弱于自己时。

(2)当对方的反击动作不够熟练时。

(3)当对方的体力不足时。

(4)当对方的防守姿势出现空晾时。

(5)当比分落后,而比赛剩余时间不多时。

### 二、强攻战术

强攻战术,是指强行突破对方的防守动作后发出的攻击。强攻不是盲目蛮干,而是通过强攻这一战术手段,扬己之长,实现打击对方的目的。运用强攻战术必须具备以下条件。

(1)力量、速度、耐力素质比较好,但技术不如对方时。

(2)身体素质好,技术比较全面,但比赛经验不如对方时。

(3)对方的近战能力比较差时。

(4)对方的耐力比较差时。

(5)对方的心理素质比较差时。

(6)对方防摔能力比较差时。

## 三、佯攻战术

佯攻战术,是用虚假动作造成对方的错觉,把对方引入歧途,实现真实进攻。在散打比赛中,佯攻是最为常见的战术形式之一。随着技术水平的普遍提高,特别是对付动作反应快、防范能力强的对手时,直接进攻容易被防守或反击,而采用虚晃、指上打下、指下打上、指左打右、指右打左等假动作,利用步法的移动可以转移、分散对方的注意力,促使其对虚假动作产生某种反应,再乘机攻击其防守的空当部位,定能提高进攻效果。

## 四、反击战术

反击战术,是待对方发出进攻动作后,在防守的过程中反击对方。攻守对抗历来讲究"以静待动""后发先至主动进攻需改变预备姿势,身体的某一部位必定会产生防守空隙和薄弱环节,如能在防守的同时进行反击,就能避免上述弱点,取得战机的主动。防守者"以静待动",有思想准备,反击容易成功。当遇到性情急躁、缺乏比赛经验、喜欢猛冲猛打的对手时,可以反击战术为主,主动进攻为辅。以主动进攻掩盖自己反击战术的意图,刺激对方,使其更加急躁,为反击战术创造条件。

## 五、迂回战术

迂回战术,是指利用步法的移动从侧面进攻。"有力当中上,无力走两旁"。当对方的动作力量大,正面攻击火力强,或者当对方集中注意力进行正面防守时,采用迂回战术,向左右两侧移动步子,既可以避其锋芒,又可以制造战机,"以迂为直,以患为利"。我们知道,直线比弧线短,动作抵达快,但是散打的弧线动作又可以破直线动作。迂回前进,调动对方随之转动,从而破坏其动作习惯以产生空隙,再施进攻即可奏效。因此,在迂回移动的过程中,要注意移动的方向、角度、距离和进攻时机,同时更要注意步法的灵活性和身体位移的突变性。

## 六、制短战术

制短战术,是集中力量专门进攻对方的薄弱环节,制其所短。每一名运动员既有自己的长处,也有自己的弱点和短处,例如有的防拳能力差、有的防腿能力差、有的防摔能力差、有的防上能力差、有的防下能力差、有的某种身体素质差、有的基本动作差、有的有习惯性的错误动作等等。采用制短战术,关键在于是否了解和掌握对方的短处和弱点。这可以通过赛前对对方已往比赛情况的回忆,或者借助于对对方同第三者比赛时进行观察,或者通过其他人进行调查,综合各种情况进行分析。除了赛前"侦察"以外,更重要的是在比赛中进行观察,通过几个回合的试探性进攻,对对方的弱点迅速作出判断,及时调整自己的战术手段,攻击对方的弱点。但是也要不断地变换方法,以免对方察觉自己的战术意图。

## 七、制长战术

制长战术，是采用相应的方法，制服对方技术特长。每一名运动员都有自己的技术特长，这种技术特长是本人得分取胜所依靠的主要手段。如果能针对对方的擅长制定战术，使其擅长不能正常发挥，从而被迫采用其他的动作，这无疑能起到制彼所长的作用。制长战术大致有以下几种。

(1)克制善于用手法的对手。

(2)克制善于用腿法的对手。在多种腿法中，又要区分擅长哪种腿法。

(3)克制善于用摔法的对手。

(4)克制善于用重举、直腿的对手。

(5)克制善于主动进攻的对手。

(6)克制善于防守反击的对手。

(7)克制能攻能守的对手。

## 八、重创战术

重创战术，是用力量打击对方，使其失去战斗力。实施重创战术需要具有一定的身体和技术条件。当自己的攻击力量和技术比对方好但耐力差，或者攻击力量好而技术不如对方，或者在比分落后的情况下，或者由于其他因素不能打持久战时，在规则允许的范围内，寻找、制造机会，用重拳或重腿打击对方，使其身体、心理受到震动、威慑，失去继续比赛的信心和能力。实施重创战术，一是自己的手法、腿法要有较大的功力；二是要准确、果断、迅速、有力地打击对方抗击能力差的部位，但不能违犯竞赛规则和有意伤人。

## 九、下台战术

下台战术，是利用竞赛规则和擂台等客观条件，采用方法迫使对方掉下擂台的战术手段。下台战术按其形式可分为遇打下台和牵引下台两种。

(1)逼打下台。就是当对方退到警戒线时，用动作封堵对方的两侧，不让他转移到擂台中央，直接把他打下台或使他无法招架而自己跳下台。

(2)牵引下台。牵引下台必须借用对方的冲力，引进落空。这要求运动员具有较好的视觉判断能力和瞬间选择能够顺势借力牵引对方的动作。一般来讲，以擂台上的警戒线为标志，小级别、个子矮的运动员以退到警戒线上使用方法为宜，而大级别、个子高的以退到警戒线内侧为佳。

## 十、边角战术

边角战术，是利用对方退到擂台边缘怕掉下擂台的不利心理状况进行攻击的战术。比赛中，有目的地将对方逼到擂台的边线或角上，造成对方的心理恐惧而导致动作紊乱，抓住这个机会，在防止被对方牵引下台的前提下，力争多进攻多得分。

## 十一、体力战术

体力战术，是通过合理地分配体力以取得胜利的战术方法。散打比赛，运动员体力消耗较大,采用体力战术,就是在一场三局的比赛中,合理地分配体力,既不“虎头蛇尾”,也不能一味保守,在比赛结束后还有使不完的劲儿。每一局中如何分配体力,要根据对方的情况来定。如果对方技术较差,可以保持体力以技术取胜;如果对方技术好,可以采取消耗对方体力的打法取胜;如果双方实力相当,还应有打持久战的准备;如果对方的耐力较差,则应打体力消耗战,连续进攻,不给对方喘息的机会,迫使其体力迅速下降,以此取胜。

### 十二、心理战术

心理战术,是通过一些特定的方式和措施,给对方造成心理上的压力,从而取得比赛胜利的方法。心理战术形式多样,如赛前隐瞒实力,麻痹对方;露出破绽,造成对方的错觉;激怒对方或松懈对方的斗志等等。比赛中的重创战术、强攻战术、佯攻战术、制长战术、制短战术、边角战术等,都具有心理战术的因素,其目的就是迫使对方紧张、急躁、恐惧、气馁,从而失去了比赛的信心,导致比赛失败。

## 第四节 散打比赛的规则与裁判法

### 一、竞赛通则

第一条 竞赛种类

团体比赛、个人比赛。

第二条 竞赛办法

(一)循环赛、淘汰赛。

(二)每场比赛采用三局两胜制,每局比赛 2 分钟(青年比赛和少年比赛可采用每局 1 分 30 秒的比赛时间),局间休息 1 分钟。

第三条 场地

(一)比赛场地为高 80cm、长 800cm、宽 800cm 的擂台,台面上铺有软垫;软垫上铺有盖单,台中心画有直径 130cm 的中国武术协会的会徽。台面边缘有 5cm 宽的红色边线,台面四边向内 90cm 处划有 10cm 宽的黄色警戒线。

扫描二维码
查看示范

(二)台下四周铺有高 30cm、宽 200cm 的保护软垫。

第四条 参赛年龄与资格审查

(一)成年运动员的参赛年龄为 18~40 周岁;青年运动员的参赛年龄为 16~17 周岁;少年运动员的参赛年龄为 13~15 周岁。

(二)只有注册运动员持身份证方可参赛。

(三)运动员必须有参加该次比赛的人身保险证明。

(四)运动员必须出示报到之日前 15 天内、县级以上医院出具的包括脑电图、心电图、血压、脉搏等指标在内的体格检查证明。

第五条 体重分级

(一)48 公斤级(≤48 公斤)(1 公斤=1 千克)

(二)52 公斤级(>48 公斤~≤52 公斤)

（三）56 公斤级（>52 公斤～≤56 公斤）

（四）60 公斤级（>56 公斤～≤60 公斤）

（五）65 公斤级（>60 公斤～≤65 公斤）

（六）70 公斤级（>65 公斤～≤70 公斤）

（七）75 公斤级（>70 公斤～≤75 公斤）

（八）80 公斤级（>75 公斤～≤80 公斤）

（九）85 公斤级（>80 公斤～≤85 公斤）

（十）90 公斤级（>85 公斤～≤90 公斤）

（十一）100 公斤级（>90 公斤～≤100 公斤）

（十二）100 公斤以上级（>100 公斤）

第六条　称量体重

（一）运动员经资格审查合格后方可参加称量体重，必须携带本人身份证。

（二）必须在仲裁委员的监督下称量体重，由检录长负责，编排记录员配合完成。

（三）运动员必须按照大会规定的时间到指定地点称量体重。称量体重时，运动员须裸体或只穿短裤（女运动员可穿紧身内衣）。

（四）称量体重先从比赛设定的最小级别开始，每个级别在 1 小时内称完。在规定的称量时间内体重不符合报名级别时，则不准参加后面所有场次的比赛。

（五）当天有比赛的运动员，须在赛前规定的时间内称量体重。

第七条　抽签

（一）由编排记录组负责抽签，仲裁委员会主任、总裁判长及参赛队的教练员或领队参加。

扫描二维码
查看示范

（二）在第一次称量体重后进行抽签，由比赛设定的最小级别开始。如该级别只有 1 人，则不能参加比赛。

（三）由各队教练员或领队为本队运动员抽签。

第八条　服装护具

（一）运动员必须穿中国武术协会认定的武术散打比赛服装及护具。

扫描二维码
查看示范

（二）比赛护具分红、蓝两种颜色，包括拳套、护头、护胸；运动员须自备护齿、护裆和缠手带。护裆必须穿在短裤内，缠手带的长度为 3.5～4.5米。

（三）女子运动员和男子 65 公斤级及以下级别运动员的拳套重量为 230 克；男子 70 公斤级至 85 公斤级的拳套重量为 280 克；男子 90 公斤级及以上级别的拳套重量为 330 克。

第九条　比赛礼节

扫描二维码
查看示范

（一）每场比赛开始前介绍运动员时，运动员向观众行抱拳礼。

（二）每局比赛开始前，运动员上台后先向本方教练员行抱拳礼，教练员还礼；运动员之间再相互行抱拳礼。

（三）宣布比赛结果时，运动员交换站位。宣布结果后，运动员先相互行抱拳礼，再向台上裁判员行抱拳礼，裁判员还礼。然后向对方教练员行抱拳礼，教练员还礼。

(四)边裁判员换人时,互相行抱拳礼。

第十条　弃权

(一)比赛期间,运动员因伤病(需有医务监督出具的诊断证明)或体重不符合报名级别不能参加比赛者,作弃权论,不再参加后面场次的比赛,已取得的成绩有效。

(二)比赛时,运动员实力悬殊,为保护本方运动员的安全,教练员可举弃权牌表示弃权,运动员也可举手或主动下台弃权。

(三)不能按时参加称量体重、赛前3次检录未到或检录后擅自离开不能按时上场者,作无故弃权论。

(四)比赛期间,运动员无故弃权,取消本人全部成绩。

第十一条　竞赛中的有关规定

(一)临场执行裁判人员应集中精力,不得与其他人员交谈,未经裁判长许可,不得离开席位。

(二)运动员必须遵守规则和比赛礼节,尊重和服从裁判。在场上不准有吵闹、谩骂、甩护具等任何表示不满的行为。每场比赛未宣布比赛结果前,运动员不得退场(因伤需急救者除外)。

(三)比赛时,教练员只能代表所报名单位,着正装坐在指定位置进行现场指导,并只能带一名队医或助手协助工作。

(四)运动员严禁使用兴奋剂,局间休息时不得吸氧。

## 二、可用方法与禁用方法、得分标准与判罚

第一条　可用方法

可以使用武术的拳法、腿法和摔法。

扫描二维码
查看示范

第二条　禁用方法

(一)用头、肘、膝攻击对方或迫使对方反关节的技法。

(二)用迫使对方头部先着地的摔法或有意砸压对方。

(三)用任何方法攻击倒地一方的头部。

(四)青少年比赛可禁止运动员使用腿法击打对方头部或用拳法连续击打对方头部。

扫描二维码
查看示范

第三条　得分部位

头部、躯干、大腿。

第四条　禁击部位

后脑、颈部、裆部。

第五条　得分标准

扫描二维码
查看示范

(一)得2分

1.一方下台,对方得2分。

2.一方倒地,站立者得2分。

3.用腿法击中对方头部、躯干得2分。

4.用主动倒地的动作致使对方倒地,而自己顺势站立者,得2分。

5.被强制读秒一次,对方得2分。
6.受警告一次,对方得2分。
(二)得1分
1.用拳法击中对方头部、躯干得1分。
2.用腿法击中对方大腿得1分。
3.先后倒地,后倒地者得1分。
4.用主动倒地的动作致使对方倒地,而自己不能顺势站立者,得1分。
5.被指定进攻后5秒钟内仍不进攻时,对方得1分。
6.主动倒地3秒钟不起立,对方得1分。
7.受劝告一次,对方得1分。
(三)不得分
1.方法不清楚,效果不明显,不得分。
2.双方下台或同时倒地,不得分。
3.使用主动倒地动作没有击中对方,但在3秒内迅速站立,对方不得分。
4.抱缠时击中对方,不得分。
第六条　犯规与罚则
(一)技术犯规
1.消极搂抱对方。
2.消极逃跑。
3.处于不利状况时举手要求暂停。
4.有意拖延比赛时间。
5.比赛中对裁判员有不礼貌的行为或不服从裁判。
6.上场不戴或吐落护齿,有意松脱护具。
7.不遵守规定的比赛礼节。
(二)侵人犯规
1.在口令"开始"前或喊"停"后进攻对方。
2.击中对方禁击部位。
3.以禁用方法击中对方。
4.故意致使对方的伤情加重。
(三)罚则
1.每出现1次技术犯规,劝告1次。
2.每出现1次侵人犯规,警告1次。
3.侵人犯规达3次,取消该场比赛资格。
4.故意伤人,取消其比赛资格,所有成绩无效。
5.使用违禁药物或局间休息时吸氧,取消比赛资格,所有成绩无效。
第七条　暂停比赛
(一)运动员倒地(主动倒地除外)或下台时。
(二)运动员犯规受罚时。
(三)运动员受伤时。

(四)运动员相互抱缠超过 2 秒而不能产生摔法效果时。

(五)运动员主动倒地超过 3 秒时。

(六)运动员被指定进攻后达 5 秒仍不进攻时。

(七)运动员举手要求暂停时。

(八)裁判长纠正错判、漏判时。

(九)场上出现问题或险情时。

(十)因灯光、场地、电子记分系统故障等客观原因影响比赛时。

扫描二维码
查看示范

第八条　胜负与名次评定

(一)优势胜利评定

1.比赛中,双方实力悬殊,台上裁判员征得裁判长同意,判技术强者为该场胜方。

2.比赛中,被重击倒地不起达 10 秒(侵人犯规除外),或虽能站立但知觉失常,判对方为该场胜方。

3.一场比赛中,被重击强制读秒达 3 次(侵人犯规除外),判对方为该场胜方。

4.一局比赛中,双方运动员得分相差达 13 分时,判得分多者为该场胜方。

(二)每局胜负评定

1.每局比赛结束时,依据边裁判员的评判结果,判定每局胜负。

2.一局比赛中,受重击被强制读秒 2 次(侵人犯规除外),对方为该局胜方。

3.一局比赛中,2 次下台,对方为该局胜方。

4.一局比赛中,双方出现平局时,按下列顺序判定胜负:

(1)受警告少者为胜方。

(2)受劝告少者为胜方。

(3)当天体重轻者为胜方。

如上述三种情况仍相同,则为平局。

(三)每场胜负评定

1.一场比赛中,先胜两局者为该场胜方。

2.比赛中,运动员出现伤病,经医务监督诊断不能继续比赛者,判对方为该场胜方。

3.比赛中,经医务监督确诊为诈伤者,判对方为该场胜方。

4.因对方犯规而受伤,经医务监督检查确认不能继续比赛者,为该场胜方,但不得参加后面所有场次的比赛。

5.循环赛时,一场比赛中如获胜局数相同,则为平局。

6.淘汰赛时,一场比赛中如获胜局数相同,按下列顺序决定胜负。

(1)受警告少者为胜方。

(2)受劝告少者为胜方。

如仍相同,则加赛一局,依次类推。

# 第十章　警察实用综合技能与训练

擒敌、警棍盾牌、应急棍术是人民警察在日常工作执行任务时,在遇到不能、不宜使用武器的情况下,以法律为依据,以踢、打、摔、拿、挡、夺等技术动作,制服、擒获犯罪分子的一种制敌技术。它包括三项内容:一是擒敌拳与倒功技术;二是警棍盾牌技术;三是应急棍使用技术。其技术特点是远身靠擒打脚踢,近身靠肘击顶膝,贴身靠肩顶胯撞等融为一体。它不受技术手段、禁止打击部位的限制,也不受场地、场合、时间、天气等条件的限制,但受法律的约束和工作需要的限制,要根据对手的不同情况,施以不同的技术擒拿。

在实践中,只掌握技术是不能擒获犯罪分子的,它仅仅是制服擒获犯罪分子的条件,还必须具备相应的基本功和战术,掌握技术的完整体系。

基本功是指人体在运用擒敌、警棍盾牌、应急棍术技术中各部位表现出来的机能能力,它是练习擒敌、警棍盾牌、应急棍术必须经历的重要过程。其内容包括柔韧、力量、速度、协调,通过基本功训练可以更好地掌握和有效的运用技术,增强防护能力,达到制服犯罪分子,保护自己的目的。

## 第一节　擒敌拳与倒功训练

### 一、擒敌拳训练

擒敌拳是擒敌术主要技法动作的单人训练,是由拳、腿、摔、拿等动作技术所组成。融入了基本手型、步型及攻击、防守技法和基本动作。是一套节奏分明、动作连贯、攻防意识较强的实用拳术,技术编排合理,能充分发挥身体各部位肌肉、关节的灵活性,达到了增强体质,锻炼身体的目的,同时,具备自卫和制敌作用。

拳术队形散开及靠拢。

散开:一列横队时,听到“成拳术队形——报数”的口令后,从右至左报数,每人按自己所报的数字,用乘 2 减 1 的方法确定步数(如第 8 名报 8,乘 2 减 1 为 17 步)。听到“成拳术队形—散开”的口令后,向左转,按正步的要领行进。排尾第 1 名走第 3 步的同时,第 2 名迈出第 1 步,其余人员,按此法依次进行。走完自己的步数,自行立定,同时向右转,自行看齐。多列横队时,听到“拳术队形报数”的口令后,右一路和前一列按先纵队后横队,由后向前,从右至左的次序报数,而后用同样的方法确定向前、向左散开的步数。散开时,按先向前,后向左的顺序散开。

靠拢:听到“成原队形——靠拢”的口令,一列横队时,右翼第 1 名成立正姿势,列队人员向右转,跑步靠拢,立定,向左转,自行看齐。多列横队时,最后一列右翼第 1 名后退 1 步,成立正姿势,队列人员向右(左)转,取捷径跑步靠拢,自行立正,向左(右)转,自行看齐。

要求:动作准确,迅速。

预备姿势。

动作要领:在立正的基础上,听到“擒敌拳——预备”的口令后身体左转成格斗势(图 10-1)。

动作要求:撤步、提拳、转头同时到位,动作自然放松。

**图 10-1　擒敌拳预备姿势**

**1.贯耳冲击(第一动)**

动作用途:由前贯耳,击胸、腹。

动作要领:进步双拳贯耳,两拳与太阳穴同高,相距 20 厘米(图 10-2);随即右冲膝(图 10-3);右脚向前落步成右弓步的同时,左手成立掌前推右拳面,右肘前击与肩同高,两眼目视前方(图 10-4)。

动作要求:进步贯耳快,右膝冲击猛,落步肘击狠。

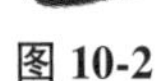

**图 10-2**

**图 10-3**

**图 10-4**

**2.抓腕砸肘(第二动)**

动作用途:由前抓腕砸肘。

动作要领:左脚在右脚后垫步,右脚上步成右弓步的同时,左手成八字掌向前下抓腕,与小腹同高,右臂自然后摆,右拳拳心朝下,目视左手(图 10-5);随即左后转体成左弓步的同时,左手变拳回拉至腰际,拳心朝上。右手握拳挥臂下砸,小臂略成水平,肘部轻贴右肋,拳距腹部约 30 厘米,拳眼向上,目视前下(图 10-6)。

动作要求:垫步抓腕快,转体砸肘猛。

图 10-5

图 10-6

**3.挡臂掏腿(第三动)**

动作用途:掏腿,推击腹、胸部。

动作要领:右后转体成右弓步的同时,右臂上格挡(图 10-7);左脚向前上步成左弓步的同时,右手成插掌前插,掌心向上,与腰部同高(图 10-8);随即,右手屈四指掏拉置于腰际,手心向上,左手成立掌前推与胸同高,目视前方(图 10-9)。

动作要求:挡臂要快,掏推要协调一致。

图 10-7

图 10-8

图 10-9

**4.砍肋击胸(第四动)**

动作用途:以双掌砍肋、双拳击胸实施连续攻击。

动作要领：左脚收回成左虚步的同时，双手变掌砍肋，掌心向上，肘轻贴腰际，小臂略成水平（图 10-10）；随即右脚向前上步扒地成右弓步的同时，双掌变拳收于腰际，拳心向上，再向前旋转击出，与肩同高，两拳相距 20 厘米，拳心朝下（图 10-11）。

动作要求：虚步砍肋狠，上步击腹快。

**图 10-10**

**图 10-11**

**5.缠腕冲拳（第五动）**

动作用途：破抓腕，拧臂击面。

动作要领：右脚收回成侧虚步的同时，左手抓握右手腕猛力后拉至左腹前，右手成虎爪，手心向下，目视前方（图 10-12）；右转身的同时，右脚抬脚猛力下踏，左脚自然上步成半马步，两手经胸前猛力下切于右腹前（右手成虎爪），目视两手（图 10-13）；随即，左手成八字掌前挡，右拳收于腰际，拳心向上（图 10-14）；重心前移成左弓步的同时，右拳向前击出与肩同高，左拳收于腰际，拳心向上，目视前方（图 10-15）。

动作要求：翻腕迅猛，档抓回拉与冲拳协调一致。

**图 10-12** **图 10-13** **图 10-14** **图 10-15**

**6.上架弹砍（第六动）**

动作用途：架防护头，弹踢敌裆，掌砍敌颈。

动作要领：右脚上步成右弓步的同时，双臂上架，左臂在外（图 10-16）；起左脚弹踢（图 10-17）；左脚落步成左弓步的同时，右手变掌向前砍击与颈部同高，左拳收于腰际，拳心向上，目视前方（图 10-18）。

动作要求：上架有力，弹踢迅猛，砍击准确。

图 10-16　　图 10-17　　图 10-18

**7.接腿涮摔（第七动）**

动作用途：抄抱敌腿，涮摔制敌。

动作要领：左脚进步，右脚自然跟进成骑龙步，右抄抱（图 10-19）；随即，左手抓握右手腕，右手边拳，拳心向上（图 10-20）；右脚右后撤步成左仆步的同时，双手由两膝前划过后拉上提，右小臂略垂直，拳与头同高，距太阳穴约 20 厘米，目视前方（图 10-21）。

动作要求：进步接腿准，撤步涮摔快。

图 10-19　　图 10-20　　图 10-21

**8.横踢鞭打（第八动）**

动作用途：以横踢、鞭拳实施连续攻击。

动作要领：右脚在左脚后垫步的同时起左脚横踢（图 10-22）；左脚落步，右脚在左脚后背步，右后转体（图 10-23），接右鞭拳，目视攻击方向（图 10-24）；随即，左后转身 180°成格斗势。

动作要求：垫步横踢快，转体鞭打猛。

图 10-22

图 10-23

图 10-24

**9.直摆勾击(第九动)**

动作用途:运用组合拳法实施连续攻击。

动作要领:左脚进步的同时左直拳(图 10-25);右脚跟步接右摆拳(图 10-26);右转体接左勾拳,目视前方(图 10-27)。

动作要求:进步快捷,击打迅猛。

图 10-25

图 10-26

图 10-27

**10.抱腿顶摔(第十动)**

动作用途:由后抱敌顶敌腿摔敌。

动作要领:起右脚前蹬(图 10-28);右脚落步成右弓步的同时,双手变拳前插与膝同高,掌心相对约 30 厘米(图 10-29);随即右肩前顶,两手后拉置于腹前成虎爪,手心相对,目视前下放(图 10-30)。

图 10-28

图 10-29

图 10-30

动作要求:起脚前蹬猛,抱腿顶摔协调一致。

**11.绊腿抡摔(第十一动)**

动作用途:抄抱敌腿,下绊上轮反击。

动作要领:右脚向前进步,左脚自然跟进成骑龙步,左抄抱(图 10-31);随即左脚在右脚后背步,右脚扬起,右手成八字掌,向后挥臂,掌心向下,左拳护于颌前(图 10-32);左后转体成左弓步的同时,右脚后绊,右手由后向前抡摆置于胸前 20 厘米处,掌心向下,目视前下(图 10-33)。

动作要求:进步抄抱快,背部绊腿猛,转体抡摔狠。

图 10-31　　图 10-32　　图 10-33

**12.格挡弹踢(第十二动)**

动作用途:格挡护头,踢裆击腹反击。

动作要领:右后转身 180°成右弓步的同时右上格挡,左拳收于腰际,拳心向上(图 10-34);起左脚弹踢(图 10-35);左脚落步成骑龙步的同时接右勾拳,目视前方(图 10-36)。

动作要求:转身格挡快,起脚弹踢猛,落步勾拳狠。

图 10-34　　图 10-35　　图 10-36

**13.侧踹下砸(第十三动)**

动作用途:侧踹击胸,跟进下砸。

动作要领:右脚在左脚后垫步的同时,起左脚侧踹(图 10-37);左脚前落步成骑龙步的同时,右肘在胸前下砸与左膝同高,左拳变立掌顶压右拳面,目视前下(图 10-38)。

动作要求:侧踹迅猛,右肘下砸狠。

图 10-37

图 10-38

**14.马步侧击(第十四动)**

动作用途:提膝防守,以插掌、侧击实施连续攻击。

动作要领:左脚支撑,提右膝上防,左手变掌前插,掌心向上,右拳后拉抬平与肩同高,拳心向下(图 10-39);右脚向前落步成马步的同时,左臂上架防守,右拳向前击出与肩同高,拳眼向上,目视攻击方向(图 10-40)。

动作要求:左脚支撑稳固,上架侧击迅猛协调。

图 10-39

图 10-40

**15.提膝前戳(第十五动)**

动作用途:提膝格挡,戳击喉部。

动作要领:左脚支撑,提右膝上防,左拳护于颔前,右拳护于腹前,拳眼向上,目视前方(图 10-41);右脚在左脚后垫步,左脚上步成半马步的同时,左臂下格挡,右手成插掌收于腰际,掌心向上(图 10-42);重心前移成左弓步的同时,右掌前戳与喉部同高,左拳收于腰际,拳心向上,目视前方(图 10-43)。

动作要求:提膝防守快,垫步前戳狠。

图 10-41　　图 10-42　　图 10-43

**16.摆勾冲膝(第十六动)**

动作用途:摆击头部,勾击、膝顶胸腹部。

动作要领:左脚进步,同时左摆拳(图 10-44);接右勾拳(图 10-45);随即右冲膝(图 10-46)。右脚落步,左后转体 180°成格斗势。

动作要求:击打快捷,冲膝迅猛,转体到位。

图 10-44　　图 10-45　　图 10-46

结束语:身体向右转的同时,两拳收于腰际,拳眼向上,两腿挺直(图 10-47);右脚靠拢左脚的同时两手放下,成立正姿势(图 10-48)。

图 10-47

图 10-48

## 二、倒功训练

倒功是倒地时，自我保护，避免摔伤，增强防护能力的方法。

**1.前倒**

动作要领：在立正姿势的基础上，身体自然前倒，同时两臂前伸，掌心向下，腿停滞，抬头，收腹，两手主动胸前屈臂拍地，以两掌及小臂着地（图 10-49）。

图 10-49

**2.前扑**

倒功预备姿势的动作要领：在立正姿势的基础上，左脚向左跨出一步（约与肩宽），屈膝半蹲，两臂后摆，五指并拢，掌心相对，上体微向前倾，目视正前方（图 10-50）。

图 10-50

前扑的动作要领：在倒功预备姿势的基础上，两脚蹬地，向前跃出，同时两臂前摆，掌心向下，迅速屈臂，主动拍地，以两掌、小臂及两脚内侧着地，两脚分开比肩宽（图 10-51）。

动作要求：跃起、摆臂快、腿要挺直。

**3.侧倒**

动作要领：在倒功预备姿势的基础上，两膝向前下顶，同时上体后仰，两臂迅速前摆，身体随即向左（右）后转身，右（左）腿向左（右）轮摆扣脚，以右（左）脚全脚掌、两手及小臂拍地，身体左（右）侧着地，右（左）腿在上，两腿弯曲成剪式，（图 10-52）。

**图 10-51**　　**图 10-52**

动作要求：摆臂、转身、摆腿协调一致，两手及脚掌主动用力拍地。

## 第二节　擒敌技术与实用训练

基本动作由主动擒敌、防反擒敌、解脱擒敌、夺凶器擒敌和捆绑动作组合，是擒敌术的主要制敌动作。其基本要求：劲力当先、敢于进身、以快破敌、以巧取胜、控制关节。

### 一、主动擒敌

主动擒敌是指警察主动使用的擒敌技术，以迅捷的动作向敌实施突然打击的制敌过程。按攻击方向分为由前擒敌和由后擒敌。

**1.由前擒敌**

1）摆勾顶腹

动作过程：进步左摆拳—右勾拳—右冲膝。

动作要领：敌我以格斗势对峙，我突然进步用左摆拳击打敌太阳穴（图 10-53）；随即右勾拳击打敌腹部（图 10-54）；乘敌收腹弯腰之际，双手扒地背部上端下压，右膝猛力冲顶其腹或裆部制敌（图 10-55）。

动作要求：进步摆击突然，勾击、顶腹狠。

图 10-53

图 10-54

图 10-55

注意事项:操作者拳击的冲膝仅作表示;配手在操作者顶腹时应主动收腹、前倒。

2)踢裆砍脖

动作过程:左脚踢裆—落步双掌砍击。

动作要领:敌我以格斗势对峙,我迅速前垫步起左脚弹踢敌裆部(图 10-56);左脚落步,乘敌弯腰之际,双手合掌猛力砍脖制敌(图 10-57)。

动作要求:垫步踢裆快,双手砍脖狠。

注意事项:操作者踢裆仅作表示;配手在操作者踢裆时应主动收腹,砍脖时应前倒。

图 10-56

图 10-57

3)击肋携臂

动作过程:抓腕外拨—右肘击肋—转身携臂。

动作要领:我由前接近敌,突然右手外拨敌右手腕,左手顺势扣抓上提,随即,右肘猛击敌肋部(图 10-58);右臂迅速上挑敌肘关节,同时左手下压(图 10-59);右手转身,右手扒敌肩携臂,左手前推折腕,将其置压在右膝上制服(图 10-60)。

动作要求:抓腕准、击肘狠,转身携臂快。

图 10-58　　图 10-59　　图 10-60

注意事项：操作者击肘仅作表示；配手在操作者携臂时应主动屈臂下俯。

**2. 由后擒敌**

由后擒敌主要讲解顶摔锁喉。

动作过程：抱膝顶摔—上步骑压—推抓敌发—上提锁喉。

动作要领：由后接近敌，成右弓步，双手抱敌膝关节，肩顶其臀部（图 10-61）；随即，以手拉肩顶之合力，将敌面朝下摔倒（图 10-62）；左脚迅速上步骑压敌腰部，右膝跪地、左脚伸直，左手猛力推按敌头。随即抓发上提，右手从敌颌下穿过，左手抓握右手腕，两手携力向后猛锁其喉制敌（图 10-63）。

动作要求：后拉肩顶迅猛有力，骑压快，按头锁喉狠。

注意事项：操作者骑压时右膝主动跪地，按头不得用力过猛；配手在操作者顶摔时应前倒，锁喉时主动抬头。

图 10-61　　图 10-62

图 10-63

## 二、防反擒敌

防反擒敌是敌向我进攻时,我以防守技法实施有效防守,并进行合理反击的制敌过程。按敌攻击的方式可分为防拳擒敌与防腿擒敌。

**1.防拳擒敌**

1)档抓抡摔

动作过程:左手档抓—绊腿抡摔—撞肋击面。

动作要领:敌我以格斗势对峙,敌挥右拳横向击打我头部,我左小臂迅速格挡敌臂,左手顺势抓住敌肘关节上端(图 10-64);右脚上步绊敌腿,身体左下旋压,右臂轮扫敌上体,将敌从体侧摔倒(图 10-65);随后,左手向下折敌手腕控制于左大腿上,右拳击面,右膝撞肋制敌(图 10-66)。

动作要求:挡抓准,绊腿抡摔迅猛连贯。

注意事项:操作者折腕击面、撞肋仅作表示;配手在操作者抡摔时应顺势侧倒。

图 10-64　　图 10-65　　图 10-66

2)抱腿撞裆

动作过程:下潜抱腿—转身提摔—撞裆击腹。

动作要领:敌我以格斗势对峙,敌用拳头击打头部,我迅速下潜近身,双手抱其左小腿

（左手由内向外、右手由外向内），提右肩防敌夹颈（图 10-67）；右脚左后撤一步，同时一双手上提，肩顶，转体之合力将敌摔倒，随即，左膝撞敌裆，左拳击腹制敌（图 10-68）。

动作要求：下潜抱腿快，提腿转摔猛、撞裆狠。

注意事项：操作者撞裆时仅作表示；配手在操作者撤步转摔时应顺势后倒。

**图 10-67**　　**图 10-68**

**2.防腿擒敌**

防腿擒敌主要讲解绊腿踢肋

动作过程：闪身抄抱—背步绊腿—跟步踢肋。

动作要领：敌我以格斗势对峙，敌起右脚蹬（踹）击我上体，我左横移步闪躲的同时，用左抄抱接其小腿（图 10-69）；随即，右脚在左脚后背步，左脚后绊敌支撑腿，身体左下旋压将敌面朝下摔倒（图 10-70）；起右脚踢击其肋部制敌（图 10-71）。

动作要求：闪身抱腿准，绊摔迅猛连贯，踢肋狠。

注意事项：操作者踢肋仅作表示；配手在操作者绊摔时应顺势前扑。

**图 10-69**

**图 10-70**

图 10-71

## 三、解脱擒敌

解脱擒敌是在被敌前期控制后，进行有效解脱并被动为主动的制敌过程。常见的主要有衣领被抓、腰被抱、喉被锁等。

**1.衣领被抓解脱**

动作过程：扣抓手背—上步旋压—抓腕压肘。

动作要领：敌由前右手扣抓我衣领时，我右手扣抓起手背（图 10-72）；身体向右下旋转，同时左脚上步，左手顺势推压敌肘关节，右手折腕置于左大腿上制敌（图 10-73）。

动作要求：扣抓准，转体旋压推肘迅猛连贯。

注意事项：操作者抓腕不得用力过猛；配手在操作者旋压推肘时应主动前俯。

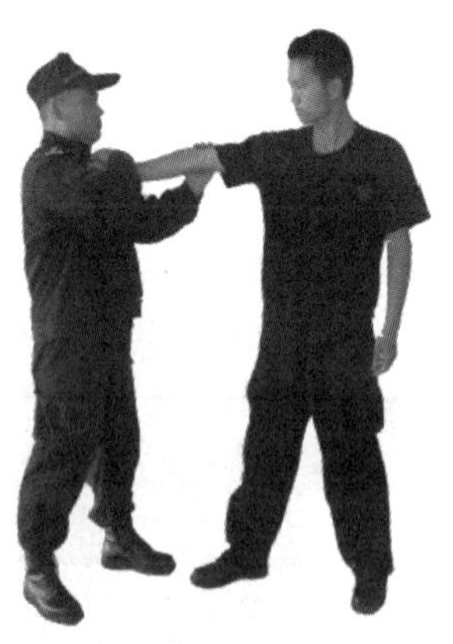

图 10-72

图 10-73

**2.腰被抱解脱**

动作过程：抱臂跺脚—转身跪摔—别肘击头。

动作要领：敌由后抱住腰部和手臂，无法直接解脱时，我迅速起右脚跺敌脚趾（或脚向后撩击敌迎面骨、头后磕敌面），乘敌疼痛松懈之际，双手抱抓其右小臂（图 10-74）；随即，右膝迅速跪地，身体右下旋转，将敌从体侧摔倒，左手向下抓敌右手腕压于左大腿处，右肘击头制敌(图 10-75)。

腰由前被抱,通常以冲膝猛击敌裆、腹部,后以肘下砸背制敌。

动作要求:跺脚狠,转体跪摔猛。

图 10-74

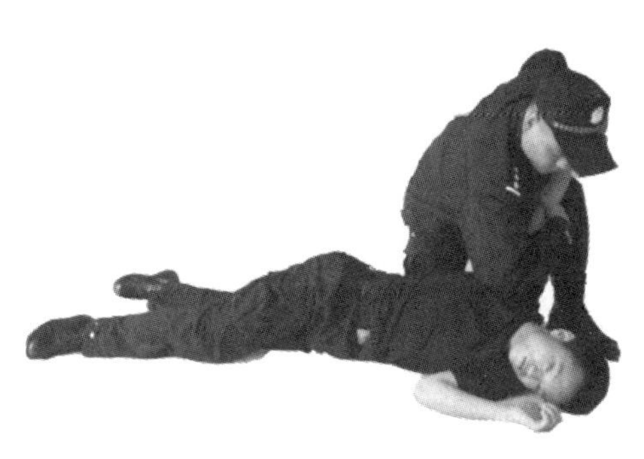

图 10-75

注意事项:操作者跺脚、击头仅作表示;配手在操作者跪摔时应顺势侧倒。

**3.喉被锁解脱**

动作过程:抓腕击裆—撤步拧臂—抓腕跪膝。

动作要领:当敌由后以右臂锁我喉部,我重心下沉确保稳固的同时,右手迅速扣抓其右手腕下拉,防其锁紧,左手向后猛击敌裆(图 10-76);乘敌收腹弯腰之际,左脚迅速后撤一步,同时双手扣抓敌右手腕,将其右臂从我头上绕过外拧(图 10-77);向右转体的同时,左膝跪敌右膝窝,右手折腕,左手下压肘关节制敌(图 10-78)。

动作要求:扣手下拉快、击裆狠,撤步拧臂迅速,跪膝下压猛、折腕狠。

注意事项:操作者击裆仅作表示;配手在操作者击裆时应收腹,跪膝下压时应主动前俯。

图 10-76

图 10-77

图 10-78

## 四、夺凶器擒敌

夺凶器擒敌是我将持凶器之敌制服的过程。常见的凶器主要有匕首、菜刀、木棍等。

**1.防下夺匕首**

动作要领:敌持刀向我腹部刺来时,迅速收腹,并以左小臂挡开敌小臂,随即右拳猛击敌面(图 10-79)。右脚上前一步,同时,右手由上板住敌肘向怀里猛拉,左脚上步,左小臂向前猛推,并从敌臂下穿过,扒住右大臂(肩)猛力下压,腹部挺住敌肘。右手四指按在敌手背上,拇指紧顶手腕,向内猛折,夺取敌刀(图 10-80)。

动作要求:击面要狠,拉肘、穿比要猛。

注意事项:配手在对方拳打时,应向后仰头,拉肘穿臂时,应主动向前弯腰。操作者拳打要有定点,拉肘穿臂和折腕夺刀,不得用力过猛。

图 10-79

图 10-80

**2.卷腕夺菜刀**

动作过程:闪身抵臂—卷折下压—夺刀制敌。

动作要领:敌我以格斗势对峙,敌持菜刀向我头部猛劈,我左横移步闪躲后,快速近身以左小臂抵住肘关节上端(图 10-81);随即,右手抓敌手腕,左手移抓敌手腕,两手携力卷折下压敌腕迫敌后倒(图 10-82);左手折腕将敌置于大腿上,右手夺刀制敌(图 10-83)。

动作要求:闪身抵抓快、准,卷折狠。

注意事项:操作者卷折手腕不得用力过猛;配手在操作者卷折手腕时应顺势后倒。

图 10-81　　图 10-82　　图 10-83

## 第三节　警棍盾牌术与训练

第一套警棍盾牌操由 12 组动作组成，是警棍盾牌术攻防基本动作的综合练习。此套动作仅作为训练和表演的参考动作。

散开—靠拢。当听到“成警棍盾牌操队形——散开”的口令时，右手持警棍屈臂上抬，小臂略平，大臂轻贴肋部，警棍垂直（距离身体约 20cm），目视前方（图 10-84）；其他动作与同警棍术队形散开动作相同。当听到“成原队形——靠拢”的口令后，队列人员自行向右转或向右后转靠腿的同时，左手持盾牌，右手持棍抱于腰际；其他动作同警棍术队形靠拢动。

图 10-84

预备姿势。在持警棍盾牌的基础上（图 10-85），听到“第一套警棍盾牌操——预备”的口令后，身体半面向左转，成格斗势（图 10-86）。

图 10-85

图 10-86

### 1.劈弹戳击

图 10-87

用途：劈击头、肩、弹踢裆、腹，戳击喉、面。

动作要领：①左脚进步的同时，左手持盾牌向前推挡，迅速收回盾牌，目视前方（图 10-87）；②右手持警棍由上向下劈击，盾牌置于身体左侧，目视前方（图 10-88）；③重心前移，右弹踢（图 10-89），右脚向前落地成右弓步的同时，右手持警棍向前戳击，警棍前端略高于肩，上体微向前倾，左手持盾牌置于身体左侧，目视前方（图 10-90）。

要求：劈击要猛，弹踢要狠，戳击要准。

图 10-88

图 10-89

图 10-90

### 2.上挑下切

用途：挑击裆、腹、下颌，下切腹，大腿部位。

动作要领：①左脚上步，右脚跟进成半马步的同时，左手持盾牌向前上挑击，左大臂抬起略低于肩，右手持警棍收于腰侧，目视前方（图 10-91）；②左脚进步的同时，左手持盾牌向下切击，盾牌下沿与裆部同高，目视前方（图 10-92）。

要求：盾牌上挑要猛，下切要狠。

图 10-91

图 10-92

**3.撩劈下砸**

用途:撩击裆、腹、面部,劈击头、肩、背部,砸击脚面、脚趾及小腿。

动作要领:①右脚上步,砂锅体左转的同时,右手持警棍由下向左上撩击(两腿挺直,右脚跟离地稍外摆),左手持盾牌摆于身体左侧,目视前方(图 10-93);②上体右转的同时,右手持警棍向右下方劈击(两腿微屈,左脚跟里地稍外摆),目视右下方(图 10-94);③左脚上步,右脚跟进成右跪步的同时,左手持盾牌向下砸击,盾牌下沿着地(距左脚约 10cm),右手持警棍收于腰际,目视前方(图 10-95)。

图 10-93　　图 10-94　　图 10-95

要求:撩劈要猛,砸击要狠,上不与撩击要协调一致。

**4.左挡抡扫**

用途:左挡抡扫,抡击腰、肋部,下扫小腿,踝部。

动作要领:①右脚上步,左手持盾牌向左挡格(图 10-96),身体向左转 180°成左弓步的同时,右手持警棍由右向左平抡(警棍前端与左肩同高),目视前方(图 10-97);②身体向右转 180°成右弓步的同时,右手持警棍向右下扫击,上体微前倾,警棍置于身体右侧方,左手持盾牌随身体自然前倾,目视前方(图 10-98)。

图 10-96

图 10-97

图 10-98

要求：左挡、平抡要快，下扫要猛，重心要稳。

**5.横踢推击**

用途：横踢腰、肋部，推击正面。

动作要领：①左脚进步的同时，左手持盾牌向前推挡，迅速收回盾牌，右手持警棍收于腰际，目视前方（图 10-99）；②身体左转，右横踢，左手持盾牌摆于身体左侧，右手持警棍置于身体右侧，目视前方（图 10-100）；③右脚向前落地成右弓步，上体右转的同时，左手持盾牌（正面向左）向前猛击（左臂与肩同高），右手持警棍收于腰际，上体微向前倾，目视前方（图 10-101）。

图 10-99　　图 10-100

图 10-101

要求:横踢要猛,推击要狠,重心要稳。

**6.抡扫下劈**

用途:抡击头部,扫击腰、肋部,劈击头、肩部。

动作要领:①身体左转 180°成左弓步的同时,右手持警棍由右下向左上抡击,警棍前端略高于头,左手持盾牌置于身体左侧,目视前方(图 10-102);②左脚向右腿后插步,上体向右转,右手持警棍向右后横扫,左手持盾牌置于身体左前,目视右后方(图 10-103);③右脚向右后侧撤步,上体左转成左弓步的同时将警棍向前下猛力劈击,左手持盾牌置于身体正前方,目视前方(图 10-104)。

图 10-102

图 10-103

图 10-104

要求:抡扫要猛,劈击要狠。

**7.左挡抄击**

用途:左挡防守,抄击脚后跟。

动作要领:①右脚上步的同时,左手持盾牌向左格挡,右手持警棍上举置于头部右侧,目视前方(图 10-105);②身体左转 180°成骑龙步的同时,右手持警棍随身体转动经前下向后上擦地抄击(图 10-106),右手略低于肩,手腕稍内扣,盾牌置于身体左侧,目视前方(图 10-107)。

图 10-105　　图 10-106

图 10-107

**8.转身劈推**

用途:劈击头、肩、背部,推击正面。

动作要领:身体右转 180°成右弓步的同时(图 10-108),右手持警棍向右斜下劈击,随即左手持盾牌(正面向左)向右手持警棍向右斜下劈击,随即左手持盾牌(正面像左)向前推击,左脚向左前滑步(约 10cm),目视前方(图 10-109)。

图 10-108

图 10-109

要求：转身要快，劈击要猛，推击要狠。

**9.侧踹前戳**

用途：侧踹胸、腹部，戳击喉部。

动作要领：①左脚向右脚后垫步，身体左转的同时，右脚侧踹，左手持盾牌摆于身体左侧，有手持警棍摆于身体右侧，目视前方（图 10-110））；②右脚向前落地成右弓步的同时，右手持警棍从腰际向前戳击，警棍前端略高于肩，上体微前倾，盾牌置于身体左侧，目视前方（图 10-111）。

图 10-110

图 10-111

要求：侧踹要猛，快踹快收，戳击要准，重心要稳。

**10.侧摆劈击**

用途：摆击头部，劈击头、颈、肩、背部。

动作要领：①左脚上步成半马步的同时，左手持盾牌向右前斜上方摆击，左大臂约与肩同高，右手持警棍置于身体右腰侧，目视前方（图 10-112）；②上体左转，右脚上步落地的同时，右手持警棍向左斜下劈击（右脚跟离地稍外摆），盾牌置于身体左侧，目视前方（图 10-113）；③上体右转成右弓步的同时，右手持警棍向右下劈击，盾牌摆于身体左前方，警棍置于身体右侧，目视前方（图 10-114）。

图 10-112

图 10-113

图 10-114

要求：摆击要猛，劈击要狠。

**11.右格横扫**

用途:格挡防守,横扫腰、肋部。

动作要领:①左脚上步成马步的同时,身体右转 90°,左手持盾牌向右格挡,盾牌上沿稍高于下颌,警棍置于腰侧,目视前方(图 10-115);②右脚向左脚后插步,身体右转 270°成右弓步的同时,右手持警棍横扫于身体右后侧(警棍略平,与腰同高),盾牌置于身体左前(上沿与下颌同高),目视前方(图 10-116)。

**图 10-115**

**图 10-116**

要求:上步格挡要快,横扫要猛。

**12.上架劈击**

用途:上架防守,劈击头、肩部,戳击胸、喉部。

动作要领:①左脚上步成半马步的同时,左手持盾牌屈臂内旋,经身体左前上架外格于左上侧(左大臂略高于肩,盾牌置于左臂外侧),右手持警棍置于身体右侧,目视前方(图 10-117);②将盾牌向左下猛力劈击,随即将警棍向前下迅速劈击,成左弓步,盾牌略向左前,警棍置于身体右后侧,目视前方(图 10-118);③右脚上步成右弓步的同时,右手持警棍从腰侧向前戳击,上体微向前倾,警棍前端略高于肩,左手持盾牌置于身体左侧,目视前方(图 10-119)。

**图 10-117**

**图 10-118**

图 10-119

要求：上架要快，劈击要猛，戳击要准，重心要稳。

结束姿势

动作要领：①身体左转 180°成左弓步的同时，左手持盾牌置于身体左前方，右手持警棍平抡于盾牌右侧中部击响，两臂微弯，目视前方（图 10-120）；②上体右转的同时，左手持盾牌，右手持警棍，同时收于腰际，左脚收于右脚后侧，脚跟离地，两腿挺直，左脚靠拢右脚的同时，恢复持警棍盾牌立正姿势（图 10-121）。

图 10-120

图 10-121

要求：转体击盾要快，靠腿、放警棍要协调一致。

## 第四节　应急棍术与训练

应急棍术是警察在执勤和处置突发事件中，应急使用的就便器材，具有“攻防兼备、易学易练，连贯性强和实用性强以及便于保管”等特点，该训练共 10 个动作。

预备姿势：在立正持棍的基础上，听到“应急棍术——预备”的口令后，身体左转后撤步成预备姿势。

**1.劈击弹踢**

用途:主要用于劈击敌头部,弹踢敌裆部。

动作要领:①在预备姿势的基础上,两手换把,将棍置于右胸前,左脚向前上步成左弓步的同时,向前劈击;②起右脚弹踢将棍身斜置于右胸前;③右脚向后落地成左弓步的同时,两手握棍向前劈击,棍梢端与眉同高;目视攻击方向(图10-122)。

图 10-122

要求:劈击弹踢准确有力。

**2.拨盖挑击**

用途:主要用于盖击敌头部、肩部,挑击敌裆部。

动作要领:①在劈击的基础上,左脚成虚步,两手滑把,用棍把段由左至右下把挡;②右脚向前上步成右弓步的同时,左手换把抓棍梢10厘米处,两手协力用棍把段由上向下盖击成右弓步;③左脚向前上步成马步,双手滑把抓握棍把段和棍中断段,用棍梢段由下向上挑击,棍梢端与肩同高;目视攻击方向(图10-123)。

图 10-123

要求:拔挡盖击要快,上步挑击要准。

**3.扫崩挑击**

用途:主要用于横扫敌腰部,崩击敌头部。

动作要领:①在挑击的基础上,左手换把,抓握棍中段两手协力由右至左横扫,棍把段置于左腋下;②右转体的同时,向右崩击,棍身与肩同高;③左脚进步成跪步的同时,由下向上挑击,棍把端与眉同高;目视攻击方向(图10-124)。

图 10-124

要求：横扫、崩击和挑击迅猛有力。

**4.扫盖劈颈**

用途：主要用于扫击敌腿部，盖击敌头部，劈击敌颈部。

动作要领：①在挑击的基础上，左脚上步成左弓步的同时下扫棍，棍梢端向前扫击；②右脚上步左后转体盖棍；③左脚向右后上步成左弓步的同时劈棍，棍把段紧贴腰际，棍梢端与眉同高；目视攻击方向（图 10-125）。

图 10-125

要求：扫腿要快，转体盖击要猛。

**5.戳踹劈头**

用途：主要用于戳击敌腹部，侧踹敌胸部，劈击敌头部。

动作要领：①在左弓步劈击的基础上，右脚在左脚后插步，右手抓握棍梢段，将棍身平置于胸前，用棍把端戳击敌腹部；②起左脚侧踹敌胸部，棍身斜置于右胸前；③左脚落地成左弓步的同时，向前劈击。棍把段紧贴左腰际，棍梢端与眉同高；目视攻击方向（图 10-126）。

图 10-126

要求：戳击要准，侧踹要狠，劈击要猛。

**6.扫腿崩击**

用途：主要用于扫击敌腿部，崩击敌头部。

动作要领：①在左弓步劈击的基础上，双手将棍举过头顶，右后转体的同时，右脚向左后撤步成右弓步扫棍；②左后转体的同时，左手换把抓握右手前方，由右至左横扫，棍把段置于左腋下成左弓步；③向右转体成左虚步的同时，由左向右崩击，棍身与肩同高；目视攻击方向（图 10-127）。

**图 10-127**

要求：转体扫棍、崩击迅猛。

**7.架踢劈击**

用途：主要用于弹踢敌腹部，劈击敌头部。

动作要领：①在左虚步崩击的基础上，左脚向前上步成左弓步的同时，握棍上架；②起右脚想前弹踢的同时，将棍斜置于左胸前；③右脚落地左脚上步成左弓步劈击，棍梢端与眉同高；目视攻击方向（图 10-128）。

**图 10-128**

要求：上架弹踢要快、上步劈击要狠。

**8.扫蹬戳胸**

用途：主要用于扫击敌腰、肋部、正蹬戳击胸部。

动作要领：①在左弓步劈击的基础上，右脚上步成马步的同时，滑把用棍把段扫击敌腰部（肋）部，右转体成右弓步的同时，滑把用棍梢段击敌腰（肋）部；②左脚上步双握棍向左格挡,起右脚正蹬,收棍于身体左胸前;③右脚落地成右弓步的同时,用棍把端向前戳击,棍身紧贴胸前与肩同高;目视攻击方向(图 10-129)。

**图 10-129**

要求:横扫快速连贯、格挡、正蹬和戳击准确。

**9.拔崩击肋**

用途:主要用于防守崩击敌腕部。

动作要领:①在右弓步戳击敌的基础上,左脚上步成左弓步劈击;②想左转体成虚步,用棍把段向左下侧拔格,右脚上步,两手换把,用棍梢段向前下崩击敌手腕成马步;③左脚向前上步成马步的同时,滑把用棍把段扫击敌肋(头),右手握棍梢段与腰际,左手抓握棍中段;目视攻击方向(图 10-130)。

**图 10-130**

要求:拔格要快、崩击要准,扫击要狠。

**10.抡扫摔击**

用途:主要用于抡扫敌头部、腿部,劈击敌头、肩部。

动作要领:①在马步扫击的基础上,上右步两手换把,右手在左手前抓握棍把段,背棍于右肩上,由右向左抡扫将棍背于左肩;随后由左上向右下扫击,成左仆步;②左脚靠拢右脚同时屈膝下蹲、向前上跃起,成左仆步摔棍;③两手换把,左手握棍把段,右手抓握棍中段,右脚上步成右弓步向前劈击。棍梢端与眉同高;目视攻击方向(图 10-131)。

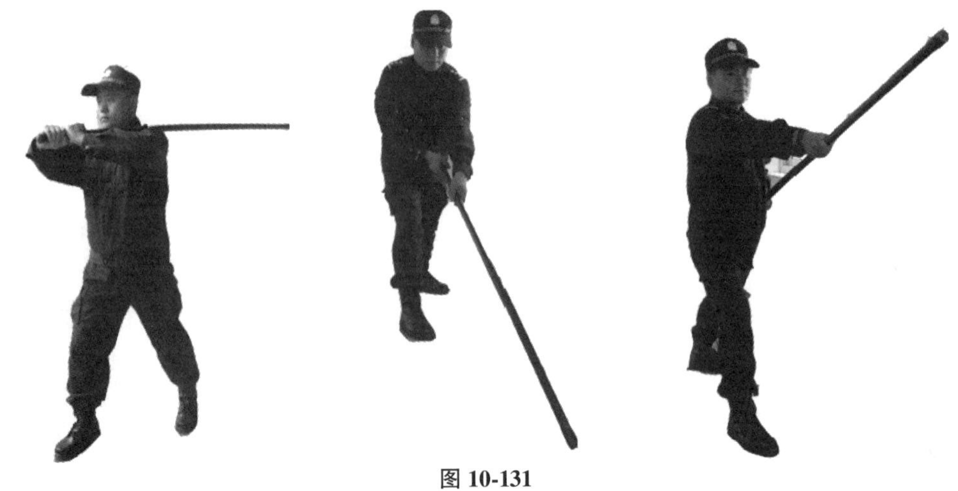

图 10-131

要求:抡扫要猛,摔击要狠。

结束势:在右弓步劈击的基础上,身体向左转体,两手将棍竖置于身体右侧,右手与下颌同高,左手握棍把段;左脚靠拢右脚的同时,成持棍立正姿势(图 10-132)。

图 10-132

# 第十一章　警察防卫与控制技术

## 第一节　近身防卫与控制技术概要

### 一、近身防卫与控制术

近身防卫与控制术是实用搏击术的一种,综合运用各类格斗技术简单有效地攻击制服对方,通过抓、缠、切、折、锁、拧、扣等擒拿技术和踢打动作结合,有效打击人体要害部位,使其失去攻击反抗能力,从而达到防身制敌。它也是建立传统武术擒拿基础之上,利用人体关节活动的力学规律和特点,采取解脱与控制,所以擒拿是近身防卫术重要组成部分。

在练习近身防卫与控制时,我们首先明白一点,任何技术都不是绝对一招制敌,只有在长期训练中,熟练掌握技术,通过实战灵活运用,达到随机应变,争取主动制约对手。其次,在练习擒技时,必须遵循快、准、很、变化多的原则,可利用拳腿技术配合完成动作。最后加强力量,速度反应各方面素质练习,才能更好地学习掌握近身防卫与控制技术。

### 二、近身防卫与控制术特点

**1.继承传统性**

防卫与控制技术中理论和技术方面吸收了传统武术中擒拿技术,如:切、折、锁、拧关节技术,擒拿与解脱是重要组成部分,摔法讲究技巧与发力。

**2.注重实用性**

近身防卫与控制注重实用性、近战制服对方,不受技术约束,采取打、擒结合,甚至利用物体攻击对方,近战中对人体关节、身体部位采取简单有效打击,目的就是打击制服对手。

**3.综合发展性**

现代近身防卫与控制,已是各国警察必修科目,其综合技术在发展,如以色列国家防卫格斗中,综合各种技击术,甚至把巴西柔术渗透其中,值得各国借签。

## 第二节　被动解脱防卫擒拿控制

**1.手腕被抓的解脱防卫**

当乙方右手抓住甲方右手腕时(图 11-1),甲方左手猛拍其手背并扣紧,稍向里带,尽量拉直乙方手臂(图 11-2),随即向右转体,以右手小指外侧掌缘顺着乙方手腕,猛力向上,向外缠绕下切，并两手同时用力向前紧顶下压乙方肘关节将其制服（图 11-3）。

**图 11-1**

**图 11-2**

**图 11-3**

要点：扣手要紧，外旋切腕要果断有力。

**2.肩部正面被抓时防卫**

当甲方正面被乙方抓住肩部时（图 11-4），甲方用左手抓住乙方右臂，右掌向上猛击对方下颚（图 11-5），趁其向后仰之机，两手向外格挡（图 11-6），双手抱握乙方颈脖向下右腿冲膝前顶，攻击腹部位（图 11-7）。

**图 11-4**

**图 11-5**

图 11-6

图 11-7

要点：抓臂击颚要狠，拉颈和冲膝前顶要迅速有力。

**3.前衣领(或胸部)被抓时擒拿防卫(左、右手抓 2 个动作)**

当甲方衣领被乙方左手抓紧时(图 11-8)，甲方双手迅速抓其手背，双手虎口向内，拇指紧扣手掌内侧(图 11-9)，右腿上步同时向内旋下压乙方肘关节，将其制服(图 11-10)。

图 11-8

图 11-9

图 11-10

要点：双手抓腕要紧，上步旋腕压肘连贯迅速。

当甲方衣领被乙方右手抓紧时(图 11-11),甲方右手迅速抓住乙方手腕同时上推(图 11-12),左手抬起用力打击乙方肘部使其弯曲,向内穿插抓住自己右手小臂,形成十字锁住乙方肘关节(图 11-13),同时上步右腿勾踢乙方倒地,将其制服(图 11-14)。

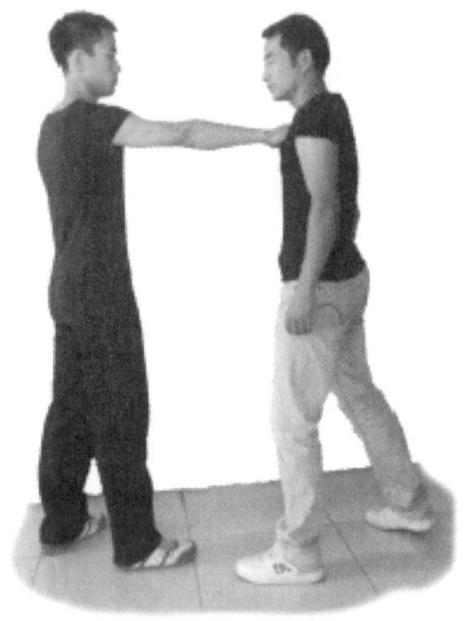

图 11-11

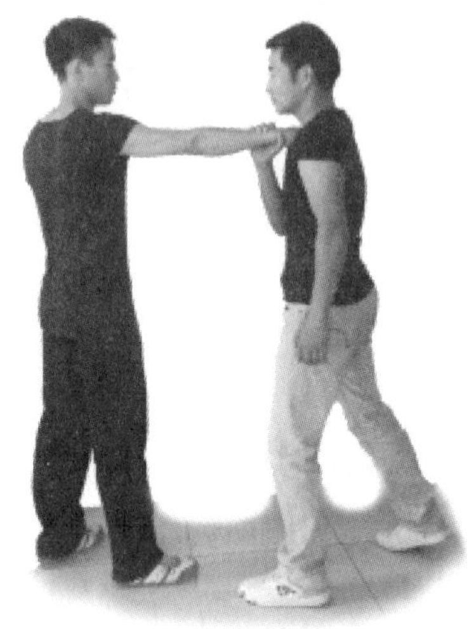

图 11-12

图 11-13

图 11-14

要点:右手上推左手打肘同时发力,压肘勾踢迅速到位。

**4.头发被抓的解脱防卫(前、后抓 2 个动作)**

当乙方由前右手抓住甲方头发,甲方双手迅速扣紧乙方手背(图 11-15),右腿向后撤步,两手下压乙方右手腕,同时向前下猛拉乙方使其跪地前倒(图 11-16),将右臂从颈下绕过同时跪压乙方腰部,将其制服(图 11-17)。

要点:扣手背要准,反折压腕前拉要猛,绕颈跪压迅速。

图 11-15

图 11-16

图 11-17

当乙方由后抓住甲方头发，甲方双手迅速扣紧乙方手背（图 11-18），身体迅速向左旋转，双手拧紧乙方手腕（图 11-19），右腿踢其腹部或面部（图 11-20）。

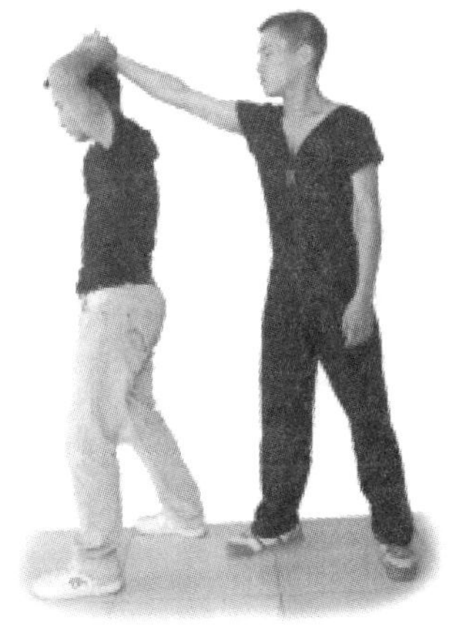

图 11-18

图 11-19

图 11-20

要点:双手抓手背身体旋转迅速,踢击要准、狠。

**5.腰部自后被搂抱防卫解脱**

当乙方从后抱住甲方腰部(图 11-21),甲方左手迅速抓住乙方右手小臂,身体下沉,突然拧腰转身以右肘击打乙方右侧面部(图 11-22),右腿撤步同时右手反扣乙方颈部后拉提膝撞击其腹部(图 11-23)。

图 11-21

图 11-22

图 11-23

要点:抓臂要猛,下沉要快,利用转身腰力肘击要狠。

**6.腿部被抱解脱**

当乙方迎面突然抱住甲方左腿(图 11-24),甲方迅速后撤右步,左手按压乙方颈部(图 11-25),右手扣住其臀部向左旋转将其摔倒(图 11-26)。

图 11-24

图 11-25

图 11-26

要点:撤步按头迅速,转身旋摔要猛。

## 第三节　主动防卫擒拿控制技术

**1.挑肘别臂**

甲方从正面靠近乙方(图 11-27),甲方左手突然抓住乙方右手腕并向后推开(图 11-28),右手挑击乙方肘部,进步右转身时,甲方左手推折乙方手腕,右手按压住乙方肩部,将其制服(图 11-29、图 11-30)。

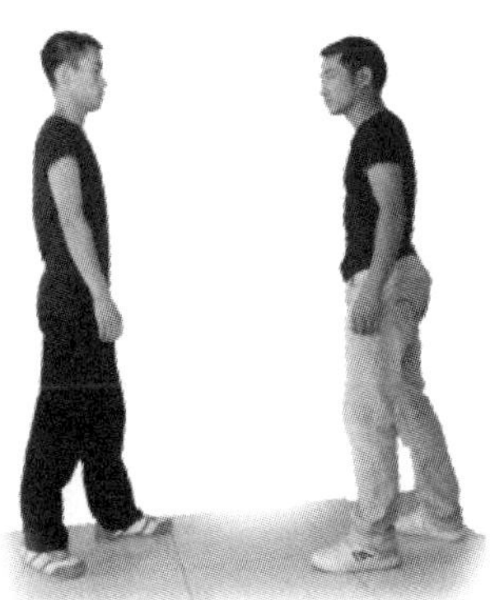
图 11-27

图 11-28

图 11-29

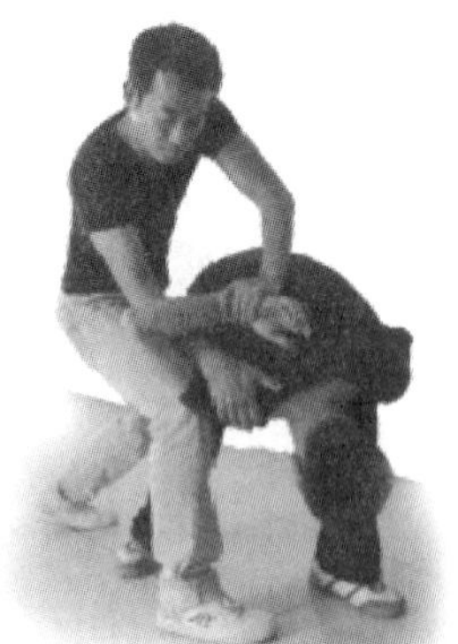
图 11-30

要点:抓腕挑肘要猛,推压要狠。

**2.抱膝压伏**

甲方从后靠近乙方(图 11-31),甲方突然上步抱住乙方双膝后拉,同时肩向前顶乙方臀部,将其摔倒(图 11-32),乙方倒地后,甲方迅速右腿跪压乙方背部,将乙方右臂从颈部绕过并按压住手腕,左手锁住乙方下颚(图 11-33)。

图 11-31

图 11-32

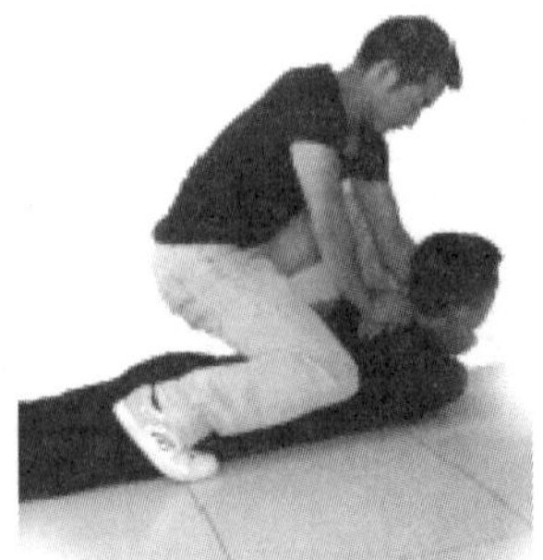
图 11-33

要点:抱膝顶臀同时发力,按压锁喉要果断。

**3.踹腿锁喉**

甲方从后接近乙方(图 11-34),甲方右脚踹向乙方膝后关节处,使其乙方身体后倒(图 11-35),两手顺势锁住乙方喉部,将其摔倒制服(图 11-36、图 11-37)。

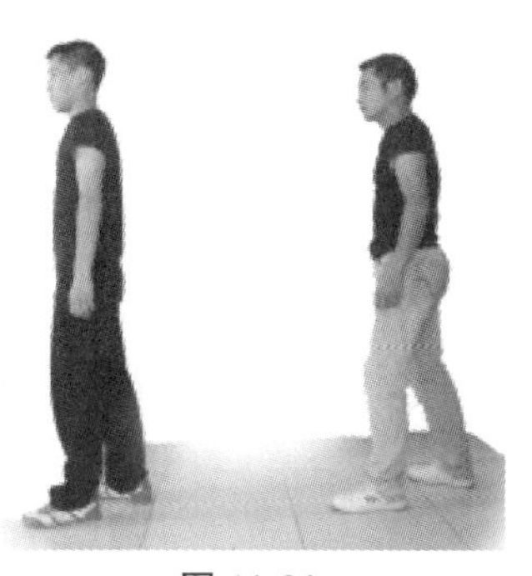

**图 11-34**

**图 11-35**

**图 11-36**

**图 11-37**

要点:踹腿要准,锁喉要快。

**4.打腿压摔**

甲方从左侧靠近乙方(图 11-38),甲方突然下潜左转身,左腿后撤,左手向上打拉乙方左小腿,右手顺势按压肩部,将其摔倒(图 11-39),乙方倒地后,甲方可用跪压制服(图 11-40)。

**图 11-38**

**图 11-39**

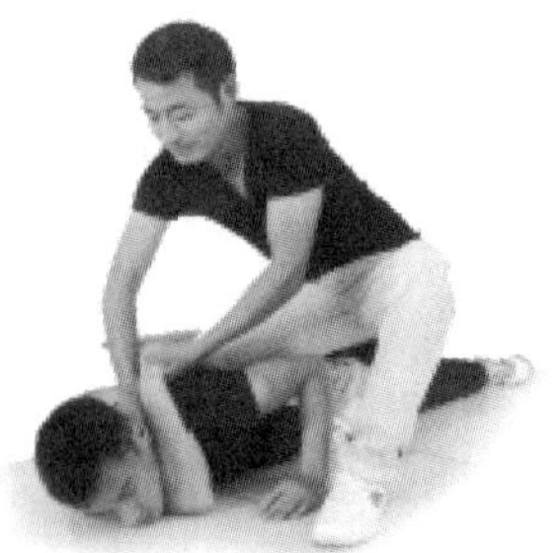

图 11-40

要点：转身，打压要连贯有力。

## 第四节　对付凶器擒拿防卫控制技术

**1.受到持刀威胁时防卫擒拿**

当乙方右手持刀由下向上刺向甲方（图 11-41），甲方向左外侧进步侧闪顺势，左手格住乙方右小臂，右手握拳击向乙方下颚（图 11-42），同时左手抓住乙方手腕，右手抓紧手背及四指，双手同时向内卷腕，右腿踢击对方裆部，将刀夺下（图 11-43）。

图 11-41

图 11-42

图 11-43

要点：上步格挡要快，出拳要准，折腕踢裆到位。

当乙方右手持刀向下刺向甲方（图 11-44），甲方进步左手由内向外挡住乙方小臂内侧，右手握拳迎击乙方面部(图 11-45),左手按压乙方手腕,右手拉住乙方肩部,同时提膝撞击对方腹部(图 11-46),双手折压手腕将刀夺下(图 11-47)。

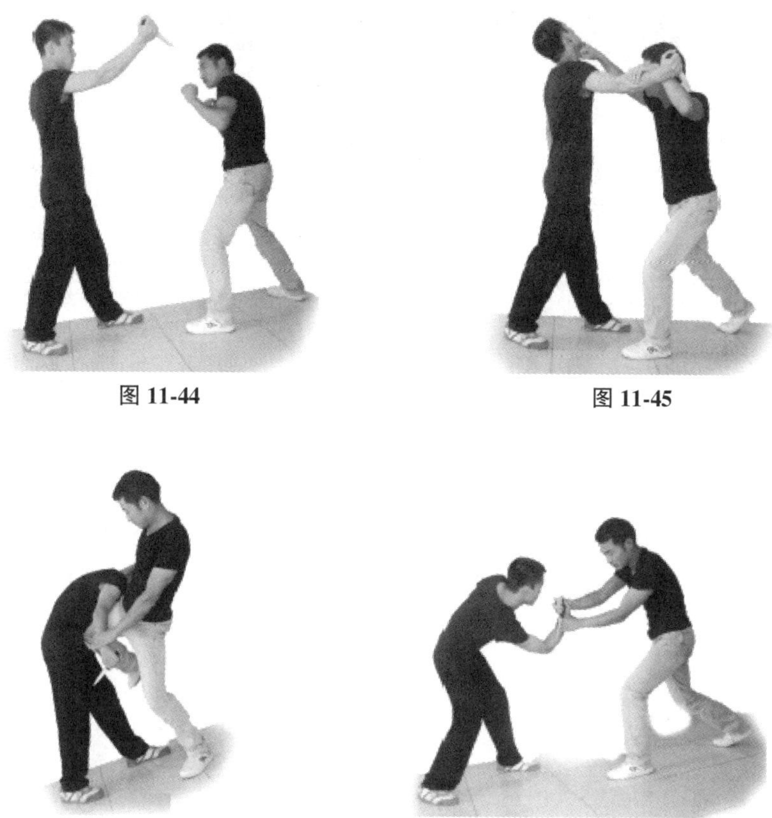

图 11-44　　图 11-45

图 11-46　　图 11-47

要点:格挡击面要准,顶膝要猛,折腕要快。

注意:内侧躲闪和格挡一定判断准确,防止被刀划伤。

当乙方右手持刀平刺甲方腹部(图 11-48),甲方向外闪步,左手向内推挡乙方右臂(图 11-49),并迅速从内由下向上夹住乙方右手肘关节,右手抓住乙方持刀手背(图 11-50),发力折压乙方手腕夺下刀(图 11-51)。

图 11-48

图 11-49

图 11-50

图 11-51

要点:闪步格挡同时,夹肘折腕有力。

**2.受到持枪威胁时防卫擒拿**

当乙方右手持枪正面对准甲方时(图 11-52),甲方举起双手,趁其不备,用左手猛推乙方右手持枪手腕,右手同时抓握手背,向内推压折腕,夺下乙方枪械(图 11-53、图 11-54)。

图 11-52

图 11-53

图 11-54

要点：掌握距离，推、抓、折动作要连贯。

当乙方持枪背后对准甲方时（图 11-55），甲方举起双手，侧头观察乙方（图 11-56），突然向右转身，左手挡开乙方持枪手臂，右手从下向上夹住乙方手腕，左手打压乙方肘部，并迅速夺下枪械（图 11-57、图 11-58、图 11-59）。

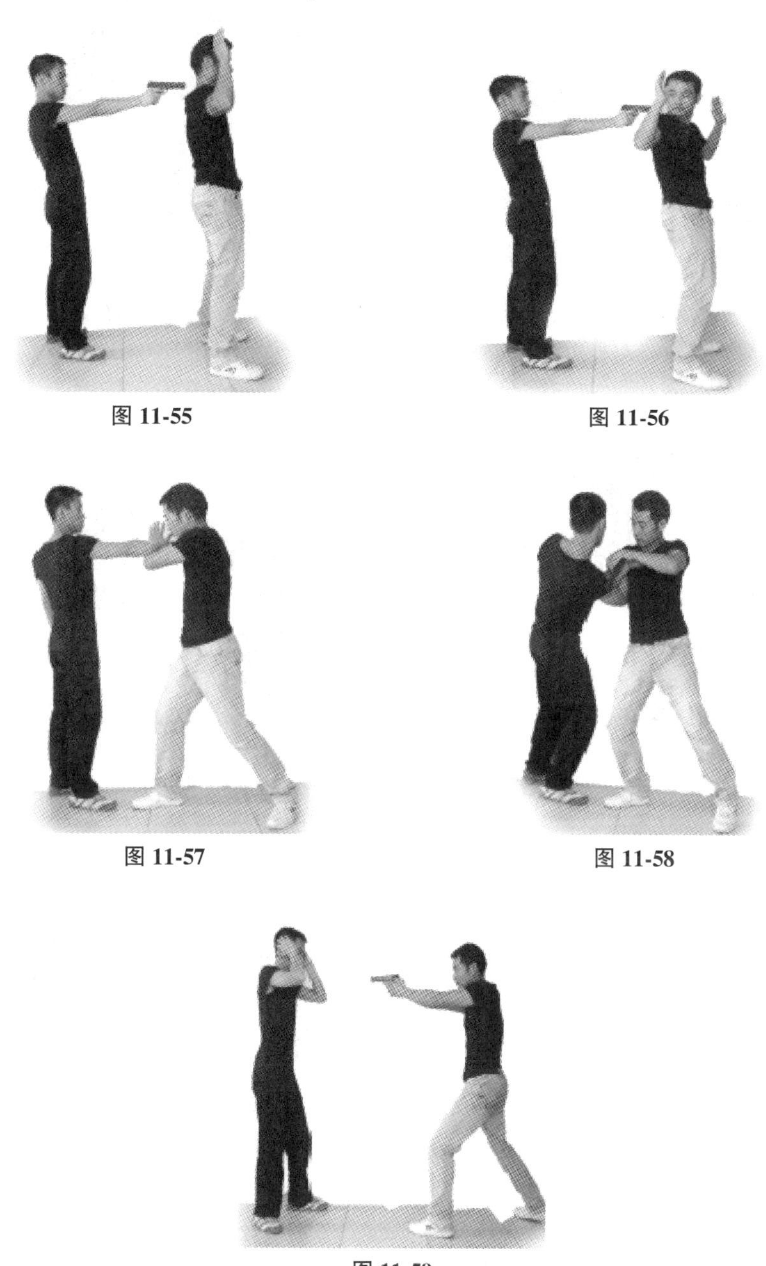

图 11-55

图 11-56

图 11-57

图 11-58

图 11-59

要点：推、夹、打、折动作要连贯有力。

**3.受到棍棒威胁时防卫擒拿**

当乙方持棍棒劈向甲方时（图 11-60），甲方左手在下，右手抬起外挡迅速上步贴近乙方内侧(图 11-61),左手并从内向外抄抱乙方右臂,右手拉住乙方颈部,提膝撞击乙方腹部(图 11-62),趁乙方弯身之际右手夺下棍棒(图 11-63、图 11-64、图 11-65)。

图 11-60

图 11-61

图 11-62

图 11-63

图 11-64

图 11-65

要点;格挡贴身要快,抄抱,顶膝要到位。

# 参考文献


[1] 常征,肖培君.体育与健康(上)[M].北京:化学工业出版社,2015.

[2] 张怀胜,夏平方.警体技能与健康教程[M].武汉:湖北科学技术出版社,2013.

[3] 王峰,王乐,谭海龙.体育与健康[M].上海:上海交通大学出版社,2016.

[4] 潘耀能,宦集体,刘晓峰.新编高职高专体育与健康教程[M].北京:中国书籍出版社,2012.